なるほど！心理学面接法

三浦麻子 監修

米山直樹・佐藤 寛 編著

北大路書房

「心理学ベーシック」シリーズ
刊行にあたって

　本シリーズは，心理学をただ学ぶだけではなく自らの手で研究することを志す方々のために，心理学の標準的な研究手法とその礎となる基礎知識について，なるべく平易かつ的確に解説したものである。主たる想定読者は心理学系の大学の学部生だが，他分野を修めてから進学した大学院生，心理学者と共同研究を始める他領域の研究者，消費者行動など人の心がかかわるデータを収集することが有用な実務家など幅広い。

　第1巻「心理学研究法」では，心理学とはどういう学問か，その歴史も含めて説き起こしたうえで，どの研究法にも共通する基盤的知識を解説している。鮮度が高く，かつ経年劣化の少ない事例やハウツーを盛り込む一方で，読みながら手を動かすためのマニュアルというよりも，じっくり読んでいただける内容を目指した。そのために，事例やハウツーをただ網羅するのではなく，「なるほど！」と理解できるように提示することを重視した。

　第2巻「実験法」，第3巻「調査法」，第4巻「観察法」，第5巻「面接法」は，各研究法による研究の実際について，多くの若手・中堅研究者の助力も得て，豊富な事例をそれぞれ具体的かつ詳細に解説している。心理学の基本的な方法論を身につけるために，多くの心理学系の大学で必修科目となっている「実験実習」のテキストとして用いることを想定しており，読みながら手を動かすためのマニュアルという位置づけとなる。類書と比べると，古典的な手法に加えて，測定機器やインターネットの発達などにより実施が可能となった今日的な手法も盛り込んだところが特徴である。また，優しい一方で活き活きとした表情をもつイラストが随所に織り込まれている。内容への興味をよりいっそう喚起してくれるものと思う。

　「心理学を学ぶこと」をめぐる状況は，2015年に国家資格「公認心理師」の制度化が決まったことによって大きな岐路に立った。公認心理師の国家試験受験資格を得るためのカリキュラムが制定されるが，そこでは実験実習にあまり

重きが置かれていない。しかしわれわれは，心理職としての現場での実践を有為なものとするためには，何よりもまず，心理学諸領域の基礎的な知見や理論を学び，それらをふまえて自らテーマを設定して研究を計画し，収集したデータを分析・考察するという一連の科学的実証手続きを遂行するためのスキルとテクニックを習得することが必要だという強い確信をもっている。心理職は現場で科学者たるべしというこの考え方を「科学者 - 実践家モデル（scientist-practioner model）」という。心理職が医師や看護師，あるいは教師と協働することの意義は，彼らとは異なる角度から同じ現場を見つめる視点を導入できるところにある。その視点こそが科学者としてのそれである。

　人間の心のはたらきを科学的に見つめるまなざしは，心理職に就く人にとって有用なばかりではなく，社会生活のあらゆる場面でも機能する。他者の心の状態を推測する心の機能のことを「心の理論（Theory of Mind）」といい，人は成長する中で「自分と他人は違う」ことを徐々に知るようになる。ではどう違うのか，なぜ違うのか。社会生活の中には，心の理論をより深め，自分と他者の違いに折り合いをつけることが必要になる場面が数々ある。そんなとき，自らの思いに振り回されすぎない科学的な視点をもつことは，互いにとってより適応的な社会生活を導くだろう。自己流ではない確立した方法論を身につけ，研究を実践する経験をとおしてこそ，それを手に入れることができる。

　本シリーズの監修者と各巻の編著者の共通点は，関西学院大学心理科学研究室（関学心理）の教員だということである。関学心理は，わざわざ「心理学」ではなく「心理科学」を標榜しているところに端的に示されるとおり，実証主義に根ざした科学的な観点を共通基盤として，さまざまな視点から総合的な人間理解を目指す研究を進めている。監修および第1巻担当の三浦麻子は社会心理学，第2巻の佐藤暢哉は神経科学，同じく第2巻の小川洋和は認知心理学，第3巻の大竹恵子は健康心理学，第4・5巻の佐藤寛と第5巻の米山直樹は臨床心理学と専門分野は異なるが，全員が，心理学を学び，研究する際に何よりも必要なのは科学的視点であり，それに沿ったスキルとテクニックを身につけることの重要性を伝えたいと強く願っている。また，シリーズ全体を通して挿画を担当した田渕恵の専門分野は発達心理学で，やはりその思いを共有している。本シリーズは，こうした面々によって，科学としての心理学を実現するた

めの標準的なテキストとなるべく編まれたものである。

　本シリーズ刊行に際して，誰よりも感謝したいのは，監修者と編著者に日々「心理学研究はどうあるべきか」を考え，そのための技を磨く機会を与えてくれる関学心理のすべてのメンバーである。われわれは，大学に入学して初めて心理学を学びはじめた学部生が，卒業論文というかたちで研究をものにするまでにいたる道程を教え導く立場にある。より発展的な研究を目指す大学院生たちとは日夜議論を交わし，ともに研究を推進している。学生たちに何をどう伝えれば心理学研究の適切なスキルとテクニックを身につけさせられ，それと同時に心理学研究の面白さをより深く理解してもらえるのか，考えない日はない。その試行錯誤が終わることはないが，社会的な意味で心理学という学問が注目を集め，ひょっとするとその立ち位置が大きく変わるかもしれない今，現時点での集大成としてこのシリーズを刊行することの意義は深いと考えている。こうした意図を汲んでくださったのが北大路書房の安井理紗氏である。氏は監修者の大学院の後輩で，科学的な心理学研究を学んだ人でもある。そんな氏の「科学としての心理学の砦になるシリーズを」という思いは，ひょっとするとわれわれよりも熱いくらいで，日々の業務に紛れてどうしても遅筆気味になるわれわれにとって大いなる叱咤激励となった。ここに記して御礼申し上げたい。

　本シリーズが，質の高い心理学研究を産み出すための一つのきっかけとなれば幸いである。なお，本シリーズに連動して，以下の URL にて監修者と編著者によるサポートサイトを用意しており，各巻に関連する資料を提供している。より詳しく幅広く学ぶために，是非ご活用いただきたい。

http://psysci.kwansei.ac.jp/introduction/booklist/psyscibasic/

※北大路書房のホームページ（http://www.kitaohji.com）からも，サポートサイトへリンクしています。

2017 年 3 月（2018 年 2 月一部改訂）

監修　三浦麻子

はしがき

　本書「なるほど！　心理学面接法」は「心理学ベーシック」シリーズの最後を飾る入門書である。本書で扱っている面接法という研究手法は直接言語を通じて対象者とかかわる必要があるので，きわめて臨床的な技術が求められる手法である。面接法には調査面接法と臨床面接法という分類があり，それぞれの面接法の実施目的には研究か臨床かという違いがあるものの，用いられる手法の多くは重なり合っている。これまで出版されてきた面接法に関する書籍の多くは臨床家向けに書かれた臨床面接法を解説したものであり，受容や共感といったカウンセリングマインドを背景としたカウンセリングスキルを紹介する内容が主なものであった。一方，研究目的の面接法について書かれた書籍は，あくまでも研究手法の紹介というかたちで書かれているものがほとんどであり，臨床的な側面についてまで触れたものは多くはなかった。結局のところ調査面接法と臨床面接法はそれぞれが独立して紹介される場合が多く，読者にとって両者の関係性を学ぶ機会は限られていたといえるだろう。

　以上のような点をふまえ，本書の構成にあたっては調査面接法と臨床面接法の紹介や説明を一冊にまとめることによって面接法全体を見渡すことができ，それぞれの特徴を広く深く学べる機会を提供することを目指すようにした。また，執筆は調査面接法および臨床面接法の各分野における第一人者に依頼し，最新の知見も含めた内容を紹介していただいている。したがって，臨床家が本書を利用する際には，第2部の面接データの解析方法について目を通してほしいし，調査面接を目的とする研究者にも第3部の臨床面接法について目を通してほしいと考えている。本書全体を読むことで，さまざまな最新の技術や知見を学ぶことができ，自身の研究および臨床活動にも広い視野を提供してくれると信じている。

　本書は3部から構成されている。第1部「アセスメントとしての面接法」では，まず面接法の特徴や意義について紹介し，続いて調査面接および臨床面接に共通する各面接形態の特徴と実施時の留意点について解説を行なう。第2部

「面接データの解析」では，面接法によって得られたデータをどのように分析すればよいか，量的データ，質的データそれぞれの解析方法を紹介するとともに，両者を統合した混合研究法についての解説も載せている。特に混合研究法は近年になって注目されてきた研究手法であり，ある程度経験を積んだ研究者にとっても本稿は非常に参考になる資料となるだろう。そして第3部「臨床面接法」では，臨床面接法の基礎技術から，インテーク面接，精神科診断面接，ケースフォーミュレーション，臨床面接の構造といった臨床面接法の大枠を紹介するとともに，グループ面接，子どもを対象とした面接，および自殺リスクの問題といった面接対象者ごとの配慮点や特性についても解説している。そして最後に近年注目されている動機づけ面接についても紹介を行なう。入門書レベルで動機づけ面接が紹介されることはこれまでほとんどなかったので，特に臨床面接法を実施する者にとって本書は非常に参考になると思われる。

　本年9月に第1回の公認心理師試験が実施されるなど，臨床心理の専門家に対する社会的要請は今後ますます増加していくと思われるが，一方で有能な臨床心理の専門家を養成していくこともたいへん重要な課題となっている。そこで重視されるのは科学者−実践家モデルに基づく養成システムであり，臨床能力だけでなく，同時に研究能力の向上も問われていくことになる。そうした意味において，本書は研究および臨床の両軸を念頭においた構成となっており，公認心理師を目指す者にとって有益な書籍となると信じている。

　なお本書においては，各執筆者の個性や能力を十分に引き出すことを第一に考えたため，重複するような内容が記載されていたとしてもそのまま掲載することとした。むしろ同じような内容が繰り返し出てくるということは，それだけその項目が重要なポイントだといえるので，各章の観点を理解したうえで読み込んでもらいたいと考えている。

　最後に，本書の完成のために北大路書房の安井理紗氏より多大なるご尽力を賜った。彼女の寛容さと忍耐強さ，そしてネバーギブアップの精神がなければ本書の完成を見ることは決してなかったであろう。記して感謝申し上げる。

2018年　初秋

編者　米山直樹・佐藤　寛

「心理学ベーシック」シリーズ刊行にあたって　i
はしがき　v

序章　心理学と面接法　1

- 1節　心理学研究における面接法の位置づけ　1……1　研究法における位置づけ／2　質的データと量的データ
- 2節　面接法の分類　3……1　調査面接法／2　臨床面接法／3　構造化の程度による分類
- 3節　面接法における留意点　6

第1部　アセスメントとしての面接法　9

第1章　アセスメントとしての面接法の総説　10

- 1節　アセスメントにおける面接法の特徴　10
- 2節　面接目的の確認とシナリオの作成　12
- 3節　面接場面の設定　16
- 4節　面接時における座席の位置関係　17
- 5節　ラポールの形成　19
- 6節　面接時の心構え　21

第2章　構造化面接法　22

1節　構造化面接法とは：構造化面接法の意義　22
2節　診断のための構造化面接法　23………1　SCID ／2　M.I.N.I.
3節　面接の実際　27………1　面接の準備／2　面接時の実際／3　面接結果の処理

Column 1　構造化面接法の使用例　31

第3章　半構造化面接法　32

1節　半構造化面接法とは　32
2節　半構造化面接法はどんなところで活用されているか　33………1　日常生活における半構造化面接法／2　臨床場面における半構造化面接法／3　研究における半構造化面接法
3節　半構造化面接法で得られるデータの特徴　35
4節　半構造化面接法の研究例　36
5節　半構造化面接法の実施方法　40………1　目的の明確化／2　質問内容の決定／3　質問の種類と応答技術／4　質問を行なう際の注意点／5　回答内容の解釈と歪み／6　倫理的配慮
6節　面接者の態度と被面接者との関係性　44
7節　半構造化面接法の留意点　45

Column 2　半構造化面接法を用いた研究例　46

第4章　非構造化面接法　48

1節　非構造化面接法とは　48
2節　非構造化面接法の目的　49………1　調査面接における非構造化面接法／2　臨床面接における非構造化面接法
3節　非構造化面接法の実施方法　52………1　面接者と被面接者のあり方／2　面接者による会話法
4節　非構造化面接法で得られたデータの活用　57………1　取得されるデータの特徴／2　取得されたデータの分析
5節　まとめ：非構造化面接法の課題と限界　58

Column 3　非構造化面接法の使用例　60

Part 2 第 2 部 面接データの解析 ·· 61

第 5 章 面接データの解析の総説　62

1節　面接データの特徴　62·········｜　面接法と実験法のデータの比較／2　面接法と調査法のデータの比較／3　面接法と観察法のデータの比較

2節　面接データの整理　64·········｜　構造化面接法と半構造化面接法のデータ整理／2　非構造化面接法のデータ整理

3節　面接データの解析法　67

第 6 章 量的データ解析　70

1節　面接法の準備　70·········｜　面接法の選択／2　面接者の準備と面接の実施

2節　データ解析の準備　72·········｜　データの入力／2　データの確認

3節　データの解析　74·········｜　分析対象／2　量的データ解析／3　臨床的有意性

Column 4　集団認知行動療法の結果報告例　81

第 7 章 質的データ解析　82

1節　質的データ解析の特徴　82·········｜　基本的発想／2　研究デザイン

2節　質的データ解析の手法　83·········｜　リサーチ・クエスチョン（目的）の再確認／2　データの準備／3　データの分析

3節　質的データ解析の留意点　91·········｜　報告方法／2　倫理的配慮

Column 5　認知行動療法への参加プロセスの報告例　93

第 8 章 混合研究法　95

1節　混合研究法とは　95·········｜　混合研究法とは何か？／2　混合研究法の定義／3　リサーチ・クエスチョンから始める／4　混合研究法を用いるのはどのようなときか

2節　混合研究法と面接法　101

3節　混合データ分析　103·········｜　研究デザイン／2　ジョイントディスプレイ

Column 6　ジョイントディスプレイで何がわかるのか　107

Part 3

第3部 臨床面接法 109

第9章 臨床面接法の総説 110

1節 臨床面接法とは 110⋯⋯⋯1 臨床面接法／2 心理的支援の全体像／3 心理的支援における臨床面接法

2節 臨床面接法の特徴 114⋯⋯⋯1 臨床面接のプロセス／2 臨床面接の構造

3節 臨床面接法を支える理論 120

第10章 臨床面接法の基礎技術 121

1節 臨床面接における基礎的な構え 121⋯⋯⋯1 あくまでクライエントが主役であること／2 面接の枠組みを説明し厳守する

2節 臨床面接を構成する5段階構造 123

3節 臨床面接におけるかかわり行動とかかわり技法 124⋯⋯⋯1 かかわり行動／2 かかわり技法

4節 臨床面接におけるその他の発展的技法 130

第11章 インテーク面接 132

1節 インテーク面接について 132⋯⋯⋯1 インテーク面接の目的／2 インテーク面接における留意点

2節 インテーク面接の実際 135⋯⋯⋯1 インテーク面接前に手に入る情報／2 インテーク面接のはじまり／3 インテーク面接の展開／4 聞きにくいことについて確認する／5 面接の終了／6 おわりに

Column 7 インテーク面接の報告例 147

第12章 日本実臨床における精神科診断面接 149

1節 精神医療・精神科における診断とは 149⋯⋯⋯1 医療における診断の役割／2 日本における診断の理想と現実／3 どのような診断名を用いるのか

2節 診断面接のエッセンス 153⋯⋯⋯1 Three sides of every story を意識する／2 クライエントと「何を事実として認識したか」を共有する／3 評価前確率を意識し，質問の前に回答を想定する

3節 日本実臨床における精神科診断面接 154⋯⋯⋯1 主訴や来談動機を掘り下げて，主要な問題を抽出する／2 面接者の事実認識をクライエントだけでなく同伴者とも共有する／3 面接者の事実認識をもとに，各精神障害の評価前確率を推定する

4節 おわりに 162

Column 8　診断面接アセスメントレポート　163

第13章　ケースフォーミュレーション　164

1節　問題と維持要因を明確にする必要性　164

2節　実証に基づく実践（EBP）の推奨　165………1　クライエントの特徴や好み／2　臨床的技能／3　最良な実証研究の利用

3節　ケースフォーミュレーションとは何か？　168

4節　認知行動理論に基づくケースフォーミュレーション　169………1　行動モデルに基づくケースフォーミュレーション／2　認知モデルに基づくケースフォーミュレーション／3　CBTケースフォーミュレーション

5節　どのケースフォーミュレーションを使えばよいか？　173

Column 9　ケースフォーミュレーションの報告例　175

第14章　臨床面接の構造　177

1節　臨床面接と面接構造　177

2節　面接構造のもつ意味　178

3節　面接構造の分類　180………1　ハード面の枠組み／2　ソフト面の枠組み

4節　面接構造を変更するとき　188

Column 10　認知行動療法における面接構造の例　189

第15章　グループを対象とした面接　190

1節　グループ（集団）面接とは　190

2節　グループ面接の利点と課題　191………1　グループ面接の利点／2　グループ面接の課題

3節　グループ面接において考慮すべき要因　192………1　グループの目的／2　グループの構造／3　グループのメンバー構成／4　グループの期間・頻度・セッションの長さ

4節　グループ面接の進め方　196

5節　復職支援プログラムとしてのグループ面接　197………1　グループの目的／2　グループの構造／3　グループのメンバー／4　グループの期間・頻度・セッションの長さ

Column 11　グループ面接の実例　200

第16章　子どもを対象とした面接　201

1節　子どもの置かれている立場　201………1　子どもが相談の主体である：

目次　xi

子ども本人が悩んでいる／2　子どもは保護される存在である

2節　**子どもを対象にした心理面接の特徴**　203………1　子どもは発達段階にある／2　子どもは言語表現が難しい／3　子どもは自発的に来談することが少ない：サインを見逃さない

3節　**子どもを対象にした心理面接で扱うさまざまな問題**　205

4節　**子どもの心理面接で扱う情報**　207………1　診断基準に沿った査定／2　心理検査を使った査定／3　インフォーマルなアセスメント

5節　**子どもの心理面接の進め方**　209………1　環境設定／2　心理面接中の相互作用／3　心理面接の進め方：まとめとして

Column 12　子どもを対象とした面接例　212

第 17 章　自殺リスクの評価　214

1節　**自殺について**　214………1　自殺の現状／2　自殺に関する基本的な考え方／3　自殺対策における心理臨床家の役割

2節　**自殺の危険因子と保護因子の把握**　216………1　自殺リスクの評価における臨床面接の役割／2　自殺の危険因子の把握と理解／3　自殺の保護因子の把握と理解

3節　**臨床面接における自殺リスクの評価**　219………1　主要な危険因子の評価／2　現在の自殺念慮の評価／3　自傷や自殺の切迫したリスクの有無の評価／4　再企図の評価

4節　**自殺リスクのアセスメントに基づく対応**　222………1　自殺防止のための基本的対応／2　心理臨床家の言動や態度の影響

5節　**おわりに**　224

Column 13　アセスメントシートを活用した報告例　225

第 18 章　動機づけ面接　227

1節　**動機づけ面接の概要**　227………1　行動変容の難しさ／2　理論と技法／3　他の技法や理論との相違点

2節　**動機づけ面接（MI）を構成する要素**　229………1　構成要素／2　4つの基本スキル「OARS」／3　MIスピリット／4　チェンジトーク

3節　**動機づけ面接（MI）の進め方**　233………1　「engaging（かかわる）」／2　「focusing（焦点化する）」／3　「evoking（引き出す）」／4　「planning（計画する）」

4節　**行動変容を妨げるもの**　235………1　未解決のままの両価性／2　間違い指摘反射

5節　**おわりに**　237

Column 14　動機づけ面接の例　238

引用文献　239
索　引　249

心理学と面接法

1節　心理学研究における面接法の位置づけ

1　研究法における位置づけ

　心理学における代表的な研究法としては，質問紙法，実験，観察法，面接法といった方法があげられよう。このうち質問紙法は心理学系の大学の卒論において最も多く用いられている手法といえる。一度に大量のデータを入手することができ，またさまざまな統計的解析法が開発されており，複雑な分析も可能となっている。もちろん臨床場面でも心理的特徴を把握するために質問紙法に基づく心理検査が用いられることもあるが，その標準化のためには非常に多くの被検者を対象に質問紙が実施される必要がある。実験も心理学において中心的な手法であり，多くの場合，**実験計画法**に基づき統制群と実験群という群分けを施し，**独立変数**である介入を行なって，**従属変数**として特定の指標をデータとして測定し，統計的な有意差を判断することになる。質問紙法も実験も共通しているのは個体差に基づく影響をなるべく排除し，平均値によって事象を表現しようとする点である。それに対し観察法は特定の基準や枠組みに基づき，標的となる行動を観察・分類し，その特性を明らかにしようとする。観察法ではどのような場面（独立変数）において，どのような行動が出現するの

か（従属変数）という関数関係を分析することが主な手法となる。観察者の存在が標的となる行動に影響を及ぼすことも考えられるが，基本的に出現する行動は客観的な指標によって測定・分類される。

　一方，本書のテーマである面接法は，基本的に質問紙法や実験のような多数の被験者から収集したデータの平均値を分析の対象とすることはあまりない。むしろ対象となる被験者の主観性を重視し，どのように反応するかは基本的に被面接者に任せられる。もちろん，面接においても構造化面接法のように所定の手順によって情報を収集する手法もあるが，それでさえ提示された質問に対してどのように回答するかは被面接者の自由に任されている。ただし，面接法はデータを収集する際に一人の被面接者に割く時間や手間，あるいは分析にかかるコストは非常に高い。このコストという点では観察法も質的データを分析するという点において基本的に面接法と同様の特徴を有しているが，観察法と面接法の最も大きな違いは対象者の発言という「言語」を中心的に扱うか否かという点である。観察法が主な対象とするのは被観察者の行動であるが，面接法が主な対象とするのは被面接者が発する「言語」である。もちろん面接法においても被面接者の非言語的コミュニケーションを観察することは重要なポイントであるが，それ以上に研究者は被面接者が語る内容を重視する。

　この「行動」か「言語」かという違いは先に述べた関数関係を分析するうえで大きなポイントとなる。行動を観察する際には，当然標的となる行動だけでなく，そのときの状況や文脈といった環境変数を同定し，その関数関係を分析しなければならない。そのため，観察時における環境側の統制はきわめて重要なポイントとなる。一方，面接法においてもインタビュアーからの問いかけに対する反応として「言語」をとらえ，その内容を分析することが必要となるが，その場合，どのような質問やはたらきかけがなされた結果，発せられた「言語」なのかを考える必要がある。

2　質的データと量的データ

　また心理学研究の方法論的差異について，「**質的データ**」と「**量的データ**」という観点から説明することも可能である。一般に質問紙法や実験などの量的データを用いる研究では，「真なるもの」を説明する普遍的法則を論理的に証

明しようという**論理実証主義**がその根拠となる。そしてその普遍的法則を明らかにするために仮説的構成概念を構築し，質問紙法や実験を行なって，その仮説の正否を検討する。こうした研究は**仮説検証型研究**と呼ばれ，一般的な心理学研究法において主流な方法となっている。

　一方，面接法や観察法などに代表される質的データを用いる研究では，「真なるもの」は一つではないと考え，人と人との交流により構成される現実や社会の様相を説明・解釈することを目的とする**社会構成主義**をその根拠としている（下山，2008）。この立場に依拠する場合，さまざまなありようを一つひとつ丹念に検討しなければならず，群間の平均値を比較するような量的データを用いた研究に比べ，一人の被面接者に多くの時間と労力を割く必要がでてくる。しかし，一つひとつの事例や対象に焦点を当てることで，平均値データでは切り捨てていた個人差や二次変数による誤差がもつ意味に再度光を当てることができ，これまで知られていなかったまったく新しい現象を発見できるかもしれない。これは**仮説生成型研究**ともいわれるもので，事例の特異性に焦点を当てた研究を続けることにより，あらたな「真なるもの」に関する仮説を生み出す原動力となるものである。したがって，心理学的研究を発展させるという意味において，「質的データ」か「量的データ」か，あるいは「論理実証主義」か「社会構成主義」かという二項対立でとらえるのではなく，各方法論がもつ特性に十分に配慮しながら，研究を進めていくことが重要である。

　なお，面接法は基本的に質的データ，社会構成主義，仮説生成型研究に分類されることが多いが，構造化面接法の一部に量的データとしてとらえたほうがよい研究も含まれていることがあるので，面接法を用いた研究論文を読む際にはその研究の目的（仮説生成か仮説検証か）を確認することが必要である。

2 節　面接法の分類

1　調査面接法

　心理学における面接法は，用いられる分野によって2つに大別することができる。一つは**調査面接法**といわれるもので，先にあげた質問紙法や実験と同

様に，なんらかの心理学的事象を明らかにすることを目的に実施されるものである。ここでは，面接を行なう動機の主体は研究者である面接者側にある。調査面接は研究者自身がもつなんらかの研究目的が動機となって実施されるので，質問内容は研究目的に沿ったかたちである程度は事前に用意されていることが一般的である。しかしながら，どこまで踏み込んで尋ねるかといった質問の深度については研究の進捗状況に依存するため多種多様であり，対象とする心理学的事象の正体がまだ漠然としたものであれば，あまり狭い範囲で深く掘り下げるよりは，むしろ広く浅くというスタンスで当該の心理学的事象について調査面接を行なう必要がある。しかし研究を継続していくことによって，ある程度対象とする心理学的事象の全体像が把握できてきたら，要点を絞って質問を行なうことが可能となる。

2　臨床面接法

　調査面接法と対比されるのが，**臨床面接法**と呼ばれるものである。これは問題を抱える被面接者であるクライエント自身に面接を行なう動機がある。一方，面接者であるカウンセラーないしセラピストは，クライエントが語る問題を傾聴しつつ自身が依拠する臨床心理学的視点から問題を把握・査定し，解決に導くための援助を行なう。臨床面接法ではクライエントがどのような悩みや問題を抱えているかは話を聞いてみないとわからないので，面接者はさまざまなカウンセリングテクニックを用いて，クライエントから話を引き出す。また，すべてのクライエントが自身の問題を理路整然と語ることができるわけではないので，面接者はクライエントの態度や服装，表情，視線といった非言語的情報や，話題の展開の仕方や特定の話題に対する反応（拒否的反応，回避的反応，攻撃的反応，積極的反応）など，さまざまな観点から，クライエント自身についての理解と問題の把握に努めることが求められる。

3　構造化の程度による分類

　また，心理学における面接法はどのようなかたちで質問項目を尋ねていくかという構造化の程度によって 3 つに分類することができる。次章以降でそれぞれ詳細な説明がなされていくので，ここでは簡単な紹介にとどめておく。

(1) 構造化面接法

1つめは，質問すべき内容がすでに設定されているとともに，その順番も規定されている**構造化面接法**（structured interview）と呼ばれる方法である。この方法は面接者によるバイアスを抑制するとともに，本来の話題からの脱線を防ぎ当初の目的に沿って面接の進行を統制することができるという利点をもつ。一方，ある意味機械的に質問がなされていくので，被面接者から得られる情報は表面的かつ画一的なものになりやすいともされている。一般には調査面接法の分野では，社会調査や世論調査などに用いられることが多い。また臨床面接法においても用いられており，DSM に基づく**精神科診断面接**（Structured Clinical Interview for DSM：SCID）が有名である（第2章2節を参照）。もちろん臨床面接において構造化面接法を行なう際には上記のような問題が生じないように面接者は特別な訓練を積む必要がある。

(2) 半構造化面接法

2つめは，ある程度質問すべき内容が事前に設定されてはいるが，その順番や質問の深度を比較的自由に設定できる**半構造化面接法**（semi-structured interview）と呼ばれる方法である。この方法は構造化面接法とは異なり，面接の流れを断ち切ることなく，自然な流れで必要な情報を入手することができるとともに，必要に応じて所定の話題について深く掘り下げることができる。一方で自由度が高まるぶん，たとえば多弁であったり，ある話題に固執したりするような被面接者がいた場合に，必要な情報を尋ねるための時間がなくなってしまうといった問題が生じる可能性もあるため，そうした場合には面接者は被面接者の話を適切なかたちで切り上げるなど（たとえば，Hersen & Van Hasselt, 1998 深澤監訳 2001）の面接スキルが必要となる。

(3) 非構造化面接法

3つめは，面接者は特定の話題について語ることを被面接者に告げるだけで，あとは自由に語ってもらうという**非構造化面接法**（unstructured interview）と呼ばれる方法である。基本的には面接内容の構造化はなく，非指示的に被面接者に語ってもらうことになる。これは特定の事象について明らかにすること

を意図して行なうというよりも，新たな事象の発見や仮説生成を目的として行なわれることが多い方法である。

3節　面接法における留意点

　面接法は他の研究法に比べて自由度が高いぶん，面接者側に特定の仮説やバイアスがあったとき，無意識的に被面接者の発言を誘導してしまう恐れがある。**ロジャース派**のカウンセラーは臨床面接において，無条件の肯定的関心，共感，および真実性を示すことで自己実現という変化がクライエントにもたらされるとしているが，ナイ（Nye, 1992 河合訳 1995）が指摘しているように，実際の面接ではカウンセラーはクライエントから望ましい変化に関する発言がなされたときには積極的関心を向け，それ以外の発言をしているときにはそれほど関心を示していないのかもしれない。これはカウンセラー側が意図したものでなくとも，結果的にクライエントの発言を特定の方向に強化している可能性を指摘したものである。

　臨床面接，特にカウンセリング等の治療面接においては，その目的は臨床というクライエントが抱える問題の改善にあるので，カウンセラーの応答が意識的ないし無意識的なもののいずれであったとしても，結果的に臨床的成果がもたらされるのであれば，その行為は一定の社会的価値はあると考えられる（もちろん方法論の妥当性の問題は残されるが）。しかしながら，調査面接のように研究を主目的とした場合は，得られるデータに研究者の恣意性が含まれることとなり，データそのものに歪みを生じさせてしまう。そのため，特に調査面接を行なう際には研究者は自身が抱える志向性のバイアスがかからないように，質問や応答の仕方についてある程度の習熟が求められる。

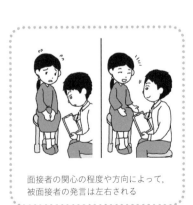

面接者の関心の程度や方向によって，被面接者の発言は左右される

また臨床面接においても**アセスメント**段階における面接では，面接者には調査面接同様の客観性が求められる。たとえば不登校の子どもをもつ保護者が面接に来た際によく聞かれるのが「自分の育て方が間違っていたのか」という発言である。通常，自身の子どもが何かしらの問題を抱えた状態になると，保護者の心理としては自分の子育てに問題があったのではないかと後悔に似た感情に苛まれるのは当然のことである。このようなときに，その発言を受けて面接者が親子関係や愛着関係の話題に焦点化しすぎると面接の話題は「保護者による子育て」に支配されてしまい，保護者と面接者の双方があたかもそれが問題の本質だと勘違いしてしまう恐れがある。アセスメント段階における面接では，保護者の考えや見方を尊重しつつも，偏った情報に支配されることなく，いじめ等の学校における問題や他の発達的な問題など，あらゆる可能性を視野に入れ聴取を行なう必要がある。

　以上説明してきたように，面接法では臨床面接ないし調査面接のいずれであっても，適切な面接を実施するためには，事前に面接スキルについての訓練を受けておく必要があることを指摘しておく。

第 1 部

アセスメントとしての面接法

第 1 部では，アセスメントとしての面接法について解説する。面接法も調査法，実験法，観察法と同じように心理学的な現象を測定する手法としての側面をもつが，面接法によるデータ取得の手続きは他の研究法と比べて独自性も高い。第 1 部においてはアセスメントとしての面接法の総説に加えて，構造化面接法，半構造化面接法，非構造化面接法といった異なる面接法を用いたデータ取得のアプローチについて説明する。

第1章
Chapter 1

アセスメントとしての面接法の総説

　臨床面接であれ調査面接であれ，初対面の人から話を聴く際には，話の内容だけでなく，その人のようすや態度などから，面接そのものへの動機づけや意欲を読み取りつつ，アセスメントを行なっていく必要がある。そのため，面接者はスムースに面接が進行されるように，面接場面の設定やラポールの形成など，さまざまな工夫を施すことになる。本章では，そうしたアセスメントに求められる面接の技術や方法についてみていこう。

1節 アセスメントにおける面接法の特徴

　心理臨床における**アセスメント**を実施する際に最も利用されているのは質問紙法による心理検査であろう。被面接者のパーソナリティや精神健康度，あるいは抑うつなどの各種の症状を把握するうえで質問紙法は簡便で施行方法も定式化されており，心理臨床において初めに被面接者の状態像を把握する方法としては一般的なものといえる。しかしながら質問紙法のみで被面接者の状態

や本人が抱える問題をすべて把握し査定することは当然のことながら困難である。なぜなら心理臨床で出合うさまざまな問題は一つひとつに特異性があり，まったく同じ問題というのはありえないからである。したがって，心理臨床におけるアセスメントを正確に行なうためには，質問紙法や投影法といった心理検査だけでなく，面接法によって得られる個別性の高い情報を収集する必要がある。そういった意味において，面接法は心理臨床におけるアセスメントを行なううえで心理検査に匹敵する重要な方法だと考えられている（丹野，2001）。

　アセスメントを主眼とした面接は，心理治療の導入部において行なわれる**インテーク面接（受理面接）**だけでなく，治療の進行に伴って適宜行なわれる。また治療の最終セッションや，さらに最終面接から３か月以上経過した時点でのようすなどを把握するために実施されるフォローアップにおいても面接は行なわれる。こうした面接は**臨床面接**に分類されるものであるが，これらの面接の中でも特に重要なのはインテーク面接だとされている。なぜなら，いくら高い**エビデンス**のある介入法でも，アセスメントが正しく行なわれていなければ，その効果を発揮することはできないからである。逆にアセスメントさえ適切に行なわれていれば，それほど的外れの介入法が選択されることはない。そのため臨床家である面接者は，アセスメント面接の際には基本的なアセスメント項目に基づきクライエントの情報を入手していくとともに，面接中に得られた情報を臨床的観点から自分の頭の中で検討・考察し，当該のクライエントとその問題の臨床像を仮説的につくり上げ，さらに付加的かつ探求的な質問を行ない，自らの仮説を検証していく作業を行なっていくことになる（インテーク面接については第11章を参照）。

　このインテーク面接の際にクライエントの情報として入手すべき一般的な項目としては，①主訴，②生育歴，③当該の問題の経過，④家族関係，⑤職場や学校などの社会的関係，⑥教育歴，⑦身体疾患や医学的所見，などがあげられる。また直接質問する項目以外にも，面接時のクライエントのようす（服装，化粧，態度，視線，表情，行動，疎通性，理解力，言語能力等）を観察し，必要に応じて補足的な質問を行なっていく。また，得られた情報をもとに，①本人はこの相談に何を求めているのか，②精神障害，知的障害，発達障害等の背景がないか，③**パーソナリティ**傾向はどのようなものか，④当該の問題や症状はな

ぜ維持・固定しているのか，⑤治療に対する反応の適応性はどの程度か，といった臨床的観点からアセスメント作業を行なっていく。

このように考えてみると，**臨床面接**のうち，特にインテーク面接においては，ある程度構造化されたかたちで面接が進められているのがわかる。つまり事前に設定された質問項目を被面接者に対して網羅的なかたちで尋ねていくという点において，**調査面接**における構造化ときわめて類似しているのである。インテーク面接に限ったことではないが，臨床面接では面接者と被面接者がどのような目的をもって当該の面接に臨んでいるのかを共有しつつ，半構造化面接法や非構造化面接法に近い態度で面接を行なうことが望ましいとされている。しかしながら初心者の臨床家は上記の決められた項目を質問したり計画どおりに介入を進行したりすることに気を取られ，クライエントから語られる重要な情報やキーワードを聞き漏らしてしまうことがある。

なお，同様のことが調査面接法においてもいえる。調査面接における，構造化面接法では所定の項目を定められた順番に従って質問していくことになるが，その形態のために得られる情報は表面的かつ画一的なものになりやすく，被面接者の内面に迫るような情報を入手することは難しくなる。そのため，面接者は半構造化面接法や非構造化面接法によって被面接者のより深いレベルの情報を入手することが求められる。このとき，面接者に必要となるのは，臨床面接と同様，適切な**傾聴スキル**である。また，面接者は自分が面接を通じて何を知りたいのか，何を求めているのかについての研究目的を明確化しておくことも必要となる。研究目的が不明確なままだと，相手の話をいくら傾聴スキルで聞き出したとしても，情報の整合性は保たれなくなってしまい，研究そのものが意味のないものになってしまうからである。そこで，次節からは面接を開始するまでの準備段階と，実際の面接場面における工夫や基本的傾聴スキルについて説明していく。

2 節　面接目的の確認とシナリオの作成

臨床面接についてはすでに述べているので，ここでは調査面接に焦点を当て

て説明する。臨床面接と調査面接の違いの一つは被面接者が自発的に来談する
か，あるいは調査者からの依頼によって来談するかという点である。臨床面接
では被面接者が自ら抱える問題を解決してもらいたいという動機に基づいて来
談するのに対し，調査面接は面接者側に，ある事象についての研究を行ないた
いという動機があり，その目的に合致すると思われる人物や集団に依頼をかけ
て来談してもらうことになる。したがって調査面接では面接者は調査対象とな
りうる候補者の選定の仕方や，どのように依頼を行なうかを決める必要もある。
また，依頼に応じて来談してくれた被面接者に対しては，謝金や粗品などのあ
る程度の謝礼を支払う必要もあるだろう。さらに忘れてはいけないのは（他の
研究法でも同様であるが），所属する機関における倫理審査を受けておくこと
である。調査面接ではきわめて個人的なプライバシーにかかわる情報を入手す
ることが考えられるので，研究の目的のほか，依頼の方法，参加における自由
意思の保証，謝礼の有無，データの管理方法，および公表の仕方について**倫理
審査**を受けておくとともに，被面接者に依頼する際に，その内容を明記してお
くことが望まれる。調査面接における具体的な依頼方法については鈴木(2005)
が詳細な説明を行なっているので，参照してほしい。

　次に目的の設定についてである。調査面接が研究手法に採用されるのは，「何
かありそう」という漠然とした目的や，一度調べてみようといった探索的な目
的など，まだ明確化してはいないが，その事象の存在が推定されるようなテー
マを調べる際が多い。ある程度目的が明確化しており，研究内容の方向性が定
まっている場合には，面接法ではなく質問紙法が採用されることとなる。調査
面接においては，一般的な認識として皆が共有しているが，それを明確にデー
タで示したことがない事象について明確化するといった理由や，その事象を明
確にすることが社会的貢献につながるなどの理由があると，目的設定がしやす
い。つまり**仮説検証型研究**ではなく，**仮説生成型研究**として目的を設定する
ことが第一に考えられる（松浦・西口，2008）。一方，あるテーマについて条
件が合致する特定の被面接者を選定して面接が行なわれる場合がある。この場
合は，当該の被面接者が抱いている印象や考えについて確認するという作業も
含まれるので，仮説検証型研究となることもあり，面接形態としては構造化面
接法が採用されることとなる。

さらに研究に際しては，その研究目的を達成するために，なぜ質問紙法や実験ではなく面接法が選択されなければならないかという方法論の選択理由についても明確にしておく必要がある。面接法は被面接者の心身の負担も大きく，また研究者と被面接者がお互いに直接かかわり合うために，個人のプライバシーが最も明らかにされるものであるので，倫理的にもその方法を採用することについての**アカウンタビリティ（説明責任）**が求められる。たとえ目的が仮説生成型研究のように新たな事象の発見を念頭に置いたものであったとしても，その根拠が単なる研究者の好奇心だけでは説得力に欠ける。そうした新たな事象が調査面接によって発見される可能性があることを，先行研究等の知見ないし社会において生じているさまざまな事象から妥当性をもって説明できることが望ましい。

　このような自身の研究目的に関する基本的な問いかけを経た後に，次にどのような質問をどのような表現で尋ねていくか，構造化の程度も含めて**シナリオ**の内容を検討していくことになる。当然テーマによって質問内容は変わってくるが，鈴木（2005）によればパットン（Patton, 1990）が次のような6類型で質問におけるポイントを分類している。それは，①被面接者がこれまで経験してきたことや，被面接者自身の行動やふるまいについて，②被面接者自身の行動や選択・判断のもととなる意見や価値について，③ある事象に対して抱いている被面接者自身の感情について，④ある事象に対して保持している被面接者自身の知識や情報について（その正確性に対する確信度や根拠についても確認する），⑤ある事象に遭遇したときに被面接者が自身の五感の中でどの感覚を重視しているかについて，⑥被面接者の属性（年齢，教育歴，職業等，調査目的に関連すると思われる被面接者の個人情報）について，の6類型である。以上のポイントを念頭に置きつつ，テーマに沿ったかたちで当該の質問項目について尋ねていくことになる。

　半構造化面接法や非構造化面接法では，特に質問項目の順番は問われないので，最終的に聴取すべき項目への回答が得られていればよいが，構造化面接法の場合は，統制された順番および質問形態で面接が行なわれなければならないため，シナリオの作成は必須となる。当然，調査面接では（臨床面接におけるインテーク面接でも同様であるが）被面接者が初対面の相手にいきなり自分の

内面にかかわる情報を伝えることに対して抵抗感を抱くことが予想される。そのため，前半部では一般的な話題や簡単に答えられる質問に回答してもらうなど，被面接者の緊張感を解くような面接を心がける必要がある。服装や態度，口調等についても，第一印象で不快な印象を抱かれないように注意しなければならない。また，後半にいくにつれて個人的な話題を語ってもらうにしても，面接の途中でいきなり何の脈絡もなく個人的な話題について質問されたら，被面接者も面食らってしまうだろう。そのため，被面接者に違和感をもたれないような自然な流れで個人的な話題や深いテーマに向かうように，質問項目の順番を配置しておくといった配慮が必要となる。

　基本的な流れとしては，一般的な話題や客観的事実などの質問から始め，徐々に本人の認識や価値，意見，感情といった内面に関する話題に移行していく。ただし，出自にかかわる問題など，客観的事実に関する質問でも被面接者自身に抵抗感を抱かせる話題もあるため，本人の反応を見極めながら，話題を振っていくように注意する。また話の内容についても，項目の時系列が行ったり来たりすると（高校のときの話を聞いてから中学校のときの話に戻すなど）被面接者も混乱するので，基本的には時系列に沿って過去，現在そして今後（未来）の話を聴取していくようにする。

　そして面接のシナリオのつくり方であるが，まずは付箋1枚に質問項目1つを書くかたちで，聴取すべき質問項目をすべて書き出すようにする。そしてそれぞれの質問項目の関係性について整理し，同じような質問であればまとめたり，不足している質問があれば新たに加えたりするなどして，質問項目の精選作業を行なう。さらにこの際に実際の面接場面を想定したかたちで質問項目を声に出して読んでみて，言いやすさなどの表現をチェックし，必要に応じて修正を施す。項目の精選作業が済んだら，面接開始から終了までどのような順番で質問を行なっていくのがよいか，付箋を並べ替えてシナリオ案を作成する。シナリオ案ができたら，指導教員やゼミの仲間などに協力してもらい，質問項目の表現や順番について意見を求めたり，模擬面接を行なっておおよその所要時間や流れを確認したりして，適宜修正を加え正式なシナリオを完成させる。特に構造化面接法の場合，調査面接を開始してから内容を修正すると，それまでに聴取したデータが無駄になってしまうので，シナリオ完成の判断は細心の

注意を払うようにしなければならない。

3節　面接場面の設定

　臨床面接でも調査面接でも基本的に被面接者に面接者が指定した施設まで来訪してもらって面接を行なうことが多い。臨床面接では病院やクリニック，あるいはカウンセリングセンターなどの相談施設である場合が多いだろう。また，調査面接では大学や各種研究機関などの面接室などが利用されることが多い。面接では机や椅子の配置のほか，時計や花瓶，絵画などの備品の配置や，座席の位置関係などについて，事前に検討・準備しておくことが望まれる。たとえば時計一つをとってみても壁掛け時計を部屋のどこに配置するかで面接の印象が大きく変わることがある。時計を面接者の背後の壁にくるように配置すると，被面接者は時計を見ることができるが面接者は見ることができない。その際に，腕時計などで面接者が時間を確認すると，その行為自体が被面接者から「自分との面接を切り上げたがっている」と受け止められてしまう恐れがある。また，被面接者の背後の壁に時計を配置すると，被面接者は時間を把握することができず，時間を意識せずに延々と話し続けたり，逆に終了時刻の見通しがつかないことで苦痛を感じたりする場合もある。さらに人は自分の視界にないものに不安を感じるので，面接者が被面接者の背後を凝視することについて不快感を抱くかもしれない。

　また，人は会話中，常に視線を相手に向け続けるわけではない。基本的に話し手は伏し目がちに話し，たまに聞き手の目を見るというかたちになる。また，聞き手は基本的には話し手のほうを見て話を聴くパターンが多い。これは話し手の会話の中身だけでなく，会話に含まれるトピックスについて話し手がどのような気持ちを抱いている

面接では，備品の配置や，座席の位置関係などについて，事前に検討・準備しておくことが望まれる

のかを**非言語的コミュニケーション**の観点から読み取る必要があるからである。面接という形態において，基本的には面接者は聞き手に徹し，被面接者が話し手を担う割合が多いので，伏し目がちになるのは被面接者のほうとなる。その際，「目の置き所」について事前に設定しておくなどの配慮も必要となる。そうした意味において，たとえば時計などは壁掛け時計でははく置き時計を机の上に配置すると両者の間で時間を共有することもでき，また「目の置き所」としても機能させることができる。

4節　面接時における座席の位置関係

通常，面接は1対1の形態で行なわれる。その際，面接者と被面接者がどのような座席の位置関係で座るのかは面接目的や**ラポール**の度合いによって変わってくる。図1-1には代表的な4つの位置関係を示している。①の**正面法**は正対して着席する位置関係である。正面同士で着席するので，相手に視線を投げかけやすく，また身体的に近接している位置関係に苦痛を感じる被面接者には向いているが，相手に常に目を向け続けるかたちになるので，プレッシャーを相互に与えやすく，また目の置き所に困る位置関係である。臨床面接ではあまり用いられない位置関係であるが，スクールカウンセリングなどで学校側か

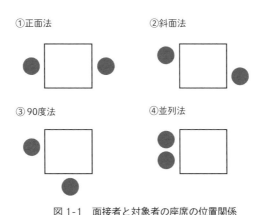

図1-1　面接者と対象者の座席の位置関係

ら用意された相談室がこのような位置関係になっている場合もあるので，そのような場合には目の置き所となるような置き時計や花瓶などを机の上に用意しておく必要がある。

②の**斜面法**は正面法と違い，常に視線を相手に向けるのではなく必要に応じて視線を向けることができ，また4つのパターンの中で最も面接者と被面接者の位置が離れているので，身体的に近接していることが苦痛な被面接者にも向いている。さらに，調査面接における質問項目リストや臨床面接における被面接者情報などの資料を相手に見られる心配も少ない。一方で最も距離が離れていることから，親近性を重視する場合には相手によそよそしさを感じさせるため，不向きともいえる。

③の**90度法**は最もカウンセリングで用いられる位置関係である。斜面法と同様に視線を適度に被面接者に向けやすく，また身体的にも近接しているため親近性も感じさせることができる。一方で，近接している位置関係に苦痛を感じる被面接者や視線を合わそうとしない回避的な被面接者に対しては，逆にプレッシャーとなるかもしれない。

④の**並列法**は，一般的な面接場面で用いられることはほとんどない。ただし，学校などでの**チャンス面接**（偶然廊下などで出会った際に始める非公式な面接のこと）や，子どもを対象とした面接で一緒に工作をしたり絵本を読んだりしながら，それとなく話を進める際などに用いられることがある。身体的に最も近接する位置関係なので，緊張を生み出しやすいが，親密性も最も得ることができる。ただし，近接している位置関係に苦痛を感じるような被面接者やラポールが十分に形成できていない被面接者には，この位置関係は避けたほうがよい。

なお，面接室を用いない面接もある。たとえば電話を用いた面接である。電話相談や電話を用いた世論調査などは一般的に行なわれているが，相手の顔が見えない状況では，口調や間のとり方など，言語的情報に頼らざるをえない。また相手が本当に対象となる人物か確認がしづらいなどの問題もある。一方で来訪してもらう必要がないため被面接者の負担が少ないことや，短時間で多くの情報を入手できるといった利点もある。また，電話面接以外にも相手の自宅やオフィスなどに訪問して面接する場合や，学校や公民館などの第三者の施設

において行なう場合もある。こうした場合，面接者側に遅刻が生じないように事前に場所を確認しておくことや，面接時間をあらかじめ決めておき，相手側に負担にならないようにといった配慮が必要となる。さらに，面接者は部屋を見た瞬間に誰がどこの席に着席するのがよいか判断する力量も必要となる。

なお，精神科臨床では，緊急時に脱出が可能なように，通常，面接室には前後２つの扉が設置されている。しかし，扉が１か所しか設置されていないような面接室の場合，ケースによっては，危機管理として奥側の席に被面接者，扉に近いほうの席に面接者が座るように着席場所を設定したほうがよい。面接者は被面接者が入室してきた際に自然なかたちで着席場所へ誘導することが求められるが，面接者が座るべき場所に被面接者が一度座ってしまうと，再び立って別の席に座り直してもらうことを促すのは面接者にとってもやりづらさを感じるであろう。そうした場合には，事前に面接者が座る席に記録用紙や筆記用具等の面接者の持ち物を置いておくことで，一目で着席場所へ誘導することが可能となる。

5 節　ラポールの形成

一般に**ラポール**とは治療者とクライエントとの相互信頼感を示す概念である（鈴木，2005）。ハーセンとヴァン・ハッセル（Hersen & Van Hasselt, 1998 深澤監訳 2001）は心理臨床におけるラポールを次の５つで定義している。

①セラピストとクライエントがくつろいでいられるような環境をつくること
②クライエントの問題を査定し，共感をもって反応すること
③クライエントの洞察のレベルを査定し，クライエントとの同盟を築くこと
④希望や新しい見方や，クライエントの問題に関してセラピストが理解していることを具体的に提示していくこと，また疑うのをやめさせること
⑤クライエントが，クライエントとして自分が果たす役割を理解するのを援助すること

この定義はあくまでも心理臨床におけるラポールについて説明したものであるが，そのほとんどのエッセンスは，調査面接でも当てはまるものである。調査面接でも臨床面接でも，被面接者が**自己開示**的に話をしてくれるか否かは面接者とのラポールが形成されたかどうかで変わってくる。面接者に対し被面接者が不信感や警戒心を抱いたままでは，面接者は正しい情報を入手することはできない。「この場では何を言っても受け入れてもらえるのだ」という安心感があって，初めて被面接者は心の内を語ってくれるようになる。そうした安心感がなければ，調査面接では社会的に望ましい回答を表面的に語ってお茶を濁すだけで終わってしまうだろう。したがって，面接法では面接者と被面接者の間におけるラポールの形成は必須のものといえる。ただし，面接者側が必要以上に親和的，共感的な態度を示しすぎると，被面接者側に同調的な態度を生じさせてしまい，回答に歪みを生じさせる恐れがあるため，過度に被面接者に寄り添う姿勢も避けなくてはいけない。そうした意味で面接者には適切な関係性と距離感を維持しつつ面接するというバランス感覚が重要となる。

　なお，面接場面では常に被面接者が積極的態度で面接に臨んでくるわけではない。たとえば臨床面接において，精神症状を示す思春期の子どもが本人の同意なしに保護者から無理矢理面接に連れてこられた場面を想像してみてほしい。本人の中には無理矢理連れてこられたことに対する怒り，悲しみ，諦め，羞恥心などさまざまな感情が湧き起こっているのは想像に難くない。こうした被面接者に対して紋切り型の面接を行なっても有益な情報を得ることは困難であろう。このような場合には被面接者が抱いている感情や思いに共感的に接しつつ本人の本音を探っていくことになる。基本的には面接者を敵対者として認識させないような配慮が必要となる。

　また同様のことは調査面接においてもいえる。たとえば被面接者が依頼をしてきた相手との関係性から断れないために仕方なく来た場合や，報酬を目当てに来ただけで，早々に面接を切り上げたいと考えている場合などが該当する。そうした場合においても面接者は貴重な時間を使ってわざわざ来てくれたことに謝意を示すとともに，当該の問題に対する被面接者の認識について，面接を通じてお互いに共通理解を図っていくようなかたちにもっていくことで，被面接者の動機づけを高めていくなどの工夫が必要となる。

6 節　面接時の心構え

　アセスメントとして考えたとき，インテークにおける臨床面接も調査面接も同様の特徴を有しているところがある。それは，面接目的はあくまでも情報収集であり，カウンセリング等の臨床心理的介入ではないという点である。そのため，心理臨床ではインテーカーと呼ばれるインテークを専門に行なう面接者と，セラピストを分業にしている施設もある。また，調査面接においても，面接者はカウンセラーやセラピストのような役割にならないように注意する必要がある。

　また，面接者は面接中に被面接者から意見を求められたり，アドバイスを求められたりすることもあるかもしれない。それは臨床面接では症状が起こる理由や，治療の有効性についてかもしれない。また調査面接では被面接者の意見に対する面接者の印象や一般的な回答傾向を尋ねるものかもしれない。しかしこれらの被面接者からの問いに答えることは面接者の役割を逸脱するものである。インテークにおける臨床面接では，アセスメントの途中で安易に症状に対する意見を表明することは，被面接者の認識や印象を歪め，重要な情報から眼を逸らせることになってしまうかもしれない。またケースフォーミュレーションの結果が，面接中に回答したものと異なったとき，被面接者に不信感を抱かせる恐れがある（ケースフォーミュレーションについては第13章を参照）。一方，調査面接においても面接者が自分の意見を表明したり一般的な回答傾向を開示したりしてしまうと，被面接者の態度や意見に影響を及ぼし，ある意味，回答を誘導することになってしまう。そのため，基本的には被面接者の回答についての評価や批判といった意見表明は避け，語られる内容をそのまま記録することが望ましい。しかし，非構造化面接法では，面接者側がある程度の自己開示（自分自身の考えや経験などを表明すること）を行なったり，被面接者の感情の動きに敏感に反応したりすることが相手の発言を促すのに効果的ともされており（鈴木，2005），時と場合によっては中立的な立場と親密性の高い立場を使い分ける臨機応変さも必要だといえる。

第1章　アセスメントとしての面接法の総説　**21**

構造化面接法

　面接法は従来大きく，**構造化面接法**（structured interview），**半構造化面接法**（semi-structured interview），**非構造化面接法**（unstructured interview）の3つに分類される。構造化面接法は，準備された質問項目と手順に従って面接を進め，情報を得る形態であり，面接の信頼性を重視する際に用いられる。そのため，特定のテーマについての客観的な情報を収集するための調査面接や，臨床場面における診断のための面接において用いられる。本章では，構造化面接法について，その種類や特徴をみていこう。

1節　構造化面接法とは：構造化面接法の意義

　構造化されていない面接における欠点は，得られる情報の信頼性と妥当性を保証することが難しいという点である。たとえば，同じ人物に異なる面接者複数が面接した場合に，構造化されていない場合には，面接者によって質問が異なりそのため得られる情報も異なってしまう。また，同じ面接者が同じ人物に複数回面接した場合にも，面接のたびに質問が変われば得られる情報が異なってしまうだろう。そのような問題点を構造化面接法は軽減することができる。

つまり構造化面接法は，面接という評価プロセスを体系化することによって，測定や診断の信頼性と妥当性を高められるという利点が特徴としてある。そのため，診断場面，特定の査定が必要な場面，ある疾患をもつ対象者をスクリーニングする場面や選択するような疫学研究，多施設における研究，国際比較研究などにおいて構造化面接法が用いられることが多い。特に，評価者による診断のばらつきが指摘されてきた精神科診断においては，**診断のための構造化面接法（diagnostic structured interview）**が複数開発されており，臨床および研究において活用されている。

2 節　診断のための構造化面接法

　精神科診断は，多くの身体疾患の診断と異なり生理指標等の客観的な基準値をもとに診断できることが少ない。そのため，評価者による診断のばらつきが大きくなってしまう問題点がある。アメリカ精神医学会の刊行する「**精神疾患の診断・統計マニュアル（Diagnostic and Statistical Manual of Mental Disorders：DSM）**」や世界保健機構の定める「**国際疾病分類（International Classification of Diseases：ICD）**」といった国際的操作的診断基準は診断のばらつきの問題を軽減することを一つの目的としている。しかし，操作的診断基準があっても，実際の面接における質問の内容，仕方，結果の読み取りにおいて面接者によるばらつきがあり，診断はかならずしも一致するものではない（大坪，2015）。診断のための構造化面接法は，診断基準に沿って標準化された質問と手順で構成されている。また，その回答に対する採点基準や評価の手順が決められており，この手法を用いることで診断の一致率をできるだけ高めることを目指して開発されてきた。つまり，診断のための構造化面接法は，診断の信頼性と妥当性を高めるものであるといえる。

　臨床的な意義は，誤診断や見逃し診断の可能性を低めることである。特に，構造化面接法を用いることで，併発している疾患の見逃しを軽減できるとされている。たとえば北村（2013）は，臨床医はいったんある診断にいたると，他の併発している疾患について見逃す可能性が高くなることを指摘し，併発疾患

をもちうる可能性が高い精神科領域においては重複疾患を見逃さないことが臨床的に重要であると述べている。

　診断行為は医師にのみよるものである。一方で，医師以外の医療従事者の働く領域においても診断的な判断が必要となる場面がある。たとえば，多職種が連携してケアを行なう場面では，疾患や診断について共通理解を行なうことがチームアプローチの基本となる。特に，精神科領域が専門でない医療従事者にとっては，精神科的な課題があることが想定されるクライエントを前にした際，診断のための構造化面接法を一つの道具として利用して情報を得ることができれば，早期の適切な支援につなげることができる（北村，2013）。

　さまざまな構造化面接法がこれまでに開発されているが，いずれも DSM 等の診断基準が新たに発表されるに従い，最新の情報を取り入れて常にバージョンが新しくアップデートされ続けている。その中で，日本語訳が発表されており，広く用いられてきた構造化面接法について以下に紹介する。

1　SCID

　SCID（Structured Clinical Interview for DSM）は世界的にも最も広く用いられている診断のための構造化面接法である。SCID は，DSM-Ⅲ（American Psychiatric Association, 1980）の出版を機に開発がスタートされた。DSM-Ⅲの改訂版である DSM-Ⅲ-R（American Psychiatric Association, 1987）の発行に続き，SCID の最初のバージョンである SCID for DSM-Ⅲ-R が 1990 年に出版された（Spitzer, Williams, Gibbon, & First, 1990a, 1990b）。その後，DSM の改訂に呼応し SCID も改訂を続けている。DSM-Ⅳにおいては多軸診断が導入されたため SCID も第Ⅰ軸疾患のための SCID-Ⅰ（Structured Clinical Interview for DSM-IV-TR Axis I Disorders）と，第Ⅱ軸疾患のための SCID-Ⅱ（Structured Clinical Interview for DSM-IV Axis II Personality Disorders）が開発された（First, Gibbon, Spitzer, Williams, & Benjamin 1996; First, Spitzer, Gibbon, & Williams, 1997）。DSM-Ⅳに対応した SCID は本邦においても日本語に翻訳され『精神科診断面接マニュアル SCID』として出版されている（First et al., 1996 高橋監修 2010）。SCID の最新のバージョンは DSM-5（American Psychiatric Association, 2013）に対応した SCID for DSM-5（SCID-5）シリー

24　第Ⅰ部　アセスメントとしての面接法

ズである（First, Williams, Karg, & Spitzer, 2015 など）。

SCID-5 には複数のバージョンが作成されている。使用する場面ごとには大きく 3 つのバージョンがある。SCID-5-CV（Clinician Version）は，臨床家版である。SCID は本来研究にも臨床にも用いることができるように開発されてきた。しかし，どうしても質問や手順が長く複雑になってしまうため臨床上では使いにくい場面も多くあり，臨床において使用する際の使いやすさを求め，臨床家のためのバージョンが開発された。SCID-5-RV（Research Version）は研究版のバージョンであり，その研究版をベースに臨床試験において用いるために変更したものが SCID-5-CT（Clinical Trials Version）である。また，パーソナリティ障害については SCID-5-PD（Personality Disorders）として独立した版がある。SCID-5-PD は，SCID-Ⅱ（DSM-Ⅳにおける第Ⅱ軸診断用）の改訂版である。SCID-5 シリーズのうち，本邦においては，この DSM-5-PD のみが現時点においては翻訳，出版されている（First, Williams, Benjamin, & Spitzer, 2016 高橋監訳 2017）。DSM の診断基準の改訂には，各疾患についてのエビデンスの積み重ねが必要であり，そのエビデンスを積み重ねるためには適切な対象者を要する大規模研究が必要である。SCID は疾患ごとの臨床研究に貢献するとともに，臨床研究によって得られた新たな知見や診断基準に呼応して新しく改訂され，必要に応じてバージョンの多様性をもつようになったといえる。

構造化面接法として代表的な SCID であるが，その内容は，構造化されていない概観（over view）部分と，厳密に構造化されている診断面接部分によって構成されている。まず概観において，現在の症状やこれまでの病歴や生活歴などについて非構造化面接法によって聞き取る。この概観部分での面接では，おおよその鑑別診断をつけることと，相手との信頼関係をつくることを目的としている。概観によって得られたおおよその鑑別診断に従って，診断の可能性のある疾患についてより詳細に問うのが次に続く構造化面接法の部分である。診断の可能性のある疾患をいくつかの診断カテゴリー群にしたものが**モジュール**と呼ばれるものであり，モジュールごとに病名診断ができるように構成されている。たとえば，SCID-5-RV は 12 モジュール，SCID-5-CV は 10 モジュールを基本モジュールとして構成している。表 2-1 に SCID-5-CV のモジュール

表 2-1　SCID-5-CV のモジュール構成（First et al., 2015, 翻訳は筆者）

モジュール	
A	気分エピソードと持続性抑うつ障害
B	精神病および関連症状
C	精神病性障害群の鑑別診断
D	気分障害群の鑑別診断
E	物質使用障害群
F	不安症群
G	強迫症および心的外傷後ストレス障害
H	成人の注意欠如・多動症
I	その他の障害群のスクリーニング
J	適応障害

を紹介する。たとえば，モジュール D は気分障害群の鑑別診断モジュールであり，このカテゴリーには気分障害に括られるいくつかの疾患が含まれている。具体的には，双極Ⅰ型障害，双極Ⅱ型障害，うつ病などに関連する障害群である。面接者は，各診断基準に基づき用意された質問を行ない，被面接者の回答から基準に当てはまるかを評価し（たとえば，"YES"か"NO"），続く次の手順に進む。最終的に面接者は，得られた評点や情報をもとに診断についての判定と考察を行なう。SCID 実施の所要時間については，診断の可能性のある疾患の幅広さや回答者の状態に応じて大きく違いがあるものの，たとえば SCID-5-CV は通常 45 分〜 90 分が目安とされており（First et al., 2015），おおむね 1 時間以上の時間を要する（ただし特定の疾患についてのみ診断の有無を評定することを目的として使用する際には，より短時間となる）。実施にあたっては，実施者は SCID について熟知し，十分に練習したうえで実施する必要がある。

2　M.I.N.I.

　SCID や，世界保健機構の定める ICD に対応した構造化面接法である CIDI（Composite International Diagnostic Interview）などは，試行に時間がかかり，また実施までのトレーニングにも準備と時間を要する高い専門性が求められるものである。そこで，既存の構造化面接法よりも簡便に用いることができる簡易構造化面接法として開発されたのが，**M.I.N.I. (The Mini-International Neuropsychiatric Interview)** である（Sheehan et al., 1998）。

M.I.N.I. は，簡易な方法で，ある程度の精度をもって均質の精神疾患を診断あるいは抽出することを目的としている（大坪，2015）。診断されなかった人たちの中に本来診断されるべき人が含まれてしまう偽陰性率を低くするというスクリーニングの機能を重要視している。逆にいえば，診断された人たちの中に真には診断されない人を含んでしまう偽陽性率が多少高くなるというデメリットがある。簡易であることによって，観別の精度が多少損なわれるとしても，スクリーニングとしての機能と簡便さを優先したものである。

　大坪（2015）では，M.I.N.I. を必要とする場面は，精神科非専門医や一般科医師（プライマリ・ケア医など），医師以外の医療従事者，一般調査員などによるプライマリ・ケア臨床での精神疾患診断や調査，疫学調査などであるとしている。精神科の専門ではない者が，全般的な健康管理の窓口として，なんらかの精神的な課題のスクリーニングとして用いる際に有用である。

　M.I.N.I. は，先行研究で 12 か月有病率が 0.5％以上であることが示された疾患の診断モジュールで構成されている。各診断モジュールの初めにスクリーニング質問があり，それに当てはまらない場合には次の診断モジュールに進む。すべての質問が「はい」または「いいえ」で回答するものであり，構成されるすべてのモジュールの実施に所要時間は 15 分程度である（第 5 章 2 節も参照）。M.I.N.I. には，M.I.N.I. ファミリーと呼ばれるさまざまなバージョンが用意されている。研究で用いることを目的として作成された M.I.N.I.-Plus，小児・思春期用の M.I.N.I.-Kid，スクリーニングのためのより簡潔なバージョン M.I.N.I.-Screen などである。現在，本邦において翻訳出版されているのは M.I.N.I.5.0.0 版である（シーハン・ルクリュビュ 大坪・宮岡・上島訳 2003）。

3 節　面接の実際

1　面接の準備

　決められた質問項目が記載された用紙を単に読み上げるだけでは，面接法のメリットを活かすことができない。被面接者からの非言語メッセージを見逃さないためにも，また相手の反応に上手に対応するためにも，質問項目と手順は

十分に頭に入れ，用紙ではなく相手としっかりと対面した"面接"を行なえるように事前に準備が必要である。

一人で練習する場合には，被面接者が目の前にいることを想定して練習を行なう。ビデオやICレコーダーなどを用いて，面接者としての自分自身を客観的にふり返ることも助けになるだろう。可能であれば，2名以上での練習がより適切である。役割を交代して実施したり，お互いにフィードバックを行なったりすることは効果的である。

面接の練習ではビデオやICレコーダーなどを用いて，自分自身を客観的にふり返ることも大事である

研究において構造化面接法を用いる際，特に大規模研究などにおいては，面接担当者が複数いる場合がある。その際には，面接者による評価の揺らぎの幅や力量の違いを小さくすることが必要である。そのために準備段階において，面接担当者間の評価の一致率を **κ（カッパ）係数** などを用いて十分に評価し，一定以上の一致率を得られるようになってから臨む必要がある。たとえば，練習段階において行なったある面接者の面接のビデオを，他の面接者が評定し，その一致率を確認するとともに，不一致であった点について話し合うことで面接の精度を高めることができる。

すでに標準化された構造化面接法を用いる際には，その構造化面接法は開発の段階において信頼性と妥当性が検討されているはずである。そのため，面接を実施する者に求められるのは，適切に構造化面接法を実施する準備や練習である。特に診断のための構造化面接法については，手順や質問に従って読むだけで診断を下すという単純なものではないため，研修等の一定のトレーニングを行なった後で実施するという条件をつけているものも多い。

2　面接時の実際

(1) 面接の環境

どのような面接であれ，初対面あるいは懇意ではない間柄の人と対面で話すという状況は多少の緊張や警戒心をはらむものである。構造化面接法は，さま

ざまな質問を面接者から投げかけられ，それに対して答えるというかたちであることから，面接を受ける側が評価されているような気持ちとなり，より緊張や警戒心が高まることが予想される。そのため面接に際しては，できるだけ落ち着いた話しやすい環境をつくることへの配慮が必要である。周囲が騒がしくなく，こちらの話す内容も周囲にもれないような，ある程度守られた環境が安心感をつくり出してくれる。照明も明るすぎず暗すぎず，リラックスできるような場所を用意できるとよい。椅子の位置関係や距離間隔なども考慮する必要がある（第 1 章 4 節を参照）。真正面から非常に近い距離で質問を繰り広げられると，心理的な圧迫感や緊張感をもたらしてしまうだろう。机を挟むのか挟まないのか，正面に対面するのか 90 度の位置関係なのかといった，相手との適切な距離について面接実施前にイメージしたうえで臨むとよい。

(2) ラポール形成

　自由度の少ない構造化された面接であっても，できるだけ面接者と被面接者の間の信頼感（**ラポール**）の形成を目指す。警戒心が低まることで自己防衛的な意識が低下し，より正確な信頼性の高い情報を得ることができる。構造化面接法の開始前に，簡単な日常的な会話のやりとりを加えてもよい。たとえば，先にもあげたが，SCID では構造化面接法に入る前にまず非構造化された面接を通じて情報を得ると同時に信頼感の形成をはかる構成となっている。構造化面接法は従うべき手順や伝えるべき質問が決まっているが，できるだけ機械的に進めるのではなく，相手が答えやすい言い方や態度を心がける。言語的な内容が同じであっても，面接者側の非言語的な要素の違いによって相手が受け取る印象は大きく異なる。回答に対しても関心をもち，受容的な態度を示すことが重要である。

(3) 留意点

　基本的には，質問の順番や質問の言葉を独自に変えてはいけない。しかし，標準化されているからといって，場の状況や被面接者のようすを無視してやみくもに進めてしまうことにも注意すべきである。何のために面接を実施しているのかに立ち返って，構造化面接法という道具に振り回されないようにした

第 2 章　構造化面接法　29

い。標準化された構造化面接法は，詳細なマニュアルが用意されている場合が多く，臨機応変に許容できる手順の拡大範囲が設定されており，それについて十分に理解しておくことが大切である。

　質問する項目が決まっているのであれば，質問紙調査と同じではないかという疑問があるかもしれない。面接法には，対面しながら情報を得ることのメリットがある。すなわち，対面での受け答えによって，質問内容に対する被面接者の疑問にその場で答えることができたり，不明瞭な回答を避けたりすることができる。特に，質問紙調査では得ることのできない被面接者側の非言語的な態度（協力度や積極性なども含む）の情報を得ることができる。面接で得られたこれらの情報はメモをとるようにする。

3　面接結果の処理

　臨床的な場面においては，ただ単に得られたスコアを結果とするのではなく，対面において得られた非言語的な態度の情報を加味したうえで，見立てや今後のかかわりに活かすことができる。

　研究において構造化面接法を用いる際，準備段階における面接担当者間（あるいは複数の評価者による）評価の一致率に加えて，研究対象の実際の面接についても一致率を確認しておくことがより適切である。全件でなくてよいが可能であればランダムに選んだいくつかの面接のビデオ等を複数人で評価し，その一致率を明確に示すことで，より研究の精度は保証される。

構造化面接法の使用例

『がん患者の抑うつに対する簡易スクリーニング法の開発』(川瀬ら,2005)

●問題と目的:がん患者におけるうつ病の高い発症率が知られている一方で,医療従事者ががん患者の抑うつを見過ごしていることが指摘されている。うつ病に対する簡便なスクリーニング手法として1項目の面接法(1質問法)や2項目からなる自記式質問法(2質問法)が開発されているが(Chochinov, Wilson, Enns, & Lander, 1997; Whooley, Avins, Miranda, & Browner, 1997),本邦においてはその有用性が未だ検討がなされていない。本研究は,本邦のがん患者を対象とした抑うつの簡便かつ正確なスクリーニング方法の開発を目的とし,がん患者における1質問法と2質問法の有用性について検討した。

●方　法
・対象:首都圏A大学病院の放射線科に治療目的または経過観察のために受診していたがん患者238名(入院:79名,外来:159名)から得られたデータを解析の対象とした。
・測度:①放射線担当医による口頭での1質問法:「滅入ったり,落ち込んだりしていますか」,②自己記入式2質問法:「この1か月間,気分が沈んだり,憂うつな気持ちになったりすることがよくありましたか」,「この1か月間,どうしても物事に対して興味がわかない感じがよくありましたか」,③SCIDにおける大うつ病エピソードまたは小うつ病性エピソードの診断のための構造化面接法。面接は,SCIDについて訓練を受けた心理士が実施した。
・解析方法:SCIDによって大うつ病エピソードと小うつ病性障害と判断された結果を外的基準として,担当医による1質問法,自己記入式の2質問法,2質問法のうちの各1項目の4つの測度の各感度と特異度をReceiver Operator Characteristic(ROC)分析によって検定した。

●結果と考察:SCIDによる大うつ病エピソードを満たした者が14名(5.9%),小うつ病性障害は9名(3.8%)であった。各ROC解析の結果からは,スクリーニングのために最も有用な方法は2質問法(感度100%,特異度79%)であることが示された。

第 **3** 章
Chapter 3

半構造化面接法

　　半構造化面接法（semi-structured interview）は，面接前に作成された質問項目のほかに，質問に対する被面接者の回答内容の中にさらに掘り下げたいところがあった場合には質問を追加したり，面接の流れに応じて質問の順序を変えることができる方法である。前章の構造化面接法と次章の非構造化面接法の特徴をあわせ持った「いいとこ取り」の方法であり，研究でも臨床でもよく用いられる。本章では，半構造化面接法の特徴と研究例，実施方法をみていこう。

1 節　半構造化面接法とは

　前章で紹介された構造化面接法は，決められた質問項目と順序に沿って面接を進める方法であった。一方，半構造化面接法は決められた質問項目に加え，被面接者の回答内容に応じて枝分かれした質問をしたり，質問を追加したり，質問の順序を変更することができる面接法である。面接の過程では，被面接者の回答の中にあらかじめ想定していなかった内容が含まれていることがあり，新たな興味関心や疑問が生じることもある。それについてさらに質問を重ね，理解を深めることができるのが半構造化面接法の利点である。構造化面接法に

比べて柔軟に進めることができ，被面接者の自由な回答をある程度許容して進めることができる。こうした特徴を備えた半構造化面接法は利便性が高く，研究（特に質的研究）と臨床面接（心理面接）の双方で活用される。

2 節　半構造化面接法はどんなところで活用されているか

1　日常生活における半構造化面接法

　半構造化面接法は，研究や臨床場面で活用されているが，こうした「お堅い」場面だけではなく，日常生活のさまざまな場面で活用されている。みなさんも経験されたであろう入学試験あるいは就職（アルバイトを含む）の際の面接を想像してほしい。面接場面では，面接担当者から，志望動機（「なぜ本学に入学したいと思ったのですか？」「当社に対してどのような印象をもっていますか？」），これまでの成果（「あなたがこれまでにがんばってきたこと，その結果どのような成果が得られたのか，どのようなことを学んだのかをお話しください」），自分の長所と短所など，おおまかな質問は共通して実施される。たとえば，被面接者が長所として「コミュニケーション力がある」と回答した場合，面接者としては，どのような場面でどのようにコミュニケーションできているのか，という疑問が生じる。「コミュニケーション力がある」という内容に対して被面接者がイメージしている内容と面接者がイメージしている内容が必ずしも一致しているとは限らない。就職面接の場面において，被面接者である大学生が友人との交流場面で「空気を読める」「自分のキャラをたてて話すことができる」などを指して「コミュ力がある」と述べているのに対し，面接担当者は，「論理的に考えを述べることができる」「わかりやすくプレゼンテーションができる」などを想定しているとしたら，不一致が生じ，そのまま会話が進んでしまうと実のある面接結果にならない可能性がある。そこで，さらに具体的で詳細な内容を特定できるような，掘り下げる質問を追加する必要が生じる。半構造化面接法ではこのような場合に質問を追加することができるため，具体的な内容の特定に向いている。

2　臨床場面における半構造化面接法

　前項の例は，私たちが頭痛や腹痛などの体調不良を訴えて医療機関を受診したときも同様である。医師からの質問は大きな枠組みは共通しており，どこが，どのように具合が悪いのか，いつから痛いのか，これまでの病歴などを訊かれるだろう。こちらの回答内容（たとえば「昨日の夕食後からお腹が痛い」）に対して，さらに具体的に質問されることもある（たとえば「夕食では何を食べたのか」など）。心理学が活用される臨床場面においても，**インテーク面接（受理面接）**や**予診（医師による診察前の予備的な問診）**では半構造化面接法のかたちをとることが多い。受理面接では，困っていること（相談したいこと），具体的にどのような状態になっているのか，困っていることで生活にどのような影響があるのか，カウンセリングや治療に対する希望などを明らかにしたい。たとえば，芝田（2017）では九州大学精神科神経科外来の予診票が紹介されている。これは診察前に記入して回答するものであろうが，これに沿って進められる予診は半構造化面接法のよい例である。

①現在気になっていること，困っていること（症状）は何ですか？

②そのことが続くと，どうなりそうだと思いますか？

③その心配事の「きっかけ」は何ですか？

④①の症状があることで，思うようにいかないことや，自分の希望がかなえられないことが何かありますか？

⑤④の事柄について，できればどのようにしたいとお考えですか？（または，なってほしいと考えていますか？）

⑥身のまわりのこと（学校，職場，対人関係，家庭など）でこれまでに悩んだことが何かありますか？

⑦精神科神経科の診察を受けた目的は何ですか？　何を治してもらいたいですか？

　上記の質問に対する回答では，さらに具体的に，詳細に聞く必要が生まれる回答もあるだろう。たとえば，①の質問に対して「人間関係がうまくいかず，つらくて体調がよくない」とだけ答えてうつむいてしまっている患者さんに対

しては，どのように体調が思わしくないのかを聞く質問やどのような人との人間関係がどのようにうまくいっていないのか，という質問が追加されるかもしれない。

　面接を進めるときには，ただ質問を重ねればよいというわけではなく，被面接者が話しやすく感じ，普段抱いている思いを可能なかぎり素直に話してもらう必要がある。そのためには，面接者がどのような表情で，どのように相づちを打ち，どのような言葉で応じるのか，という面接者の態度も重要である。この応答技術については後述する。

3　研究における半構造化面接法

　半構造化面接法はどのような研究で用いられることが多いのだろうか。研究テーマの中には，先行研究が豊富にあって，明確な仮説や定番として用いられる心理尺度が豊富にあるものもあれば，興味深い現象であるにもかかわらず先行研究が少なく，仮説をみつけるところから始めなければならない研究もある。前者のような研究テーマであれば，既存の質問紙を用いた調査研究や実験研究を行なうことができるだろう。一方，後者のような研究は仮説生成型の研究と呼ばれ，半構造化面接法はこうした探索的な研究で用いられることが多い。すでに見いだされている理論をデータに適用するトップダウン型の研究というより，データからアイデアや理論を生み出すボトムアップ型の研究で半構造化面接法は活用されている。

3 節　半構造化面接法で得られるデータの特徴

　まずは構造化面接法でどのようなデータが得られるのかをみてみよう。構造化面接法の代表的な例として精神疾患簡易構造化面接法 M.I.N.I.（The Mini-International Neuropsychiatric Interview; シーハン・ルクリュビュ 大坪・宮岡・上島訳 2003）があげられる。M.I.N.I. は精神疾患の診断を特定するために用いられ，定められた質問を決められた順序どおりに進めて，機械的に処理される。構造化面接法では，このように得られた結果は数値化されたり，カテゴリー名

（たとえば診断名）が特定されたりすることが多い。

半構造化面接法においても，Structured Clinical Interview for DSM-IV Axis I Disorders（SCID-I；First, Spitzer, Gibbon, & Williams 1996 高橋監修 2010；名称には「構造化」とあるが，検査の説明文に「半構造化面接」とある）のように診断を特定するために用いられるものもあるが，一般的に，半構造化面接法で得られるデータは被面接者の「語り」であり，すなわち文章であることが多い。こうした質的データを収集し，心理的現象がなぜ生じたのか，どのように考えていたのかなどについて，個々人の主観的な意味づけが解釈される（鈴木，2002）。質的データの分析方法としては，**グラウンデッド・セオリー**，**複線径路等至性アプローチ**，解釈学的現象学的分析など，さまざまな方法がある。半構造化面接法で得られた質的データをどのように処理して分析に用いるかの詳細は第 2 部を参照されたい。

4 節　半構造化面接法の研究例

次に，半構造化面接法を用いた研究をあげながら，半構造化面接法がどのように用いられているかをみてみよう。ヒュージョーンズら（Hugh-Jones, Rose, Koutsopoulou, & Simms-Ellis, 2018）は，職場ストレスに対して**マインドフルネス**という心理学的な介入を行なったとき，効果が生じて継続されるまでに参加者はどのように考えているのかについて，半構造化面接法を用いて調べた。職場でのストレスは，心臓疾患やメタボリック症候群などのさまざまな身体疾患や，うつ病などの精神疾患に関係することが多くの研究で示されている。その職場ストレスに対する心理学的な介入方法として，マインドフルネス・トレーニングが注目されている。マインドフルネスとは「今，この瞬間の体験に意図的に意識を向け，評価をせずに，とらわれのない状態で，ただ観ること」と定義される（日本マインドフルネス学会）。一般的に，人は過去のこと（たとえば，仕事で失敗したこと，上司・同僚・友人とのトラブルなど）や未来のこと（たとえば，やらなければいけない仕事，誰かと連絡をとるなど）を考えることに 50％程度の時間を使っており，「今ここ」で体験していることに意識を向ける

時間が少ない。たとえば，ストレスがたまっているときには，上司や友人から言われた「きつい言葉と表情」が頭から離れずグルグルと考えてしまうなど，疲れているときや落ち込んでいるときにはその傾向がさらに強まる。

「今，この瞬間の体験」に意図的に注意を向けるために，マインドフルネスに関する方法では瞑想がよく用いられる。マインドフルネス瞑想では，呼吸の感覚（鼻腔を空気が通る感覚，腹部の膨らみと縮み）や身体感覚，五感から得られる感覚など，今体験していることに意識を向けるトレーニングが実施される。さまざまな考え（雑念）が浮かんだり，感情や身体感覚が生じたりしても，「いけない，ダメだ」と考えずに（評価をしている状態），「雑念が浮かんだ」ことに気づいて，呼吸の感覚に意識を戻す。これを繰り返す。

このマインドフルネス・トレーニングの効果は，ストレスの程度を測定する尺度の得点を調べることで検討されてきた。その方法では，マインドフルネス・トレーニングによって不安や落ち込みが減弱したということはわかるが，マインドフルネス・トレーニングを実施した人たちがどのような気持ちや感想を抱いて，トレーニングを継続しているのかはわからない。ここで，半構造化面接法の出番である。

職場で**マインドフルネスストレス低減法**（mindfulness-based stress reduction：MBSR）を受けた，大学で働く 21 名（平均年齢 47 歳，範囲 26 〜 61 歳）を対象に半構造化面接法を行なった。対象者は介入が終了してから 6 〜 16 か月が経過していた。面接に要した時間は平均 65 分（*SD*=14.56，範囲 57 〜 101 分）であった。

面接では次のようなことが質問された。

①介入前の興味，動機，期待
②職場ストレスの受け止め方と経験
③マインドフルネス介入に関する経験と学習
④介入を進めるうえでの重要な瞬間とターニングポイント
⑤最終的に獲得したマインドフルネスの理解
⑥仕事，ストレス，心身のウェルビーイングに与えた影響
⑦効果を長期間維持すること

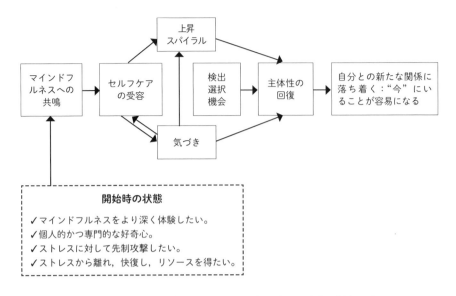

図 3-1　マインドフルネス・トレーニングで見られる変化の暫定モデル
(Hugh-Jones et al., 2018 をもとに作成)

　半構造化面接法で得られた回答をカテゴリーにまとめ，MBSR が進むことによって見られる変化のプロセスを図 3-1 に示した。介入に参加した理由としては，「マインドフルネスをより理解したい」「個人的かつ専門的な好奇心」「ストレスに対して先制攻撃したい」「ストレスから離れ，快復したい」が得られた。参加者は，ストレスによって集中力や完全主義，先延ばしといった面で問題が生じてしまうことがあるため，感情や認知の制御を高めたいと考えていた。また，日常生活から離れる時間の確保や，薬を使わずに不安やストレスを下げる方法として MBSR をとらえていた。

・ステージ 1：マインドフルネスへの共鳴　変化の第一段階は共鳴の体験である。MBSR に関するエビデンスや，効果が生じるメカニズムなどについて，心理教育によって知的に理解したり，マインドフルネスの練習を数回体験することによって，身をもって効果を感じ，マインドフルネスに共鳴することを指している。参加者からの「最初から私に完全に合っていた」「なぜ，2 時

間のセッションを8回もやらなければならないのかと思っていたけど，2セッションが終わったときになぜなのかわかった」という回答に基づいている。また，グループ形式でセッションが行なわれるため，ストレスに関するノーマライゼーション（ストレスを体験しているのは自分だけではない）や，グループメンバーから受け入れられている感覚も獲得されている。

・ステージ2：セルフケアの受容　セルフケアの重要性を認識するとともに，「忙しいスケジュールの中で，勤務先がセルフケアのために時間を使うことを認めてくれている」という回答もあった。

・ステージ3：気づき　自分の心や体の状態に新たな気づきを得る段階である。マインドフルネス・トレーニングを行なうことによって，自分の習慣的な反応の仕方に気づくことができるようになる。たとえば，これまでは，身体的・感情的な反応を抑制しようとしたり，衝動的に反応していたのに対し，呼吸に注意を向けることで身体の状態や思考プロセスに気づくことができるようになった，という内容の回答が得られた。

・ステージ4：検出−選択−機会　職場でストレスに直面したときに，自分の身体面や心理面の変化にこれまでよりも早く気づき，これまでとは異なる方法で（マインドフルネスを利用して）対応する機会を得る段階である。

・ステージ5：上昇スパイラル　マインドフルネスの中核的な原理に参加者がたどり着くと，上昇スパイラルのプロセスに入る。マインドフルネスを日常生活のさまざまな場面で実験的に適用するようになる。ある参加者は「雨の中，会議に向けてキャンパス内を歩いていたら，ネガティブなことをグルグルと繰り返し考えていることに気づいた。そこで，今聞こえる音に意識を向けてみたら何が起こるかを意図的に確かめてみることができた。このマインドフルネスを用いた実験によって，気分が大きく変わった」と述べている。

・ステージ6：主体性の回復　マインドフルネスが「効く」自信が高まってくると，仕事やストレスに対処する新たな力を得た感覚になる。これまでは仕事やストレスにコントロールされていた感覚があっても，マインドフルネスという対処ツールを獲得したことによって，自分がストレスをコントロールする感覚を得られる。

・ステージ7：自分との新たな関係に落ち着く　“今”にいることが容易になる。

"ホーム"に帰ってきたという感覚が得られ,「人生が変わった」という回答が得られるほどの変化にたどり着く段階である。

もちろん,参加者の中には,面接の中でMBSRに取り組むうえでの障壁を述べる者もいた。トレーニングを行なうための時間や場所を確保しにくかったり,深く染みついた考え方や行動を変えるのは難しい,といったものであった。

5 節　半構造化面接法の実施方法

半構造化面接法を臨床や研究で用いる際の手続きや注意点の概要を述べる。研究で半構造化面接法を用いる場合の詳細な手続きについては鈴木(2002)やクヴァール(Kvale, 2007 能智・徳田訳 2016)を参照してほしい。

1　目的の明確化

面接の目的を明確にしよう。研究の場合は,あるテーマについて調べたり明らかにすることが目的になるだろうし,臨床では,被面接者の状態,体験,行動,感情,思考などを把握することが目的になることが多いだろう。半構造化面接法は追加の質問が可能であるぶん,話がそれていかないためにも目的を明確に意識する必要がある。

2　質問内容の決定

目的に応じて主要な質問項目を作成しよう。研究目的や臨床面接の目的に応じて,被面接者に共通して行なう主要な質問を決める。面接時間も考慮しながら,主要な質問項目数が決定される。

回答方法に関して,選択肢を提示する選択回答法か,自由に回答させる自由回答法かを決めておく。選択回答法の場合には,選択肢も準備しておかなければならない。

3 質問の種類と応答技術

　クヴァール（Kvale, 2007 能智・徳田訳 2016）では質問の種類が表 3-1 のように整理されている。決められた質問に対する被面接者の回答内容に関して，さらなる情報収集のために質問をする場合に，どのような質問があげられるのかがわかりやすく整理されている。その他の質問形式と応答技術を以下にまとめる。

・開かれた質問と閉じられた質問：**閉じられた質問**とは「はい」「いいえ」で答えられる質問や一言で答えられる質問である。閉じられた質問は被面接者にとっては答えやすい質問であるが，得られる情報量は少ない。一方，**開かれた質問**とは，「はい」「いいえ」では答えられない質問であり，when（いつ），where（どこで），who（誰が），what（何を），why（なぜ），how（どのように），という 5W1H の形式をとることが多い。得られる情報量が多く，具体的である。半構造化面接法では開かれた質問を用いることが多い。また一般的な会話においても開かれた質問を用いたほうが得られる情報量が多く，会話が展開しやすいため推奨されることが多い。しかし，被面接者の特徴に合わせ，開かれた質問に答えるのが苦手な人や回答に苦慮しているようすが見られる場合には，閉じられた質問を適宜用いるほうがよい場合もある。

・繰り返しやいいかえ：被面接者が話したことを，そのまま繰り返したり，言い換えて返答する方法である。「〜なんですね」というように，相手が言ったことを繰り返すだけで，会話がさらに展開することが多い。

・まとめ（サマライズ）：被面接者が話したいくつかの内容をまとめる。回答内容をこちらがこのように理解している，ということを伝えることになり，それが被面接者が考えていることと一致していない場合にはズレを修正することができる。

・相づち：うなずきはもちろん，堀越（2015）では，ハ行で返す方法が推奨されている。「はあ」「ふーん」「へえー」「ほおほお」など「ハ行」で答えることによって，対話に「ため」をつくる方法が示されている。これも声色やイントネーションの使い方によって，相手への印象が異なる。その他に，被面接者の回答内容に納得したときなどに「なるほど」も有効に機能することが多い。

表 3-1　面接における質問の種類（Kvale, 2007 能智・徳田訳 2016 をもとに作成）

質問の種類	内　容
導入のための質問 (introductory questions)	「～について話してもらえますか？」「今話してくださったエピソードでは何が生じていたのですか？」など。これらの質問を切り出すことによって，明らかにしたい対象の主要な側面について，対象者自身がどのような経験をしたかが語られ，自発的で豊かな説明が得られる。
掘り下げのための質問 (follow-up questions)	対象者の回答は，面接者の好奇心，粘り強さ，批判的な態度によって広がりをみせる。このことは，発言されたことに対して直接的な問いかけをすることによって可能になるが，うなずきや相づち，ちょっとした間（ま）によって，対象者からの説明を促すことができる。対象者の回答に含まれる重要な語句を反復して返すことも，より詳細な説明の呼び水となる。
探索のための質問 (probing questions)	「それについてもう少しお話しいただけますか？」「これについて他に例を知っていますか？」など。ここで面接者は，どの面を考慮して答えてほしいとは伝えずに，回答をさらに追求し対象者の言いたい内容を探っていく。
具体化のための質問 (specifying questions)	面接者は，目に見える特徴を問う質問を行なうかもしれない。たとえば，「不安が高まったと感じたとき，実際にはどうされたのですか？」「身体はどのように反応しましたか？」など。終始一般的な説明がなされることが多かった面接では，「あなた自身もそのように経験されたのですか？」などと問いかけ，より正確な記述を得るように心がける。
直接的な質問 (direct questions)	面接者はたとえば，「マインドフルネス・トレーニングの効果を生活の中のどのようなところで感じますか」といった質問によって，ある話題や特定の次元をやりとりの中に直接導き入れることができる。なお，このような直接的な質問は，対象者自身による自発的な説明がなされ，話題にした現象においてどのようなことが中心になっているかを把握したうえで行なう必要がある。そのため，面接の後半まで差し控えるのが望ましい。
間接的な質問 (indirect questions)	面接者は，「マインドフルネス・トレーニングの効果について，他のみなさんはどのようにとらえていると思いますか？」など，投影的な質問を利用することもある。対象者からの回答は，他者の態度についての直接的な言及であるかもしれないが，同時に，対象者自身が直接的には言及しない自らの態度を間接的に伝えるものかもしれない。ここで得られた回答を解釈するためには，さらに注意深い質問が必要である。
構造化のための質問 (structuring questions)	面接者は，面接の流れに責任を負っている。したがって，あるテーマが言いつくされたようなときにはそれを知らせなければならないし，調査に関係のない回答が長く続くような場合は，率直に，かつ丁寧にさえぎることもある。この場合，たとえば，相手の回答に対して，自分なりの理解を短く述べたうえで，「では，他のことについてお聞きしてよいでしょうか」と続けるとよい。
黙って待つ (silence)	絶え間なく質問を投げかけて面接を尋問的な場とするよりも，「沈黙は金」という格言に従うべきである。言葉のやりとりが中断するのを許容していくことにより，対象者は重要な情報に関してそれらを関連づけ，内省し，自ら沈黙を打ち破るために十分な時間をもつことができる。
解釈を提示する質問 (interpreting questions)	解釈の程度については，単に回答を反復するものから明確化を試みる質問をするものまで幅がある。前者については，「おっしゃったのは～という意味でしょうか？」と言って回答を繰り返す例があり，後者については「……と感じていらっしゃるという理解で正しいですか？」「……という言い方はあなたが今述べてくださったことを十分言い表わしていますか？」というような質問がある。

注）質問例の一部は，本文中の研究例（Hugh-Jones et al., 2018）に関連させて作成した。

42　第 I 部　アセスメントとしての面接法

これらの応答技術は，面接者がしっかりと話を聞き，受け止めていることを被面接者に伝えるサインになる。これが信頼関係の醸成につながる。相手の話に興味・関心があることが伝わるように聴こう。また，質問することにばかり気をとられて，相手の話を十分に聞くことができなかったり，会話の流れを切るようなタイミングで質問をすることがないように気をつけたい。相手の話をしっかりと聞くことで，面接者の中で疑問も生まれ，当初決めていなかった質問が思いつくのである。面接を進めるときの応答技術については**マイクロカウンセリング**などの専門書も多くあるが，阿川（2012）も楽しく読め，かつわかりやすい。

4　質問を行なう際の注意点

面接者が考えている特定の方向に回答内容を誘導するような質問にならないようにする。「～と思いませんか」などが該当する。また，鈴木（2002）によれば，「なぜ～したのですか」という，理由を問う質問も多くなりすぎないように気をつけたほうがよい。「なぜ」の質問に答えるには労力が必要であり，その質問が続くと疲れるばかりか，問い詰められているような感覚をもつ被面接者もいるだろう。鈴木（2002）では「なぜ～をしたんですか」より「～をしたことには何か理由がありますか」と尋ねることが推奨されている。

5　回答内容の解釈と歪み

質問に対する回答内容は，客観的に，つまり面接者の解釈や歪みが入ることなく処理されることが重要である。面接者の先入観や思い込みに影響されることなく，情報を収集する必要がある。解釈や歪みが入ってしまうと，その後の質問項目もそれに影響を受けたものとなってしまう可能性がある。

6　倫理的配慮

半構造化面接法では，面接内容を正確に記録するために，IC レコーダーやビデオカメラを利用して録音・録画される場合がある。そうした場合には，倫理的配慮の重要性が増す。個人情報の保護（個人が特定される情報は削除されたうえでデータ処理を行なう），得られたデータの管理の仕方，保管期間，な

どについてインフォームド・コンセント（記録をとることについて十分な説明
を行ない，同意を得る）を行なう必要がある。インフォームド・コンセントの
手続きで説明する内容には，上記のほかに，回答したくない質問には回答しな
くてよいこと，面接の途中でやめたくなったときにはいつでもやめることがで
きることを伝える。

6 節　面接者の態度と被面接者との関係性

　半構造化面接法では深い自己開示を求める質問が実施されることもあるた
め，面接者と被面接者の信頼関係が重要である。初対面の人から深い内容を問
われたときには，信頼できる相手でなければ回答するのをためらってしまうだ
ろう。日常生活において，家族や友人から質問されたときのことを想像してほ
しい。その人があなたにとって信頼できる人でなければ，内面に迫るような質
問をされたとしても答えようと思わないのではないだろうか。たとえば「口の
軽い人」「自分の話ばかりする人」「反応の仕方が雑な人」など，「信頼できない」
人から質問された場合には，質問に答えないか，答えたとしても表面上の，当
たり障りのない回答をすることが多いだろう。
　臨床面接の場合も同様である。「口の軽い人」にならないように，守秘義務
をはじめとした倫理的配慮を行なったうえで，被面接者の話を傾聴しながら面
接を進める必要がある。また，芝田（2017）は，その日の準備はまず鏡を見る
ことから始まるという主旨のことを述べている。信頼関係の形成の第一歩とし
て，身だしなみと服装を整えることが重要である。
　また，質問の順序やタイミングも配慮する必要がある。会話には流れがある
ため，その流れに応じて質問の順序は変わりうる。会ってすぐに核心に迫るよ
うな，深い内容の質問をしたとしても，素直に回答される可能性は低い。鈴木
（2002）では，まずは率直かつ簡単に答えられる事実に関する質問から始め，
その後に本題に入り，意見や感情について質問することが推奨されている。筆
者が臨床面接を行なうときには，本格的な質問に入る前に，面接を行なう場所
に来るまでに迷うことはなかったか，部屋からの景色は問題ないか（たとえば，

面接室がビルの 14 階にあり，開放的なガラスに面したところに面接場所が設置されていると，高所恐怖症の人は落ち着いて面接できない可能性がある）など，面接環境に関するやりとりをしてから属性などの質問を行ない，本題に入ることが多い。被面接者の表情やようすを観察し，被面接者との関係性をアセスメントしながら，質問内容や質問の順序を工夫する必要がある。

7 節　半構造化面接法の留意点

　構造化面接法は決められた質問項目を決められた順序で行なうことによって，面接者の技量による差をある程度抑えることができる。一方，半構造化面接法の場合，決められた質問項目以外のことを問いかけるときに，被面接者の回答のどこに注目し，さらに深める必要があるのかどうかなどを判断しながら進めなければならない。どのような内容を，どのタイミングで，どのように問いかけるかの判断には，知識と技術が必要であり，そのぶん，面接者の経験による差が生じやすい。半構造化面接法は，構造化面接法に比べて柔軟で自由度が高いぶん，上記のような面接者による差やバイアスが生じやすく信頼性が低くなる危険性があることを認識しておこう。

第 3 章　半構造化面接法　45

半構造化面接法を用いた研究例

『構造化面接法と半構造化面接法でうつ病と診断される割合が異なる？』(Levis et al., 2018)

　研究や臨床場面において，うつ病の診断に構造化面接法や半構造化面接法がよく用いられる。構造化面接法は標準化され，順序が決められた質問項目など，「台本」に沿って進められるが，半構造化面接法では面接者の臨床的判断が入り，質問が追加される，といった違いがある。代表的な半構造化面接法としては，Structured Clinical Interview for DSM (SCID) があり，構造化面接法としては，Composite International Diagnostic Interview (CIDI)，The Mini-international neuropsychiatric interview (M.I.N.I.) がある。ただし，M.I.N.I. は過剰診断や偽陽性診断（本当はうつ病ではない人をうつ病と診断してしまう）というコストがありながらも，わずかな時間で実施可能な方法として開発されているという点で CIDI などとは異なる。

　同じ対象者についてうつ病の診断を行なうとき，構造化面接法を用いようが半構造化面接法を用いようが，本来，結果は同じになるはずである。しかしながら，先行研究では，構造化面接法のほうが半構造化面接法に比べてうつ病と診断されることが 2 倍多いことが示されている。先行研究は人数も少ないため，構造化面接法と半構造化面接法でうつ病の診断割合が異なるかどうかについて，多くの個人データを用いて検討した。

●方法：うつ症状の尺度である Patient Health Questionnaire-9 (PHQ-9) の診断正確性について個人データのメタ分析を行なうために収集された先行研究のデータを用いた。対象者総数は 1 万 7,158 名（うつ病患者は 2,287 名）であった。半構造化面接法としては，SCID, Schedules for Clinical Assessment in Neuropsychiatry (SCAN), Depression Interview and Structured Hamilton (DISH) を用いた。構造化面接法は，CIDI, Clinical Interview Schedule-Revised (CIS-R), Diagnostic Interview Schedule (DIS), M.I.N.I. を用いた。

●結果：57 の先行研究（半構造化面接法 29，構造化面接法 28）の中で，半構造化面接法として最も利用されていたのは SCID であった（26 研究）。構造化面接法として利用されることが多かったのはCIDI（11 研究）とM.I.N.I.（14 研究）であった。

　半構造化面接法（SCID, SCAN, DISH）の中では，どれを用いようとうつ病の診断率に違いは見られなかった。一方，構造化面接法の中で，M.I.N.I. は CIDI に比べてうつ病の診断率が有意に高かった（オッズ比 = 2.10）。

　そこで，M.I.N.I. を用いたデータを構造化面接法から除いたうえで半構造化面接法と比較した。半構造化面接法に比べて構造化面接法は，うつ症状が低い場合（PHQ-9 スコアが 6 以下）はうつ病の診断率が高くなる傾向にあったが（オッズ比 = 3.13），有意ではなかった。うつ症状が中程度の場合（PHQ-9 スコアが 7-15）には診断率に違いが見られなかったが，うつ症状が高い場合（PHQ-9 スコアが 16 以上）には構造化面接法では半構造化面接法に比べて有意に診断率が低かった（オッズ比 = 0.50）。

　本研究の結果，構造化面接法と半構造化面接法では，対象者のうつ症状のレベルによってうつ病の診断割合に違いが見られることが明らかになった。研究や臨床の診断場面で面接法を用いる場合には，各種診断面接法の特徴をふまえ，用いる面接法の選択と結果の解釈を注意して行なう必要がある。

非構造化面接法

　　非構造化面接法（unstructured interview）は，面接者が話の展開をコントロールしようとするのではなく，被面接者に主導権を委ねて自由に話してもらい，面接者も興味をひかれた話題について自由に質問をすることで，より豊かで深い情報を被面接者から引き出していく面接法である。このような面接法は，非指示的面接法，非形式的面接法，非標準化面接法，自由面接法，聞き取り調査，とも呼ばれる。本章ではこの非構造化面接法の特徴や実施方法，活用例をみていこう。

1節　非構造化面接法とは

　ある人気商品の魅力について調査をするとしよう。構造化面接法では，「この商品の価格について，あなたの評価をお尋ねします。以下から1つ選んでください。①安い，②高い，③どちらでもない」のように質問も回答も事前に決定されている。半構造化面接法では，「この商品の価格，デザイン，色について，あなたはどう思いますか」と，3つのポイントに焦点を絞ってはいるものの，それに対して被面接者が自由に回答できる形式となる。そして非構造化面接法では，「この商品についてのあなたの評価を自由にお話しください」と，話の

焦点を面接者側で絞らないで被面接者に自由に話してもらい，面接者もそれに応じて柔軟に話を展開させ，さまざまな情報を引き出していく。

　なお，非構造化面接法といっても，日常的な雑談のように何の制約もないわけではなく，面接の目的に沿った最低限の構造がある。先ほどの例では，少なくともその商品に対する消費者の反応を知るという目的があり，非構造化面接法を用いても会話は目的の範囲内で展開する。それを土台に，価格やデザインなどに焦点を絞れば半構造化面接法，さらに質問の順番や回答の選択肢も明確に設定すれば構造化面接法となる。

2節　非構造化面接法の目的

　心理学領域における面接には，大きく調査面接と臨床面接の2つがある。それぞれの目的や方向性と，構造化の程度の関係を示したのが図4-1である。また，構造化面接法と非構造化面接法の特徴を比較したのが表4-1である。

　調査面接と臨床面接を比較すると，前者は面接者に目的があって行なわれるが，後者は被面接者に目的があって行なわれる点が最も異なる。しかし，どちらであっても構造化面接法を用いる際は，仮説検証や診断や心理アセスメント（心理査定）といったより客観的情報を得ることが目的となり，一定の標準化された手続きに従って実施される点が共通している。同様に，非構造化面接法を用いる際は，仮説生成やカウンセリングを目的に，被面接者から主観的で個

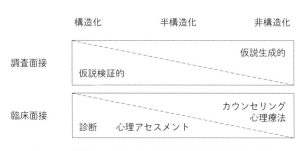

図4-1　構造化の程度による調査面接と臨床面接の目的

表 4-1　構造化面接法と非構造化面接法の比較（鈴木，2005 より作成）

	構造化面接法	非構造化面接法
面接の全般的特徴		
面接の目的	仮説検証／診断や査定	仮説生成／カウンセリング
面接の方向性	確認的・検証的	探索的・発見的
面接者と被面接者のあり方		
面接者の質問の自由度	低い	高い
面接者の質問の仕方	形式的・指示的	非形式的・非指示的
面接者に必要な技量	小さい	大きい
被面接者の回答の自由度	低い	高い
被面接者の回答の仕方	選択回答法	自由回答法
面接者と被面接者の心の距離	遠い・中立的	近い・共感的
データの特徴（主に調査面接）		
収集されるデータ	量的データ	質的（自由回答）データ
データの内容	画一的・表面的	豊富・深い
面接の所要時間	短い	長い
被面接者数	多い	少ない
被面接者の抽出法	無作為抽出法	有意抽出法
データ収集への着手	遅い	早い
分析の所要時間	短い	長い
結果の一般化	しやすい	しにくい
被面接者の匿名性の保持	守りやすい	守りにくい

別具体的な情報を深く引き出すため，質問や展開を柔軟に変えながら探索的かつ発見的に行なわれる点が共通している。

1　調査面接における非構造化面接法

　調査面接は，ある商品の魅力を把握したいなどの面接者側の目的によって行なわれる。もし先行研究からその研究テーマに関する仮説が十分に立てられるのであれば，より構造化された面接法を採用して量的データを取得し，仮説検証を行なうことになる。

　一方，その研究テーマに関する先行研究が少なく，その時点で具体的な仮説を立てることが難しい場合には，あまり構造化されていない面接法が行なわれやすい。たとえば，非構造化面接法によって被面接者から自由な回答を引き出し，その質的データを分析して回答内容の特徴や共通点を明らかにしていく。

　つまり，調査面接で一つの研究テーマに取り組む際には，まず非構造化面接法による個別具体的な検討から仮説生成が行なわれ，その後に一般化できる知

図 4-2　調査面接における進行プロセス

見を提供するために構造化面接法による仮説検証を行なうのが一般的なプロセスになる（図 4-2）。なお，半構造化面接法は構造化の程度に大きな幅があり，どちらにも用いられる。

　たとえば，ある商品の魅力について非構造化面接法を10名程度に行なった結果，多くの被面接者が価格，デザイン，色について言及したとしよう。これによってその３点がその商品の重要な魅力であることが示唆され，その３点に焦点を絞った半構造化面接法が次に計画されるかもしれない。さらにその後，質問紙法や構造化面接法による最終的な仮説検証にも展開するであろう。

　なお，非構造化面接法は詳細な分析まではしない予備調査として行なわれることもある。構造化面接法を行なうためには先行研究を丁寧に調べ，質問項目や回答項目を吟味し，提示順まで緻密に検討する必要があるため，準備に時間がかかる。また，実際の調査対象者との面接を通じて初めて，先行研究からだけでは推察できなかった要因や，実施手続き上の問題に気づけることもある。そこで，大枠の設定に基づいて試験的に実施できる非構造化面接法が予備調査として行なわれる。

2　臨床面接における非構造化面接法

　臨床面接は，悩みや問題を抱えた被面接者（臨床面接の文脈では一般的にクライエントと呼ばれる。保健医療分野では患者と呼ばれることが多い）の希望に応じて行なわれる面接である。

図 4-3　臨床面接における進行プロセス

臨床面接にも段階やプロセスがある（図4-3）。最初に行なわれる面接は**インテーク面接（受理面接）**と呼ばれ，被面接者の問題がどのようなものか，問題発生のきっかけは何か，問題はどのような経過を経ているか，この問題で他の専門家に相談経験はあるか，服薬しているかなどの中心的な情報に加え，被面接者の性格傾向，交友関係，家族関係，成育歴，職歴，趣味などの周辺的な情報も含めた情報収集を行なう。このように一定の聴取事項があるため，インテーク面接は半構造化面接法になることが多い。これを通じて，被面接者の相談はカウンセリングで対応可能か，他の機関を紹介したほうがよいのかなどを判断する。医師の診断に際して，精神疾患の有無やその精神疾患名を特定する必要があれば，その補助として一定の構造化面接法が行なわれることもある。

　インテーク面接を経て被面接者が継続的にカウンセリングや心理療法を受けることが決まれば，その後の面接は非構造化または半構造化面接法になることが多い。調査面接と比べると，臨床面接では構造化面接法と非構造化面接法の実施順が逆になる。臨床面接では，最初の数回は構造化または半構造化面接法による心理アセスメントが中心的課題となり，カウンセリングの継続が決まれば非構造化面接法によって個別具体的な面接が展開されていく。

　なお，継続的なカウンセリングが行なわれる際にも，そのカウンセリングの立場や流派によって構造化の程度に違いがある。来談者中心療法では，被面接者の中にある問題解決や成長の資源を引き出すことが重要であり，面接者の課題は真摯に相手の話に耳を傾けることであるため，非構造化面接法が用いられる。一方，認知行動療法では，毎回のカウンセリングの冒頭でその日に取り上げる話題を面接者と被面接者で取り決めたり（認知行動療法ではこれを**アジェンダ設定**と呼ぶ），面接者から認知行動モデルを提示して問題状況の整理に役立てたり，特定の疾患ごとに一定のプログラムが用意されていたりと，半構造化面接法の形式で行なわれることが多い。

3 節　非構造化面接法の実施方法

　調査面接と臨床面接とで目的は大きく異なるものの，非構造化面接法として

52　　第Ⅰ部　アセスメントとしての面接法

の面接の進め方や面接者と被面接者のあり方は類似しているため，ここでは非構造化面接法の全般的な実施法の特徴をまとめる。

1 面接者と被面接者のあり方

　非構造化面接法では大枠のテーマだけが設定されていて，具体的な質問項目やその提示順，回答法などは定まっていない。つまり，そのテーマから大きく話が外れないかぎりは，被面接者は自由回答法でどのようなことでも話すことができ，同様に面接者も自由に質問をしていくことができる。相互に自由で縛りの少ない会話ができるため，深くて豊かな情報が得られやすい。時間的には，話がさまざまな展開をみせるため，比較的長くなることが多い。

　一方，非構造化面接法でどのくらい豊かな情報を引き出せるかは，被面接者が自分の体験や思いをどれだけ言葉にできるかにもよるが，それ以上に面接者のかかわりがどれだけ被面接者の言葉を引き出せるかに左右される。

　構造化面接法は客観的な情報を得ることが目的であるため，面接者はなるべく中立的な立場をとり，被面接者に与える影響を最小限にとどめることが望まれる。しかし非構造化面接法では，面接者と被面接者は対等な存在であり，相互のやりとりの中で豊かな情報が生み出されていくため（やまだ，2006），面接者にはより積極的かつ共感的な関与が求められる。臨床面接では「**関与しながらの観察**」（Sullivan, 1954 中井・山口訳 1976）という言葉もあり，たとえ面接者が被面接者と一切の言語的かかわりをもたなくても，場を共にしていること自体がすでに影響を与えていると考え，面接者が被面接者に何の影響も及ぼさずに観察することは不可能としている。

　以上のことから，非構造化面接法における面接者と被面接者の関係はより近く，与える影響も大きくなりやすい。面接者は被面接者に対して中立的な存在であるように努めるのではなく，より積極的かつ共感的にかかわり，被面接者との信頼関係を築いていく。この信頼関係を基盤として，被面接者はより自分の思いや体験に目を向けやすくなり，さらに被面接者からの適切な質問を受けて，その思いや体験が言葉としてより表現されていくのである。あらかじめ決められた質問を順に行なうのではなく，被面接者の話を展開させるのにふさわしい質問や応答をその場その場で判断する必要があり，非構造化面接法では面

接者に求められる技量が非常に大きいといえる。

2 面接者による会話法

　非構造化面接法でよく用いられる基本的な会話法は，その目的から，被面接者との信頼関係を築く会話法と，被面接者から情報を引き出す会話法とに分けることができる。ただし，実際に行なわれる会話自体は両者で共通するものが多い。信頼関係を築く会話によって，結果的に被面接者から情報を引き出すことができる。また，的確な面接者の質問によって被面接者が自分の思いを語ることができれば，それは同時に面接者に対する信頼につながっていく。

　形式的な観点からみれば，非言語的なかかわりと言語的なかかわりとに大別できる。図4-4は，**マイクロカウンセリング**と呼ばれ，流派を問わずカウンセリング全般で用いられる被面接者とのかかわり方を階層的に示したものである。ここでは，非構造化面接法と関連が深い「基本的かかわり技法」の部分を解説する。

(1) 非言語的なかかわり

　非言語的なかかわりとは，表情や動作やしぐさ，さらには服装や持ち物なども含めた言語以外の部分で行なわれる他者とのコミュニケーションである。日常的な体験として，話す内容が同じであったとしても，相手の服装や持ち物であったり，こちらに対して相槌をうったり目線を向けるかによって，相手に対する印象は大きく変わるであろう。これは非言語的なかかわりによる違いであり，特に信頼関係を構築するうえで非常に重要なものとなる。この非言語的なかかわりは，図4-4における下から第1層と第2層にあたる。

　下から第1層の「**かかわり行動**」とは，文化的に適切な行動をとることである。具体的な項目として，「文化的に適切な注目」は特に視線の合わせ方であり，欧米では相手の目をしっかりと見ることが推奨されやすいが，日本では相手にプレッシャーや不快感を与えることも多いため，相手の口元や胸元の上あたりに視線を向けることが適当とされる（平木，2013）。

　「言語追跡」とは，話の主導権を被面接者に預けて面接者がそれについていくことであり，面接者から話題を変えたり結論を述べたりすることは避ける。

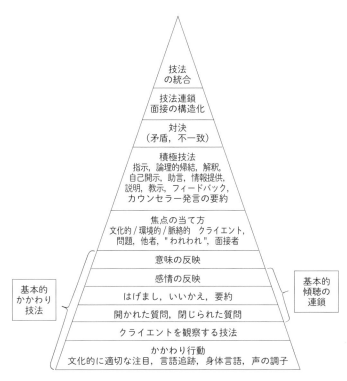

図 4-4　マイクロ技法階層表（アイビイ 福原・椙山・國分・楡木訳編 1985 より作成）

　「身体言語」は表情やしぐさや姿勢などで，面接者が被面接者の正面に座るのか横に座るのか，足や腕を組んでいるのか，眉間にしわを寄せているのか，などである。海外のカウンセリング場面の映像では，面接者も被面接者も足を組んでいるようすが散見されるが，日本では面接者が足を組むと被面接者に不快感を与える可能性が高く，注意が必要である。

　「声の調子」は，話すペースや声の高さである。被面接者の話すペースに配慮しながら，面接者はペースを速めたり遅めたりと適切な間をとり，被面接者が話しやすくなるように努める。

　下から第 2 層の「クライエントを観察する技法」は，被面接者も非言語的にさまざまな情報を発信しているため，それを面接者が適切に観察して被面接者

第 4 章　非構造化面接法　　55

の状態を理解し，細やかにかかわり方を調整していくために必要となる。

このような非言語的なかかわりがうまく機能しなければ，質問自体は適切にできたとしても，被面接者から信頼を得ることは難しい。特に面接者の発言と「かかわり行動」の一致が重要である。面接者が「それはたいへんですね」と共感的な発言をしても，よそ見をしていたり薄笑いを浮かべていれば，被面接者にはむしろ不信感を抱かせることになる。被面接者の個人的な体験を深く聞き取ることが非構造化面接法の狙いであり，そのためには十分な信頼関係を築くことが大前提となる。

(2) 言語的なかかわり

図4-4において，下から第3層から第6層までが言語的なかかわりであり，特に第3層から第5層までは基本的傾聴の連鎖とされ，非構造化面接法において重視される部分である。

「閉じられた質問」は，「あなたはおなかが減っていますか？」などの Yes か No で答えられる質問，「開かれた質問」は，「あなたは何が食べたいですか？」などの Yes か No では答えられない質問である。被面接者にとって前者は答えやすいが，付加的な情報は得られづらい。後者は付加的な情報が得られやすいが，被面接者にとっては答えづらい場合もある。非構造化面接法では主として開かれた質問を用いて情報を引き出していくが，実際には被面接者の特徴や信頼関係に応じて両者を使い分けていく。

「はげまし」は，うなずきや相槌，短い言語的応答によって相手が話すことを支援することである。「いいかえ」は，「つまり，その商品を買おうと思った最初の理由は，CM で好きな俳優さんが使われていたからだったということでしょうか」など，被面接者の発言を少し言い換えながら面接者の理解を確認していくことである（この例については Column 3 も参照）。「要約」は，「ここまでの話をまとめると，その商品を買ったきっかけは CM で好きな俳優が起用されていたからだったけれど，実際に使ってみたら価格のわりに使いやすかったので，その後も定期的に購入しているということでしょうか」など，いいかえよりもより大きく話全体を整理して被面接者にフィードバックすることである。なお，この3者の違いは程度の違いと理解することができ，明確な線

引きは難しい場合がある。

「感情の反映」は，いいかえが客観的な話の内容のフィードバックであったのに対し，「安いからたいしたことはないだろうと思っていたのに，実際に使ってみたらすごくよかったというのは，なんともうれしい驚きだったんですね」といったように，主観的な被面接者の感情や思いをフィードバックすることに主眼がある。感情や思いを面接者に汲み取ってもらう体験は，自分の話をよく聞いて理解してもらえていると被面接者が実感することになるため，信頼関係を築くうえで非常に重要である。

以上の3層は「基本的傾聴の連鎖」とも呼ばれ，被面接者の話を掘り下げていく際に，言語的なかかわりとしては最も基本的な部分になる。この3層に共通する特徴は，面接者自身の個人的な見解を述べたり，指示を出したり，勝手に話題を変えたりせずに，あくまでも被面接者の話した内容や流れに沿った応答のみを行なうことである。被面接者から豊かで深い情報を引き出すためには，時間をかけて基本的傾聴の連鎖を維持することが重要である。

4 節　非構造化面接法で得られたデータの活用

非構造化面接法で得られるデータは，非言語情報も含めた会話そのものになることが多く，数量的な分析よりも質的な分析によって，その豊かさを損なわないように活用することが多い。

1　取得されるデータの特徴

非構造化面接法では，実際に被面接者がどのような言葉や口調や態度で発言したのかも含めて，会話それ自体が重要なデータとなる。そのため，まず会話自体を可能なかぎり再現できるようにすることが多い。会話を録画または録音できた場合は，逐語記録を作成する。メモなどの記録しかない場合は，記憶が少しでも鮮明なうちに会話内容を思い出しながら面接記録を作成する。そのため，面接対象者数は少なくなりやすい一方で，一人ひとりの面接記録作成にかかる時間は長くなりやすい。

2 取得されたデータの分析

　被面接者の微細な心の動きをとらえていくために，逐語記録などの質的な
データをなるべくそのまま分析する手法が好まれるが，事後に一定のカテゴ
リー分類に従って量的変数に加工し，多変量解析に用いる場合もある。

　KJ法は，自由回答法で得られたデータの分析によく用いられる方法の一つ
である。KJ法では，各被面接者の逐語記録を短い句や文に区切り，数名の分
析者によって類似した句や文を集めて小カテゴリーを作成する。また，小カテ
ゴリー間での共通点を探りながら，中カテゴリーや大カテゴリーを作成して構
造化を進める。また，カテゴリー間の関係も検討していく。

　臨床面接では，一人ひとりの被面接者に行なったカウンセリングの面接記録
を素材に，事例研究が行なわれることも多い。面接が展開していくプロセスを
検討し，被面接者の発言内容の変遷や，それに寄与したと考えられる面接者の
かかわりを個性記述的に分析していく。量的な研究に比べると，分析者の主観
が入りやすいため信頼性や妥当性が乏しくなることや，一人の被面接者の記録
からでは知見の一般化が難しいという課題もあるが，面接記録を深く読み解く
中で初めて見いだされる知見もあり，仮説生成に大きく貢献するものである。

　逐語記録を数量化する方法の一つとして，**アフターコーディング**がある。
KJ法などが事前に行なわれればそのカテゴリーを利用して，被面接者ごとに
各カテゴリーに該当する発言が何回あったか，面接のどの時間帯で何回ずつ発
言があったかなどを数えて数量化する。数量化されたデータは，質問紙法で測
定されたデータと掛け合わせて多変量解析などに用いることもできる。

5 節　まとめ：非構造化面接法の課題と限界

　非構造化面接法の魅力は，用意された質問項目や回答の選択肢に縛られるこ
となく，生き生きとした情報を被面接者から引き出せることである。そこから
思いがけない発見や仮説が見いだされることが醍醐味の一つであろう。

　一方で，豊かな情報を引き出すことは容易ではない。被面接者が自分自身の
体験や思いをふり返る力，それを言葉にする力はもちろん，面接者がそれを引

58　　第Ⅰ部　アセスメントとしての面接法

き出せるスキルを有しているかどうかが大きく問われることになる。特に臨床面接において面接者の力量が不足していれば，被面接者の相談に何の貢献もできないまま，相談は中止してしまうであろう。

得られた情報の分析にも，多くの時間と労力が必要であり，その解釈についても注意が必要である。調査面接においては，主観が入りやすく対象者数が少なくなりやすい非構造化面接法の結果が，どれほど一般化できるのか，どこまで代表性があるのかについて慎重に考える必要がある。一方，臨床面接では，被面接者個人の主訴に応えることが主目的であるため，そのかぎりにおいては一般化できるかどうかは大きな問題にならない。ただし，事例研究をする場合には同様の注意が必要である。

臨床面接において，面接者の力量は問題の解消に大きく影響する

第4章　非構造化面接法

非構造化面接法の使用例

面接者：それでは，この新しく発売された清涼飲料水についてあなたはどう思うか，自由にお話しいただけますか。

被面接者：そうですね，まずは CM のインパクトが大きかったです。

面接者：CM のインパクト。そこをもう少し詳しく教えていただけますか。

被面接者：ちょうど私の好きな俳優が CM で使われていたんです。それが興味をもったきっかけですね。普段はあまり清涼飲料水を飲まないので。

面接者：なるほど，そうだったんですね。好きな俳優さんが出ていると嬉しいですよね。

被面接者：そうなんです。やっぱりその俳優さんが CM に出ているから，俳優さんを応援する意味でも一回くらいは飲んでみるか，という気に珍しくなりましたね。

面接者：そうでしたか。ということは，CM を見てすぐ買いに行かれたんでしょうか？

被面接者：いや，実際には何日かしてからコンビニでお茶を買おうとしたときに，たまたまその清涼飲料水が目に入ったんです。買うかどうかちょっと迷ったんですが，よく見たら新発売キャンペーン中で，その俳優さんのグッズが当たる抽選券がついていたので，そのときに初めて買いました。

面接者：なるほど，本当にその俳優さんの影響が大きかったんですね。

被面接者：そうですね。それがなかったら，まず買わなかったと思います。

面接者：ちなみに，実際に飲まれてみて，いかがでしたか？

被面接者：それが意外においしかったんです。

面接者：意外に？　そうすると，飲む前はどんなイメージだったんですか？

被面接者：清涼飲料水って甘ったるいイメージじゃないですか。私はあまりそういうのが好きじゃないので。でも，これはけっこうさっぱりしていて飲みやすかったんです。しかも，パッケージをよくみたらカロリーオフとも書いてあって。やっぱりカロリーも気になりますね。それもあって清涼飲料水は飲まなかったんですが，これはカロリーオフだからいいなと思いました。

面接者：なるほど，清涼飲料水は甘ったるくてカロリーが高いというイメージがあったけど，これは違った，そこが意外だったんですね。

第 2 部

面接データの解析

　第2部では，第1部で紹介した多様な面接法のアプローチを通じて得られたデータの処理・解析方法について解説する。さらに面接データの解析の総説に加えて，量的データ解析，質的データ解析，混合研究法といったデータの解析方法を説明する。量的データ解析は他の研究法で用いられるデータ解析法と比較的類似しているが，質的データ解析や混合研究法は面接法ならではの解析法であり，独自性が相対的に高いものである。

第 **5** 章
Chapter 5

面 接 デ ー タ の 解 析 の 総 説

　面接法も心理学的な現象を測定するための心理学研究法の一つであるという点では，他の心理学研究法（実験法，調査法，観察法など）と変わりはない。第一部で見てきたように，面接法では構造化面接法，半構造化面接法，非構造化面接法といった手法を通じて得られたデータに基づいて，さまざまな心理学的現象に関する**リサーチ・クエスチョン**への回答を導き出すことができる。

　一方で，面接法は他の研究法とは異なるいくつかの特徴ももっている。本章では面接法と他の研究法とを比較した際に見られる面接法の特徴をふまえながら，面接法によって得られたデータ（以下，面接データ）の整理と解析の概要について説明する。

1 節　面接データの特徴

1　面接法と実験法のデータの比較

　面接法と実験法は「まったく違う研究法」として認識されていることが多い。面接法は面接者と対象者が対面し，会話を通じて得られた対象者の言語反応等を整理してデータ化することが特徴である。独立変数と従属変数を明確に設定する場合もあれば，あえて独立変数と従属変数は設定せずに面接場面で起きた

62　第 2 部　面接データの解析

現象をなんらかの視点に基づいて記述する場合もある。一方で，実験法は実験条件を設定し，操作を加えることで，結果として生じる指標の変動をデータとして測定することが特徴である。実験法においては通常，独立変数と従属変数の関係は明確である。設定された条件や操作の有無が独立変数，結果として変動するかどうかを検討する指標が従属変数となる。

　しかしながら，面接法と実験法は分類上の着眼点がまったく異なることにも注意する必要がある。先に示した面接法と実験法の特徴をふまえると，面接法はデータを取得する状況に注目して定義されているのに対し，実験法は条件設定や操作の有無に注目して定義されていることがわかる。したがって，面接者と対象者が対面する条件を複数設定して，面接者のふるまいを実験的に操作するような，「**実験的面接法**」を行なうことも可能である。

2　面接法と調査法のデータの比較

　面接法と調査法の違いは比較的わかりやすい。面接法では面接者と対象者の会話を通じてデータを取得するが，調査法ではこのような会話は行なわれず，対象者が質問紙（調査票）に回答することを通じてデータが収集される。

　一方で，面接法の構造化の度合いが高くなればなるほど，面接法と調査法の差異は薄れてくる。すなわち，構造化面接法では調査法と得られるデータの性質はとてもよく似通っているが，半構造化面接法では調査法とのデータの類似度は若干低くなり，非構造化面接法と調査法では得られるデータの性質は大きく異なってくる。構造化面接法のように構造化の度合いが高い面接法では，決められた質問を決められた順序で尋ねることになるため，調査法との違いは質問―回答のプロセスが会話で行なわれるか，調査票への回答で行なわれるか，といった点にほぼ限られてくる。これはデータ解析の方法についてもいえることであり，構造化の度合いが高い面接法によって得られたデータのほとんどには，調査法のデータ解析を応用することが可能である。

3　面接法と観察法のデータの比較

　面接法と観察法はよく似ているが，データを取得する状況に注目すると両者の違いを理解することができる。面接法では面接者と対象者が対面する状況が

第 5 章　面接データの解析の総説　**63**

設定され，そこで行なわれた会話を中心とする対象者の言語反応等がデータ化される。一方，観察法では必ずしも面接者と対象者が対面するという状況設定は行なわれず，客観的に観察可能な幅広い範囲の行動がデータ化の対象となる。

　しかしながら，観察法にはさまざまなバリエーションがあり，場合によっては面接法との区別が難しい手法もある。たとえば，観察者が観察場面に入り込んで対象者とかかわりをもつ参与観察法などでは，面接法との類似性は非常に高く，厳密に区別することは困難である。得られたデータの解析法についても，面接法と観察法ではよく似た手法が選択される傾向がある。

2 節　面接データの整理

1　構造化面接法と半構造化面接法のデータ整理

　構造化面接法と半構造化面接法の間にデータ整理の方法上の大きな違いはない。いずれも程度の差はあれ構造化された方法を採用しており，決められた質問を決められた順序で尋ねた場合の対象者の言語反応を中心にデータ化している。ここでは，構造化面接法と半構造化面接法を特に区別せず，代表的な構造化面接法である **M.I.N.I.**（第2章を参照）を例にとってデータの整理方法を述べる。すなわち，①精神科診断（大うつ病エピソード）の有無の評価を目的とした面接データの整理，②自殺リスクの定量的評価を目的とした面接データの整理，についてそれぞれ解説する。

　まず，精神科診断を目的とした面接データの整理について述べる。図5-1はM.I.N.I.における大うつ病エピソードの診断モジュールである。M.I.N.I.は「A.大うつ病エピソード」から「P. 反社会性人格障害」まで各診断**モジュール**にアルファベットが付与されており，「A」は大うつ病エピソードの診断モジュールであることを指している。

　まず面接者はA1とA2の2つの質問を対象者に尋ねる。A1は「抑うつ気分」，A2は「喜び・興味の減退」と呼ばれる症状に対応した質問であり，大うつ病エピソードの診断基準を満たすためには必ずいずれかの症状が存在しなければならない。対象者がA1かA2の質問に「はい」と回答した場合には，A3の

64　　第2部　面接データの解析

質問に進む。一方で，対象者がA1とA2のいずれも「いいえ」と回答した場合には，大うつ病エピソードの診断に該当する可能性はなくなるため，A3の質問については尋ねる必要がない。この場合には大うつ病エピソードの診断モジュールは終了となり，次のモジュールに進む。

A3の質問はa〜gの7つの下位質問から成り立っている。これらはすべて大うつ病エピソードの症状である。大うつ病エピソードの診断基準を満たすためには，A1，A2，A3（a〜g）すべてを合わせた9つの症状のうち，5つ以上の症状が認められる必要がある（ただし，A1かA2の症状を必ず含まなければならない）。M.I.N.I.ではこれらの条件を満たすことが対象者の回答から確

A. 大うつ病エピソード

A1　この2週間以上，毎日のように，ほとんど一日中ずっと憂うつであったり沈んだ気持ちでいましたか？	いいえ　はい
A2　この2週間以上，ほとんどのことに興味がなくなっていたり，たいていいつもなら楽しめていたことが楽しめなくなっていましたか？	いいえ　はい
（A1，またはA2のどちらかが「はい」である） ※「いいえ」であれば診断ボックスの「いいえ」に○をつけ，次のモジュールに進む	いいえ　はい
A3　この2週間以上，憂うつであったり，ほとんどのことに興味がなくなっていた場合，あなたは： 　a　毎日のように，食欲が低下，または増加していましたか？または，自分では意識しないうちに，体重が減少，または増加しましたか？（例：1か月間に体重の±5%，つまり70kgの人の場合，±3.5kgの増減） ※食欲の変化か，体重の変化のどちらかがある場合，「はい」に○をつける。	いいえ　はい
b　毎晩のように，睡眠に問題（たとえば，寝つきが悪い，真夜中に目が覚める，朝早く目覚める，寝すぎてしまうなど）がありましたか？ ⋮ （中　略） ⋮	いいえ　はい
g　自分を傷つけたり自殺することや，死んでいればよかったと繰り返し考えましたか？	いいえ　はい
【診断ボックス：大うつ病エピソード　現在】 （A1〜A3の回答に，5つ以上「はい」がある？）	いいえ　はい

図 5-1　精神科診断を目的とした構造化面接法の例（M.I.N.I.）
（シーハン・ルクリュビュ 大坪・宮岡・上島訳 2003 より作成）

認された場合，「大うつ病エピソード（現在）」の診断に該当するものとして評価する。なお，M.I.N.I. の大うつ病エピソードの診断モジュールでは，現在の診断の有無以外に，過去に大うつ病エピソードがあったかどうかを判断する「大うつ病エピソード（過去）」の評価も可能である。

　次に，自殺リスクの定量的評価を目的とした面接データの整理について述べる。図5-2 は M.I.N.I. における「C. 自殺の危険」のモジュールである。M.I.N.I. の多くのモジュールは精神科診断を目的とした診断モジュールであるが，「C. 自殺の危険」はやや目的が異なっており，特定の精神疾患の診断ではなく，対象者の自殺リスクの程度を定量的に評価することを目的としている。

　「C. 自殺の危険」のモジュールは C1 ～ C6 の 6 つの質問で構成されている。対象者がすべての質問に「いいえ」と回答した場合には自殺リスクはないものと判断されるが，いずれかの質問に「はい」と回答した場合には，それぞれの質問項目に付与された自殺リスクの程度を表わす点数を合計して，全体としての自殺リスクの程度を評価する。点数の合計が 1 ～ 5 点であれば「低度の自殺の危険（現在）」，6 ～ 9 点であれば「中等度の自殺の危険（現在）」，10 点以上

C. 自殺の危険

この 1 か月間に，あなたは：	
C1　死んだほうがよいとか死んでいればよかったと考えましたか？	いいえ　はい（1 点）
C2　自分を傷つけたいと思いましたか？	いいえ　はい（2 点）
⋮	
（中　略）	
⋮	
今までの人生で，あなたは：	
C6　自殺を試みたことがありますか？	いいえ　はい（4 点）
【診断ボックス：　自殺の危険　現在】 （上記の質問のうち少なくとも 1 つが「はい」である？） （もし，「はい」の場合，C1 ～ C6 の「はい」に〇のついている点数を合計し，右記に従い，自殺の危険性を確定する）	いいえ　はい 1 ～ 5 点　　低　度 6 ～ 9 点　　中等度 10 点以上　　高　度

図 5-2　自殺リスクの定量的評価を目的とした構造化面接法の例（M.I.N.I.）
（シーハン・ルクリュビュ 大坪ら訳 2003 より作成）

であれば「高度の自殺の危険（現在）」としてそれぞれ評価する。

構造化面接法のデータ整理については本書の第2章，半構造化面接法のデータ整理については本書の第3章もあわせて参照するとよい。

2　非構造化面接法のデータ整理

非構造化面接法では，対象者の言語反応の内容だけでなく，面接時の態度や声の大きさ，しぐさや表情にいたるまで，非常に豊富な情報をデータとして活用することができる。しかしながら，これらのデータ整理は闇雲に行なわれるべきではなく，なんらかの「視点」に基づいて行なわれる必要がある。「視点」をまったくもたずに豊富な情報を漫然と記述するだけでは，非構造化面接法によって得られた面接データから有益な示唆を得ることは難しい。

非構造化面接法のデータ整理を行なう際の「視点」は，通常は研究の目的（すなわち，**リサーチ・クエスチョン**）から導かれる。過去の先行研究に関する十分な知識に基づいて，自分の研究における中核的な関心を解き明かすための「視点」に基づくことで，より一般性の高い知見にたどり着くことが可能になる。

また，非構造化面接法は特定のリサーチ・クエスチョンへの結論を得る目的で行なわれるほか，仮説生成を目指した予備的な研究として比較的自由な手続きで行なわれる場合もある。この場合は，面接データから得られた知見が次なる研究のリサーチ・クエスチョンを構成する根拠となる。したがって，たとえ予備的な研究として非構造化面接法を用いていたとしても，「後続の研究においてより一般性の高い結論を得るためにはどのようなリサーチ・クエスチョンが求められるか」というポイントを忘れてはならない。

非構造化面接法のデータ整理については，本書の第4章もあわせて参照するとよい。

3節　面接データの解析法

本節では面接データの解析法について概説するが，さまざまな解析法についての詳しい説明は，第6章（量的データ解析），第7章（質的データ解析），第

8章（混合研究法）も参照してほしい。

　面接法によって得られたデータの解析には，実験法，調査法，観察法などと同じように，尺度水準に応じた解析法が選択される場合も多い。尺度水準は，データがもつ情報量に応じて「名義尺度」「順序尺度」「間隔尺度」「比率尺度」に分類される（川端・荘島，2014）。名義尺度は対象者の区別のみを表わし，数値の大小関係には意味がない（たとえば，学籍番号）。順序尺度は名義尺度で得られる情報に加えて，対象者の順序を表わすことができる。ただし，各順位間の間隔の大きさは表わすことができず，大差の1位・2位と僅差の1位・2位を区別できない（たとえば，徒競走の順位）。間隔尺度は順序尺度で得られる情報に加えて，データの等間隔性も表わすことができる。ただし，間隔尺度において「0」であることは，測定対象が「ない」ことを意味しない（たとえば，温度計）。比率尺度は間隔尺度で得られる情報に加えて，「0＝測定対象がない」という特徴をもつ（たとえば，定規）。各尺度水準において用いられるデータ解析法については，面接データであっても他の研究法とほとんど変わらず，多変量解析を中心とした量的データ解析が用いられる。

　面接法では精神科診断の有無のように，名義尺度のかたちをとるデータが扱われる場合が非常に多い。診断評価を目的とした面接法においては，診断精度を検証するためのデータ解析も頻繁に用いられる。表5-1 は，M.I.N.I. を用いたアルコール依存症（現在）の診断評価を，精神科診断のゴールドスタンダードである SCID の診断評価との整合性という観点から検証したデータである。ここで，感度とは SCID で「診断あり」と判断された対象者のうち M.I.N.I. でも「診断あり」と判断された者の割合をさす。特異度とは SCID で「診断なし」と判断された対象者のうち M.I.N.I. でも「診断なし」と判断された割合である。

表 5-1　M.I.N.I. によるアルコール依存症（現在）の診断精度（シーハン・ルクリュビュ　大坪ら訳 2003 より作成）

		SCID による診断	
		診断あり	診断なし
M.I.N.I. による診断	診断あり	312 名	8 名
	診断なし	18 名	32 名

感度＝80%，特異度＝95%，陽性的中率＝64%，陰性的中率＝98%

陽性的中率とは M.I.N.I. で「診断あり」と判断された対象者のうち SCID でも「診断あり」と判断された割合をさす。陰性的中率とは M.I.N.I. で「診断なし」と判断された対象者のうち SCID でも「診断なし」と判断された割合である。これらの指標が全体的に高ければ，M.I.N.I. による診断は SCID の診断と整合性が高いと判断できる。表 5-1 のデータを見ると，ほとんどの指標は 80% 以上と良好であるが，陽性的中率だけが 64% とやや低く，M.I.N.I. によってアルコール依存症ありと診断された場合であっても，4 割弱の対象者は SCID で評価するとアルコール依存症ではないことがわかる。

　また，名義尺度として分類可能な面接データの解析には，カテゴリカル因子分析（熊谷・荘島，2015），多次元尺度法（松田・荘島，2015），ロジスティック回帰分析（Norman & Streiner, 2003 中野・本多・宮崎・野尻訳 2005），数量化理論（松田・荘島，2015）などが用いられる。これらの解析法に関する詳しい解説については，成書を参照のこと。

　一方で，面接データには前述のような数的処理を通じたデータ解析法だけでなく，面接場面における会話を記述することに主眼を置いたデータ解析法も用いられることが多い。このようなデータ解析法は**質的データ解析**とも呼ばれ，対象者の言語反応を数量的なデータに変換するのではなく，対象者の語りとしてそのまま分析することを通じて現象を記述することを目指す。質的データ解析では，**グラウンデッド・セオリー**などの手法を用いて，面接で得られた対象者の語りの記述から現象を読み解くための概念やモデルを構成していく。質的データ解析に関する詳しい説明は，第 7 章を参照のこと。

　また近年では，**量的データ解析**と質的データ解析を統合した**混合研究法**（**mixed methods research**：**MMR**）が新たな展開をみせている。量的データ解析と質的データ解析では現象を解き明かすためのアプローチが異なっているため，混合研究法ではその両者の特徴を組み合わせることで，得られる知見を最大化することを目指す。混合研究法については，第 8 章において詳述する。

第 5 章　面接データの解析の総説　　**69**

量的データ解析

臨床現場で働く心理師は，どのような領域に身を置いていたとしても，必ずなんらかの面接を行なうことになる。そのため，面接法で得られたデータを的確に分析することができれば，多くの有用な情報を得ることが可能となる。本章では臨床面接における**量的データ解析**の方法について解説していく。

1節　面接法の準備

1　面接法の選択

面接法に限らず，どのようなアセスメントを選択するかというのは，研究法全体にかかわる根本的な問題となる。適切なアセスメントを使用すれば，有益な情報を得られる可能性が高くなる。裏を返せば，不適切な方法を用いた場合は，いくらデータ解析を工夫したとしても，得られた情報に意味があるかどうかは疑わしい。特に，量的データ解析を行なう際には，どのような面接法を選択するのかについて，慎重に検討することが求められる。

一般的には，標準化された構造化面接法や半構造化面接法を用いることが量的データの解析には適切である。標準化された（半）構造化面接法は，面接の

手順，標準記録用紙，データの整理方法が入念に準備されているため，研究における内的妥当性が損なわれにくくなる。さらに，得られたデータの一部は，間隔尺度として使用できることもあるため，後の量的データ解析がスムーズに行なえる。特に，臨床現場での経験が浅い面接者が実施する場合，あるいは，複数の面接者によってデータを収集する場合は，事前にプロトコルの定められた手法でデータ収集することが望ましい。

他のアセスメントと同様に，研究で用いる面接法を選択する際には，信頼性と妥当性が確認された方法を用いるべきである。面接法においては，すべての信頼性と妥当性の基準を十分に満たすことは容易ではないが，少なくとも使用を検討している面接法が，どのような観点から検討されているかを事前に調べておくことが望ましい。後述するように，面接法の量的データにおいては，**評定者間信頼性**が重要な役割を果たす。

一方，非構造化面接法を用いた場合，信頼性と妥当性は，面接を評価する**コーディングシステム**にかかわる指標となる。たとえば，ある専門機関で行なわれた面接法が，どの程度特定の心理療法の技法に合致しているかを量的に評価したい場合を考えてみよう。その場合，ある基準をもって複数の面接を評価することになるが，その際に用いられるコーディングシステムに対して，一定以上の評定者間信頼性や構成概念妥当性などが求められることになる。ただし，このような研究デザインは，多くの場合，当該の研究目的のためだけに開発されることが多いため，他の研究で使用することが難しい場合も多い。

2　面接者の準備と面接の実施

面接の実施の前には，面接者の準備が必要になる。先ほど述べたように，面接法は，調査法と比べて時間がかかることが多いため，複数の面接者を準備しておかなければならないこともある。その場合には，後述する面接者の均霑化（すなわち，手法，および質を統一化すること）のために，事前のトレーニングが求められることもある。特に，ある臨床心理的問題の基準に合致するか否かを検討する面接や，ある対象者が自殺企図を有しているか否かを調べるような面接においては，高度な臨床面接の技術が求められることになる。

そのため，面接の結果得られたデータのみならず，面接法の実施自体につい

ても量的データの分析対象となることがある。具体的には，面接法が定められたプロトコルに沿って実施されているかを確認することになる。一斉配布形式で行なわれる質問紙法においても，誰が実施したのか，配布した環境はどうか，教示を読み上げたのかどうか，といった手続きを記述することになるが，（半）構造化面接法ではそのような記述だけでは不十分なことが多い。

　具体的には，面接者とは異なる第三者が当該の面接がプロトコルに従って実施されているかを確認する機会を設けるとよい。その場で確認することが難しい場合は，被面接者の同意を得たうえで，動画や音声を記録しておくことが望ましい。ただし，臨床面接においては，個人情報に対して最大限の保護が求められるため，所属機関の倫理審査を経たうえで，的確な**インフォームド・コンセント**の手続きをとることが必須である。面接全体を評価することが難しい場合，対象者や面接者のカウンターバランスをとったうえで，全体の何割かを無作為に抽出して評価をすることも可能である。実際に行なわれた面接を評価することが難しい場合，先に説明した事前のトレーニングの際に，一定の基準を設定しておいて，その基準を満たした面接者のみが行なうことによって，プロトコルの均霑化を担保することも可能である。しかしながら，実際の面接を評価する場合と比べて，内的妥当性が脅かされる可能性がある点は留意しなければならない。

2 節　データ解析の準備

1　データの入力

　その他の研究法でも同様であるが，データの入力の際には，入力ミスがないか複数回確認することが求められる。特に，質問紙法と比べて面接法で得られたデータ数は比較的少ないことが予想されるので，入力ミスや欠損などによるデータ数の削減は研究全体の質を大きく下げてしまう恐れがある。心理療法の効果を検討するために行なわれる**ランダム化比較試験（randomized controlled trial：RCT）**においては，データの固定化を行なった後でデータを修正することは認められていないため，なおのこと注意が必要である。いずれ

にせよ，データの入力においては，慎重に二重確認を行なうことが必須である。

2　データの確認

　（半）構造化面接法の中には，得られたデータが最初から名義尺度，順序尺度，間隔尺度になっているものがある。一見すると，そのデータを用いればすぐに量的データ解析ができるように思えるかもしれないが，データの性質によってはいくつかの準備を行なう必要が求められる。

　主たる結果のデータ解析に先だって，得られたデータの**評定者間信頼性**を算出するとよいだろう。いくら事前にトレーニングを行なったとしても，面接法によって得られたデータは，実施した面接者によって評価にばらつきがある可能性がある。そのため，独立した第三者の評価と照らし合わせることができれば，データの信頼性を確認することができる。評定者間信頼性を算出する方法は，間隔尺度であれば相関係数や級内相関係数（ICC），名義尺度であればκ（カッパ）係数，順序尺度であればケンドールの一致係数を用いることができる。さらに，臨床面接においては，評定者間信頼性の基準については，慎重に検討しておくことが望ましい。たとえば，**DSM-5**（American Psychiatric Association, 2013）のうつ病の基準に合致するか否かを検討する場合と，あらかじめ想定される 10 を超える抑うつパーソナリティ特性のいずれかに合致するかを検討する場合では，期待される一致率が異なる可能性がある。

　さらに，臨床面接においては，評定者間信頼性を算出する代わりに，複数の専門家による同意の得られた臨床的判断を用いたデータを使用する場合があるという点にも注意すべきである。たとえば，ある青年がうつ病に合致するか否かを半構造化面接法で検討する場合を考えてみよう。本人は，面接の中でうつ病にかかわるすべての質問に「いいえ」と答えていた。一方で，両親は何のやる気もなく，自殺をほのめかす発言を繰り返ししていたと報告したとしよう。この場合，重要になってくるのは，独立した 2 名の一致率を得ることよりも，複数の専門家によるカンファレンスによって，クライエントがうつ病に合致するかどうかを判断する手続きである。すなわち，高度な臨床的判断を求められるようなデータを収集する場合は，得られた情報を総合して収束した 1 つの値を得ることが求められる場合もある。

3 節　データの解析

1　分析対象

(1) 欠損値への対応

　RCT を用いた心理療法の効果を検証する実験において，面接データを量的解析する際に，最初に検討しなければならないのは欠損値の扱いである。繰り返し述べているように，基本的に面接データは収集に時間がかかるため，他の研究法と比べてサンプルサイズが少なくなる傾向がある。そのため，リストワイズ除去法やペアワイズ除去法などで，データを削ってしまうことによるデメリットが他の研究法と比べて非常に大きくなる。さらに，補助変数が限られる場合は，多重代入法なども使いにくい。そこで，よく用いられる方法が，**Intent-to-Treat（ITT）分析**である。

(2) 完遂者分析

　ITT 分析を説明する際には，まずその対となる完遂者（Completer）分析と比較して考えるとわかりやすい。完遂者分析とは，すべてのアセスメント時点で欠損なく回答した回答者のみを対象にする分析方法である。たとえば，うつ病を改善するという仮説のもと，ある心理療法の効果を検討するために，介入群 20 名，統制群 20 名を対象に RCT を実施したとする。効果測定のために，事前（pre），事後（post），3 か月，6 か月フォローアップにおける半構造化面接法を用いる計画とした。しかし，実際に研究を進めていくと，6 か月までのデータがそろったのは，介入群 15 名，統制群 13 名であったとしよう。この場合，いくつかの問題が生じることになる。まず，ドロップアウトしてしまった参加者の間になんらかの共通点がある場合（たとえば，ストレスが増加した，抑うつが自然に軽減した），心理療法の真の効果を検討するうえで大きな問題となる。あるいは，ある志向性を有する参加者においては，当該の心理療法を継続する傾向が強いといった組み合わせの効果が見られてしまう場合，この心理療法は誰にでも効果があるという結論は導きにくい。さらに，ドロップアウトの理由に完全に体系的な理由がない場合であっても，サンプルサイズの不足

によって，有意性検定において的確な結論を導き出せなくなる可能性がある。

(3) ITT 分析

　一方，ITT 分析は，代替値を代入することによって，当初分析を予定していたすべての参加者を分析にかける方法である。すなわち，先ほどの例であれば，事前アセスメントのみに参加して，その後一度も実験に参加しなかった場合でも，分析対象とするということになる。ITT 分析で最も用いられる代入方法が last-observation-carried-forward（LOCF）法である。LOCF 法では，通常，データが欠損する直前のデータを，そのデータに続くデータに代入する。たとえば，ある対象者が，事前，事後，3 か月までデータがそろっている場合，6 か月のデータには 3 か月のデータを代入することになる。もし，事前データしかない場合は，そのデータを事後と両フォローアップに代入する。このことによって，分析対象を意図した参加者の完全なデータセットを用いて分析することが可能となる。

　LOCF 法は，ドロップアウトしてしまった参加者は「改善していない」という前提のうえに成り立っている。先ほどの例であれば，ある心理療法はうつ病を改善するという仮説があるため，「改善していない」というデータを代入することによって，効果を控えめに見積もろうと意図しているのである。しかし，実際にはさらに症状が悪化しているためにドロップアウトしてしまった対象者がいることも考えられるため，結果が歪められている可能性は否定できない。また，代入によってデータのばらつきが小さくなってしまう，自由度が的確とはいえないといった問題も生じる。とはいえ，RCT は，予備実験や準実験デザインなどで一定の効果が確認された後に適用されることになるため，LOCF 法はその簡便さや説明のしやすさゆえに，心理療法の効果を検証する実験では頻繁に用いられる手法となっている。

2　量的データ解析

(1) 有意性検定

　面接データにおいても量的解析においては帰無仮説を用いた有意性検定を用いることが多い。一般的に，量的データ解析においては，間隔尺度のほうが情

報量は多いため，名義尺度等をあえて用いることは少ないかもしれない。しかし，臨床場面の面接においては，名義尺度を積極的に用いる場合がある。たとえば，診断に当てはまるか否かという二値変数を主たる効果指標とする場合を考えてみよう。先ほどの心理療法を受けた参加者が，心理療法を受けなかった参加者と比べてうつ病の診断基準から外れる割合が高かったとする。データ自体は診断の「有」「無」の2つの値しか得られないが，先に述べたように，診断の有無については，専門家の高度な臨床的判断を含んでいるため，自己報告式の質問紙などと比較して，得られたデータの臨床的意義は高いと考えることができる。後述するように，心理療法の効果の検証においては，実質科学的な観点から得られるデータの臨床的意義を検討することが大切である。面接データについて，帰無仮説を用いた有意性検定を行なう際に，もう一つ留意しなければならないのがサンプルサイズである。繰り返し述べているように，面接法ではサンプルサイズに限界があることが多い。そのため，特に臨床心理学的研究法においては，サンプルサイズによって結果が左右されやすい有意性検定のみに頼ることに警笛を鳴らす研究者もいる（Kazdin, 2017）。

(2) 効果サイズ

そこで，あわせて算出すべき指標として**効果サイズ（effect size：ES）**がある。効果サイズは一般的には次の式で表わされる。

$$ES = \frac{(m_1 - m_2)}{S} \qquad （反復測定の場合は \quad ES = \frac{m_1 - m_2}{S\sqrt{1-r^2}} となる）$$

効果サイズとは1標準偏差における2つの条件の差の大きさを表わしている。群間デザインであれば，両群の平均値がmに代入されることになる。Sには標準偏差が用いられるが，その際には両群のプールされた標準偏差や，その補正された値，あるいは統制群の標準偏差が用いられることもあり，その方法によっていくつかの値が算出される。最も一般的な効果サイズはCohenのdであるが，その他にもさまざまな指標が存在する（Hedge's gやGlass's Δ）。Cohenのdでは，データの解釈のための基準が存在し，おおよそ$d=0.2$は小

さく，$d=0.5$ は中程度で，$d=0.8$ は大きいという基準が示されている（Cohen, 1977）。

(3) 信頼区間

　もう一つ算出しておくとよい値として**信頼区間**（confidence interval : CI）がある（American Psychological Association, 2010）。効果サイズはあくまで差の大きさの「点」を表わしているが，信頼区間は文字どおりその差の「範囲」を表わすことが可能となる。

$$CI = m \pm Z_a s_m$$

　この式でわかるように，信頼区間は上限と下限の2つの値が算出される。ここでは m に平均値，Z_a には有意性検定の基準（すなわち，$p=.05$ や $p=.01$）における Z 得点，Sm には標準誤差が含まれる。信頼区間は多くの場合，a の値に対応して95％や99％で設定される。たとえば，先ほどの効果検証の実験で効果サイズ0.70が得られたとしよう。その際に，95％信頼区間が0.38-1.61であったならば，この実験の追試を10回行なった場合，9回前後ではこの範囲の効果サイズが得られると考えるとよい。信頼区間が0をまたいでしまう場合，群間デザインにおいて両群に差がないことがありうることを意味するため，有意ではないと考えることが多い。

3　臨床的有意性
(1) 臨床的有意性とは

　量的データ解析の最後に検討しなければならないのが**臨床的有意性**である。たとえば，面接データを用いて強い不安を抱えている不登校の中学生を対象とした介入の効果を検討した場合を考えてみよう。介入の結果，この生徒の不安は著しい低下が見られたとする。しかし，依然として家から出られるほどには不安が低減していなかったり，学校生活にまったく参加できていなかったりしたら，その介入の実生活における効果については疑問が残るだろう。臨床的有意性は，介入の効果の実際的な価値や重要性を意味する。すなわち，介入がな

第6章　量的データ解析　　77

んらかの「現実の」変化をもたらしているか否かが問われる（Kazdin, 2017）。

(2) Reliable Change Index

臨床的有意性は，その特徴ゆえ，一つの定まった方法で検討できる指標ではない（Kazdin, 2017）。よく用いられる手法として，変化の大きさを考慮する方法があげられる。この方法で頻繁に用いられる指標は **Reliable Change Index** である（Jacobson & Truax, 1991）。

$$\text{Reliable Change Index} = \frac{(X_2 - X_1)}{S_{diff}}$$

X_1 は事前の参加者の得点，X_2 は事後の参加者の得点を意味し，S_{diff} は2つの得点の差の標準誤差を表わす。この指標は，ある個人がどの程度改善したかを示す指標であることから，大きければ大きいほど改善を示していることになる。一般的に，1.96を超える場合，臨床的に有意な変化があったと考えられる（Jacobson & Truax, 1991）。ただし，臨床群と標準群の間の得点分布にどのくらいの差が想定されるのかについては注意が必要である。なお，S_{diff} は次の式で求められる。

$$S_{diff} = \sqrt{2(S_g)^2}$$
$$S_E = S_1 \sqrt{1 - r_{xx}}$$

（S_1 = 統制群，標準群，事前アセスメント時などの標準偏差，
r_{xx} = 再検査信頼性）

(3) 標準群との比較

標準群と比較する方法もある。RCTなどの心理療法の効果を検証する実験では，ある症状を有している参加者を対象とすることが多い。そのため，事前アセスメントの時点で，不適応な方向に逸脱した得点（すなわち，高い抑うつ得点，低い自尊心等）を有する対象者が数多く存在する。参照すべき規準となるデータを利用することができれば，介入後に当該の対象者がその範囲に入る（$1SD$ 等任意の範囲）ことをもって，標準的な機能にまで回復したと考えるこ

とができる。ただし，面接のデータにおいて標準データを有していることは少なく，統計的回帰の可能性も考慮しなければならない。

(4) その他の方法

以上の方法は，ある程度のサンプルサイズや標準データを活用する方法であるため，面接法でいつでも用いることができるとは限らない。これらの方法を用いることができない場合は，次の方法を検討するとよい。まずは，診断基準からの除外である。これまでにも述べてきたように，(半) 構造化面接法を用いる際の，主な目的は精神疾患の診断基準を満たすか否かを判定する場合が多い。そして，多くの場合，効果検証の実験の目的は，その診断基準に合致する症状を軽減することにある。そのため，介入前に満たしていた診断基準を満たさなくなったというデータをもって，臨床的に意味のある変化がもたらされたと考えることはある意味妥当なことである。一方で，身体疾患とは異なり，心理的問題は「治癒」という考え方が難しいことから，診断基準の有無だけで話を進めることには問題もある (Kazdin, 2017)。

その際に，考慮すべき点が全般的機能の変化の観点である (Tolin, McKay, Forman, Klonsky, & Thombs, 2015)。たとえば，睡眠不足を訴えるクライエントへの支援を考えてみよう。たしかに，客観的指標によって睡眠効率を検討することは有益であるが，本人の「よく眠れるようになった」という感想もまた重要ではないだろうか。あるいは，学級運営にストレスを感じる小学校教諭を対象として支援を行なう場合，児童の問題行動の行動観察データは，量的データ解析において有用ではあるが，担任本人の「クラスをうまく運営できている」という主観的評価も無視することはできない。心理学的研究において客観的評価が重要であることは言うまでもない。しかし，面接法においては，リッカート法などで，さまざまな

面接法においては客観的評価に加え，主観的評価も測定することができる

第 6 章 量的データ解析 79

主観的評価を測定することができる点を心にとめておくとよいだろう。あるいは，幸福度，ウェルビーイング（well-being），全般的な機能，生活の質（quality of life）といった点を測定することも有用である。これらの中には客観的測定が可能な尺度も存在するが，面接の中で簡便に尋ねることもできる。さらに，先ほどの不登校の中学生の例であれば，出席日数や試験の成績など，より社会的インパクトのある実質的変数を加えることができれば，さらに説得力を増すことだろう。これらの量的データは，面接法でしか得ることができない実質科学的に有用な変数であるといえる。

集団認知行動療法の結果報告例

　ここでは，不安症の子どもを対象とした集団認知行動療法の効果を検証した実験を例として紹介したい（石川・菊田・三田村，2013）。

●使用した面接法と対象者：Anxiety Disorders Interview Schedule for DSM-IV（ADIS；Silverman & Albano, 1996）は，信頼性と妥当性が確認された児童の不安症のための半構造化面接法である。ADISは重症度（Clinical Significance Ratings: CSR）を8段階（0〜8）で評定し，該当する症状を満たし，CSRが4を超える場合に不安症に当てはまると判断する。不安症の診断基準を満たし，かつ除外基準を合致しない小学生12名を解析対象とした。

●評定者間一致率：ADISの一致率を評定するため，ビデオ録画された面接結果の半数について独立した評定者（臨床心理士）による評定を行なった。その結果，不安症の基準についての一致率は93.33%であった。一致しなかった項目については，評定者間で話し合い，最終的に合意を得た結果を採用した。

●結果の報告：ITT分析において，LOCF法を適用した。その結果，治療終結時点（post）では，3名が主たる不安障害の基準から外れ（25.00%），そのうち2名はすべての基準から外れることが示された（16.67%）。また，3か月時点（3-month）では，6名については主診断が改善していることが示され（50.00%），そのうちの3名がすべての不安症の基準から外れることが明らかとなった（25.00%）。

　次に，ADISのCSRについて，完遂しなかったデータについてはLOCFを適用し，検討を行なった。時期（pre, post, 3-month）を要因とする分散分析の結果，主効果が有意であった（F (2, 22)=5.74, p < .01）。Bonferroniの方法による多重比較の結果，事前（pre）から3か月の間で有意な低減が見られた（p < .01）。本書のために新たにCohenのdを算出したところ，事前から3か月において大きな変化が見られた（pre-post: d=0.48, 95% CI=0.13-1.52；pre-3-month: d=1.51, 95% CI=1.25-3.31）。

質的データ解析

　量的データ解析が「数値」を使った現象記述であるならば,**質的データ解析**は「言語（テクスト）」を使った現象記述である。研究テーマとなる現象について，その人がどう体験し，その人がその現象とともにどう生きているのか，そのプロセスを，その人の語りの分析をとおして明らかにしようとする。

　本章では，このような質的データ解析の特徴や解析の手法についてみていこう。

1節　質的データ解析の特徴

1　基本的発想

　過去に積み重ねられた研究知見を把握し,「先人の肩に乗る」ことで自らの知識と理解を発展させ，論理によって新たな仮説を生み出し，その仮説を検証する。こうした一連の営みは，量的データ解析の得意分野である。研究者の思い込みの影響を最小限にして，都合のよい事例もそうでない事例も含めて，全体としてどのような傾向があるのかを知るためには，量的データ解析が大きな武器となる。そうした理由もあってか，心理学では量的データ解析を用いた研究が多い。

量的データ解析の前提となる仮説は，何を土台にして生まれるのであろうか。それは，先行研究の知見である。その先行研究にも仮説があったわけで，その仮説の土台になったさらに昔の先行研究があって，さらにその先行研究の仮説につながった先行研究が……といったように，仮説の前提となっている先行研究の歴史をたどっていく。そうすると，最終的には，研究知見の蓄積がないままに生まれ出た，つまり研究知見ではない他の何かから生成された「仮説の卵」に行き着くことになる。この仮説の卵を生み出すものこそが，本章で紹介する質的データ解析である。

2　研究デザイン

　質的データ解析を含む質的研究には，タイトな研究デザインとルーズな研究デザインの2種類がある（Huberman & Miles, 1994）。タイトな研究デザインでは，焦点化されて限定的な**リサーチ・クエスチョン**をベースに，構造化された方法でデータ収集が進められる。この方法は，すでに明確に定義された構成概念をもとに研究する場合や，身近で頻繁に接する慣れ親しんだ対象者や現象を研究する場合，質的データ解析の経験があまり多くない研究者が研究に取り組む場合に推奨される。一方，ルーズな研究デザインでは，比較的ゆるく定義されたリサーチ・クエスチョンをベースに研究を開始し，オープンかつ柔軟にサンプリング（研究対象者の追加選定や質問項目の追加など）を進める。これは，質的データ解析の経験が豊富な研究者が，比較的新しいフィールドや研究対象者と出会い，理論的構成概念があまり整備されていない中で現象記述や仮説生成を行なう場合に推奨される。ルーズな研究デザインの魅力や意義，方法論については，質的研究に関する数多くの文献で紹介されているため，本章ではタイトな研究デザインについて解説する。

2 節　質的データ解析の手法

1　リサーチ・クエスチョン（目的）の再確認

　質的データ解析の成否を決める最も大きなポイントは，自分が研究したいこ

とが何なのかをはっきりさせ，曖昧さのない明確な言葉でリサーチ・クエスチョンとして書き出すことである。リサーチ・クエスチョンは，データ収集の5W1Hを決めたり，データ解析の手法や方針を決めたり，データ再収集の必要性を判断したりする際のガイドとなる。「素朴な状態で研究参加者の語りを聴きたい」という名目での「ただの準備不足」とならないよう，研究の計画や準備の段階で，研究者の興味関心や研究目的に関連する文献から得られる最新の知識を身につけることと，可能なかぎり焦点を絞り込んだリサーチ・クエスチョンを書き出すことが重要である。

　質的研究では，多くの場合，「方法」項に入る前にリサーチ・クエスチョンが明記されている。質的データ解析をこれから始める人は，いくつかの質的研究の文献を集めて，各研究のリサーチ・クエスチョンを書いて並べてみることで，焦点化されたリサーチ・クエスチョンの書き方を学ぶところから始めるとよいだろう。

2　データの準備

(1)　データサンプリング（収集）計画

　サンプリングで最も重要なポイントは，的確な比較を可能にするデータを収集することである。科学的分析の基本は「分類と比較」であり，それは質的データ解析にも当てはまる。

　多くの量的研究では，母集団の特徴と分布を代表する一部のデータを収集して，母集団の特徴を推定するための統計的分析を行なう。たとえば，大学生を対象として質問紙調査を行なうとき，出身地が結果に影響すると想定できるのであれば，出身地に関するデータを積極的に収集して分析結果に対する出身地の影響を統計的に分析したり，大規模な人数のデータを収集することで出身地の影響を無視することもあるかもしれない。

　一方，質的データ分析では，多くの場合，量的データ分析のときほど大規模なサンプルを扱うことはない。そのため，分析結果に影響しそうな要因をあらかじめ綿密にリストアップして，それらの要因に偏りがないように計画的にサンプリングをする必要性がある。先の例では，サンプルに全都道府県の出身者が含まれるようにしたり，八地方区分（北海道，東北，関東，中部，近畿，中

国，四国，九州）の各区分出身者が含まれるようにしたりすることが重要である。もし，リサーチ・クエスチョンが「同じ県内でも地域によって郷土愛のあり方は違うのではないか？」であれば，県内の各地域のさまざまな特徴（たとえば，人口，産業構造，駅の数，学校の数，観光スポットの有無，巨大ショッピングモールの有無）を把握して，人口が多い地域と少ない地域の郷土愛のあり方の比較ができるようにサンプリングしたり，または巨大ショッピングモールがある地域とない地域の比較ができるようにサンプリングしたりする必要性があるかもしれない（**場面間サンプリング**）。または，同じ県の出身者の中でも，郷土愛がとても強い人ととても弱い人という極端な事例をサンプリングして，郷土愛に影響しそうな要因を探ることもできるかもしれない（**対象者間サンプリング**）。

　また，同じ研究対象者に，さまざまな場面での感じ方や体験を聞き取ることで，場面によって体験プロセスが異なるのか，異なるとすればどう異なるのかを明らかにすることもできる（対象者内サンプリング）。たとえば，同じ県内で複数回（もっと具体的に，3回以上，などと定義してもよいかもしれない）引っ越しをしたことがある人を対象に，各居住地の特徴やそこでの体験，各居住地での郷土愛のあり方を聞き取ることで，地域による郷土愛のあり方の違いに迫れる可能性がある。このときのポイントは，リサーチ・クエスチョンへの答えを研究対象者が正確に知っていて言語化できるという前提で面接することを極力控えることである。「同じ県内でも地域によって郷土愛のあり方はどう違うと思いますか？」という質問に対してクリアに答えてもらえて，それがそのまま研究の結論になるということを期待して面接に臨むと，うまく答えられない研究対象者を目の前にして面接が停滞してしまうかもしれない。質問への回答を紡ぎ出していく作業は，研究対象者に丸投げせず，かといって研究者の独りよがりにもせず，研究者と研究対象者の共同作業で進めていく。各地域での体験と郷土愛のあり方について一つひとつ語ってもらい，データを収集し，比較分析をする中で，リサーチ・クエスチョンへの答えが見えてくる。地域による郷土愛のあり方の違いについて研究対象者はどう思っているかという点に着目するのであれば上記の質問は欠かせないが，研究対象者が今認識している範囲を超えて新たな認識・洞察・知見を得たいのであれば，一つひとつの体験を丹

念に聞き取り，後でそれを比較分析する手間を惜しまないことが重要である。

　いずれにしても，良質な質的データ解析を行なうためには，丁寧に計画された体系的なサンプリングと，その基盤となる明確なリサーチ・クエスチョンの存在が肝となる。具体的なサンプリング計画が思いつかないときは，自分で思っている以上にリサーチ・クエスチョンが曖昧である可能性が高い。リサーチ・クエスチョンをさらに絞り込んでから，再びサンプリング計画を立ててみよう。

(2) 予備調査

　本調査に入る前に，試しに2〜3名分の短い面接練習を行ない，必要な道具や質問事項について再検討する。研究対象者が黙り込んでしまった場合や「思い出して辛くなってきた」と訴えた場合など倫理的配慮にかかわるものも含めて，さまざまな局面を想定して練習する。また，質的データ解析を行なうためには，かなり踏み込んだ個人情報を収集することになる可能性が高い。面接に先立っての権利事項の説明やインフォームド・コンセントのプロセスにも十分に習熟しておこう。

(3) 本調査

　本調査では，研究対象者との信頼関係をベースとした会話を展開する。このとき，研究者が特定の理論を強く信じていたり研究テーマに強い思い入れがあったりすると，そうした信念や価値観が，面接中の研究者の表情やうなずき，発言などに影響することがある。特定の結論にいたるように研究対象者を誘導したりせず，可能なかぎりフェアな態度で面接を展開できるよう，研究者は自らの信念や価値観を十分に自覚して面接に臨もう。

(4) データのトランスクリプション

　面接で得られた音声データは，通常，文書作成ソフトなどで文字データに変換（文字起こし）される。**トランスクリプション（変換）**にかかる時間は，語りの内容や入力方法，入力者のスキル等によって変動するものの，音声データの時間のおよそ5〜7倍程度かかると見積もっておくことを推奨する。たとえば，90分の面接音声データを文字起こしするのであれば，450〜630分（7時間半

〜10時間半）ほどの作業時間を確保する。文章作成ソフトに手作業で入力する代わりに，タブレット端末等の音声認識機能を使ってトランスクリプト（文字起こし等の変換後のデータ）を作成する場合は，その業務専用のタブレット端末を用意する。スマートフォンに音声認識機能がついていることもあるが，個人情報保護および守秘義務の観点から，原則として，研究や臨床など専門的業務で取得する音声データを（一時的とはいえ）私物に保存することは避ける。業務用に特別に用意されたスマートフォンやタブレット端末であれば問題ない。

　トランスクリプションを行なうということは，面接の音声データを聞き取って発話内容を理解（解釈）し，文字データへと変形させることである。どこまで詳細・正確なトランスクリプトを求めるかは，研究目的によって異なる。語りの内容のみに焦点を当てるのであれば，「あー……んーでもそうか，多分それは……いや，私としてはちょっと違うような考えもあって」という発話は「でも私としては違う考えもあって」と圧縮して変換されるかもしれない。一方，言いよどみを含む語り方に注目するのであれば，圧縮なしで変換するほうが適切かもしれない。いずれにしても，音声データ中の休止や強調，抑揚の変化，重複する発話などをどの程度忠実に文字化するかというトランスクリプションのレベルを事前に決めておくとよい。それは，お金を払って誰か他の人にトランスクリプションを依頼する場合には特に重要である。

　トランスクリプションのミスは，いくら気をつけていても完璧に避けることはできない。場合によっては，質的データ解析の結果が180度変わってしまうようなミスが生じることもある。音声データを参照しながらのトランスクリプトの品質チェックを，必ず一度はしよう。

　作成された文字データには，研究対象者の氏名や場所，所属などが含まれているかもしれない。これらはすべて，即座に匿名化する。匿名化する際には，匿名化されたすべての単語やフレーズ（氏名，場所，固有名詞など）のリストを作成し，トランスクリプトとは別に保管する。

3　データの分析

（1）コーディング

　コードとは，分析単位となるテキストにつけられる，理論的・分析的なラベ

ルのことである。**コーディング**では，回答者から出てきた言葉を単にそのまま記述するだけで終わらせるのではなく，理論的・分析的に説明しうる視点を新たに提案するようにコードを作成する。同じコードがつけられたテキストは，字義的にはまったく異なっていても，理論的には，コードが示す体験や現象を共有していると想定される。

　コーディングが進んできたら，同じコードがつけられたテキストを定期的に集めて，コードが示す概念がテキストをよく説明しているかどうか，異なるコードが必要かどうかなどを確認しよう。確認の結果，コードの名前を変えたり，概念を広げたり，2つの概念に分割したり，いくつかのコードを含む新しいコード（カテゴリー）をつくることになるかもしれない。このとき，既存のコードは残したまま新しいカテゴリーを作成するので，そのテキストは2つ以上のコードに含まれることになる。データを収集し終わるまでコーディングを待つ必要性はないので，どんどんコーディングを進めて，時には小さな発見をしながら，必要に応じてその発見を次のサンプリングに反映させていこう。サンプリングとコーディングの間を行き来しはじめたときが，質的データ解析が本格的に動き出したときである。

　コーディングのポイントは，コード日誌を残しておくことである（図7-1）。コードの名前，定義，コード作成日時や修正日時をはじめとして，他のコードとの関連性に関するアイデア，コードの再定義に関する疑問や直感などを，それが生じるたびに日時とともに日誌に書き入れていく。コードに含まれるテキストは，すぐに元データを参照できるよう，半角英数字を組み合わせたタグをつけておくとよい。図7-1の例では，研究参加者番号3桁，氏名の頭文字2文字，年齢2桁，性別1文字（M＝男性，F＝女性），当該参加者のトランスクリプトのうち当該テキストが含まれる行数，がタグとなっている（たとえば，021HM44M1044は，研究参加者番号021，姓の頭文字がHで名の頭文字がM，44歳，男性，トランスクリプトの1044行目に当該テキストがあることを示す）。コード日誌の作成は，分析の練度を高める作業であると同時に，分析プロセスのエビデンスを残しておくことで研究の信頼性を担保するという重要な役割を担っている。

　コーディングの詳細については，ギブズ（Gibbs, 2017 砂上・一柳・一柳訳

No. 002	
コード名	将来に対する否定（20XX 年 11 月 XX 日） ＊旧：あきらめ（20XX 年 10 月 XX 日）
定　義	翌日以降に自らの身に生じる出来事に関する否定的・悲観的予測であり，受け入れや達観といった積極性や中立性を含まないもの。（20XX 年 11 月 XX 日） ＊旧：自らの身に生じる出来事に関する否定的・悲観的予測。（20XX 年 10 月 XX 日）
テキスト	「こんなやつ雇ってくれるところなんてないよなって」（021HM44M1044） 「そんなのどうせもう，とか思ってばっかりで」（008SK39F467） 「心のどこかで『やってもしょうがない』って思っちゃう」（030SM54M771） …
メ　モ	これはすごくわかる。この状況だったらそうなりそう。逆に，これが出てこない人っているんだろうか？（20XX 年 10 月 XX 日） これがない人とある人の違いを知りたい。転機が何かあるかも。（20XX 年 10 月 XY 日） コード上はここに分類されたけど，達観しているというか，ニュアンスが違うものが含まれてしまう。違うコードにするか迷う。（20XX 年 10 月 XZ 日） 達観系は明らかに違う感じ。コードを分けて，違いを生む要因を探そう。（20XX 年 11 月 XX 日） …

図 7-1　コード日誌の例

2017）を参照のこと。

（2）比較分析

　コーディングが進んでいくと，研究対象者に「何が（What）」起きているのかが明らかになってくる。場合によっては，それだけでも十分に価値ある知見かもしれない。しかし，質的データ解析ではさらに洞察を深めることができる。研究テーマとなっている現象が「いつ（When）」「どこで（Where）」「誰に（Who）」「どのようにして（How）」「なぜ（Why）」起きているのかをモデル化するために，比較分析を行なうのである。

　比較分析では，まず，同じコードをつけたすべてのテキストを集める。次に，人物次元（たとえば，研究対象者ごと，年齢，所属）や時間的次元（たとえば，時期，年代），空間的次元（たとえば，場所，位置），機能的次元（たとえば，状況，行動，体験の質）などによるなんらかの差異やパターンに注目し，見つけたパターンに暫定の説明を加える。このとき，そこにパターンを見いだした根拠や説明の詳細などをコード日誌に記録しておく。新たなパターンや説明を見つけたと

きには，以前に記録したものを消さずに，コード日誌に日付とともに追記する。

（3）モデル化

　質的データ分析の一つであるグラウンデッド・セオリーでは，比較分析に続いて，コードをモデルへと構造化する方法として「**次元的コーディング（axial coding）**」と「**選択的コーディング（selective coding）**」を行なう（Strauss & Corbin, 1998 操・森岡訳 2004）。次元的コーディングでは，以下の6種類のコードにしたがって整理する。

　　①原因条件：現象に影響を与えたもの
　　②現象：研究の中心となる出来事や事象
　　③文脈：現象が起こった場所
　　④介在状況：特定の方略／行動／交流を促進したり制限したりする状況
　　⑤方略／行動／交流：現象に対処するために行なわれる目標志向的行動
　　⑥結果：方略／行動／交流によってもたらされた結果

　選択的コーディングでは，研究の中心となるテーマや現象を1つだけ選択する。モデルをまとめ上げる要となる現象を2つ以上選んでしまうと，読者としては，どこを中心に見ればよいのか，研究が提唱するメッセージが何であるのかがわかりにくくなってしまう。研究が発信する知見に一貫性をもたせるためにも，中心となる現象は1つだけに絞り込むことを推奨する。

　中心となる現象を選んだら，それを軸にすべてのコードを結びつけはじめ，モデル全体を構築する。このとき，必要に応じて，コード操作（たとえば，新しいコードを作成する，コードを分割する，コードを合体させる）をすることがある。その場合は，元のテキストに戻って，コード操作の結果をすべてのテキストおよび既存コードに反映させることで，コード操作が妥当であるかどうかをチェックする。

　以上の手続きをとおして，面接で得られた語りは，研究テーマとなる現象をよく説明するモデルへと姿を変えることになる。新たなモデル，新たな理論の誕生である。

3 節　質的データ解析の留意点

1　報告方法

　ここでは，質的データ分析の質を高めるための，研究報告上の３つのポイント（Flick, 2007 鈴木訳 2016）を紹介する。

(1) 透明性を高める

　研究をどのように進めたのか，そのプロセスを明示することが必要不可欠である。研究対象者の決定方法や募集方法，データ収集時の状況，データの分析方法，逸脱ケースの扱い方，結論に達するまでのプロセスなどを記載することで，研究の再現可能性を担保する。読者が論文を読んだときに「このリサーチ・クエスチョンに対して，自分だったら違う研究対象者を選んだのではないか」「同じデータを前にして，自分だったら違う結論に達したのではないか」といった判断・洞察ができるくらいに情報を提示することが推奨される。

(2) フィードバックとメンバーチェックを受ける

　研究対象者や研究者仲間からフィードバックを受けて，それを後の研究に反映させることは，研究者自身とは異なる視点を考慮に入れているという点で，研究の質を高める良い方法である。研究したフィールドに赴いて研究結果についてフィードバックを受けたり，予備的な結果を学会の大会や学会誌で発表したりするのもよい。

(3) 読者を意識する

　実施しようとしている研究は，誰に読んでもらって，どんなふうに活用してもらいたいだろうか。最終的に誰にどんな利益をもたらすために，誰を読者として想定して，読者にどんなメッセージを伝えたいだろうか。これは，心理学研究では欠かすことのできない視点であり，質的データ解析を行なうときも同様である。特に，結論となるメッセージや，時には仮説すら用意されていない段階で研究が開始されることが多いという質的データ解析の特徴をふまえ

ると，上記の中でも，誰に読んでもらうか（誰を読者として想定するか）を意識して書くことが非常に重要となる。想定読者が研究者であれば，研究プロセスを詳細に書き込むことが，研究結果の信頼性と報告の質を高めるためには欠かせない。一方，想定読者が政策立案者や当事者など実践レベルでの具体的な示唆を求めている人であれば，研究プロセスに関する詳細すぎる情報は読者に混乱を与えやすい。最も重要

想定される読者によって，解析内容の記述を工夫しよう

な知見や結論を明快・簡潔にわかりやすく提示することが肝となる。

2　倫理的配慮

　質的データ解析の特性上，そこで収集されるデータには，個人を特定できる情報や，時には非常にプライベートな情報が含まれることが避けられない。本調査を実施する人物や実施場所，質問項目の内容，データの保存方法，データ匿名化のタイミングと手段など，研究実施前の慎重な計画が必須である。また，特定の研究対象者から研究データの廃棄依頼があった場合，そのデータを廃棄したうえで改めてコーディングを行なう必要性が生じる。そのデータがないと成立しないコードは，研究結果に含めることができない。質的データ解析は，現実社会での現象の生の姿に迫るモデルを生成できる可能性があるという大きなメリットがあるぶん，時には慎重すぎると思えるほどの倫理的配慮を要するということを心にとどめておきたい。

認知行動療法への参加プロセスの報告例

　ここでは，更生保護施設入所者の認知行動療法への参加プロセスについてTakahashi, Sakai, & Shimada（2004）の再分析を紹介する。

●目的：認知行動療法とは，認知心理学と学習心理学の基礎的知見をベースとしたクライエント理解と日常生活における具体的取り組みによって生活体験の変化とQOLの向上を目指す心理療法のことを指す。うつ病や成人期ADHDなどに対する有効性が繰り返し報告されており，医療をはじめとする各領域において広まりつつある。

　近年では，少年刑務所や更生保護施設など，司法領域における社会復帰支援プログラムの一環としても認知行動療法が活用されている。更生保護施設とは，裁判所等の判断によって保護観察処分に付された人々に宿泊場所や食事を提供し，社会復帰が果たせるよう支援を行なう施設のことである。

　しかしながら，認知行動療法への参加が義務づけられていない更生保護施設においては，認知行動療法の参加率が低いことが指摘されている。認知行動療法を含む心理支援の効果をクライエントに提供するためには，生活の実態に即した参加促進支援方略と，その有用性を裏づける知見が必要不可欠である。

　そこで，本研究では，更生保護施設入所者が認知行動療法への参加にいたるプロセスを明らかにする。本研究の著者の関心は，更生保護施設入所者の認知行動療法参加率のさらなる向上であるため，「認知行動療法の参加率を高める職員の行動は何か？」を本研究のリサーチ・クエスチョンとする。

●方法：
・倫理的配慮：本研究は，A大学研究倫理委員会による倫理審査と承認を受けて実施された（管理番号：XX-YY）。
・研究参加者：東京都B区の更生保護施設に入所している成人32名を対象に面接調査を実施し，調査実施後にデータ破棄を申し出た2名を除く30名（男性22名，女性8名）の回答を分析対象とした。研究参加者の平均年齢は36.6歳（SD=8.7，範囲=26-57），プログラム参加初日時点での平均入所期間は1.2

か月（*SD*=0.9，範囲 =0.2-3.6）であった。

・面接調査：半構造化面接法を構成し，東京都 B 区の更生保護施設内の個室にて個別面接を実施した。用意された質問項目は，(a) 入所初日のようす，(b) 入所からプログラム参加までの生活のようす，(c) プログラム中に感じていたこと，(d) プログラム参加期間中の生活のようす，(e) プログラム終了後の生活のようす，の5 項目であった。また，事実を確認する基礎項目として，(f) デモグラフィックデータ（年齢，性別，家族構成，学歴，職歴），(g) プログラム関連情報（参加セッション数，プログラム参加初日時点での入所期間，プログラム参加初日から退所予定日までのおおよその日数）を面接の最初に聴取した。

・解析計画：質的データ解析法の一つであるグラウンデッド・セオリー・アプローチ（Grounded Theory Approach：GTA）を用いて，面接データの分析を行なう。ストラウスとコービン（Strauss & Corbin，1998 操・森岡訳 2004）の方法は，データから帰納的に理論を導く手法として手続きが明確に定められており，質的データ解析の中でも研究の再現可能性を最もよく保証する手法であるといえる。

●結果と考察：入所当初の入所者のようすとしては，「個室で一人で過ごす」を中心とする「施設内での孤立」が多く，他の入所者を含む他者とのコミュニケーションは限られていた。そうした施設内での居心地の悪さは，個室で一人で過ごすという孤立行動だけでなく，就職活動という積極的な行動を生むことがあり，それをきっかけにして職員との談話や認知行動療法への興味につながっていた。他の入所者への警戒は更生保護施設入所者にとって自然な反応であり，積極的な行動につながることもあることから，早急な変化を求めるよりも就職活動への促しが効果的である可能性がある。

認知行動療法に参加した後は，不快体験が優勢となった場合と，発見と変化が優勢となった場合で，異なる転機を示した。わかりやすい言葉で認知行動療法を進めること，期待される効果について実施前に十分に話し合うこと，就職成功モデルとなる入所者の参加協力を促すことなどが，認知行動療法による発見と変化を優勢にする方略となる可能性がある。

混合研究法

　私たちの日常生活のさまざまな場面では，数とストーリー（物語）は統合されており，どちらか一方だけではなく，両方を合わせることで，新しい意味づけが生じたり，より説得力のある情報を得ることができることを知っている。本章では，この数とストーリー（物語）の両データを用いる**混合研究法**（mixed methods research：MMR）について取り上げる。

1節　混合研究法とは

1　混合研究法とは何か？

　今から伝える数字を少しの間頭の中に思い浮かべてほしい。

　　　　　　　「37」　「39」

　しばらくそれらの数字を頭に浮かべた後，次のAさんのストーリー（物語）を読んでほしい。

　「昨晩，土砂降りの中を歩いたので風邪をひいてしまい，今朝体温を測ったら37度あった。昼前に測ると39度だった」

95

「37」「39」という数字に，Aさんのストーリー（物語）が加わることで，数をただ頭に思い浮かべたときとは異なり，「37度ならともかく，39度となると相当深刻な状態なんじゃないかな」等々そこに新しい意味づけが生じることがわかるだろう。

また，私たちはテレビで，955ヘクトパスカル（数）の大型台風の接近に伴い1時間に80ミリ（数）の非常に激しい雨が降っていることを知り，朝の始発から各地の鉄道に遅延がでて，通勤通学の足に支障がでていること（物語），風速20メートル（数）の暴風では傘をさすのが難しいくらいの状況であるといったレポーターの中継を聞くことがあるだろう（物語）。

混合研究法は，医学・看護・教育学・心理学等解決すべき課題を目の前にした実践分野において，急速に発展を遂げてきた新しい研究法アプローチである。研究課題への理解ために，（閉じられた質問による）量的データと，（開かれた質問による）質的データの両方を収集・統合し，両データがもつ強みを合わせたところから解釈を導き出す。質的・量的いずれか1つの研究方法のみを単独で用いるよりも，統計（量的研究）と個人のストーリー（質的研究）の両者を統合することで，よりよい理解が得られることがその重要な前提となる（Creswell, 2015 抱井訳 2017）。つまり，ただ質的研究と量的研究の両方を行なっただけでは混合研究法とはいえず，2つの異なる質的・量的両データ，すなわち数とストーリー（物語）の分析結果をまとめ，意義ある統合を目指すところに混合研究法の第1の特徴があるといえる。また，混合研究法では，2つの分析結果を統合して得られた新しい洞察（insight）を，ただ現象理解や課題理解だけに終わらせるのではなく，課題解決のための研究へと発展させていくことが求められている。すなわち1+1の答えが2ではなく，1+1＝3（Fetters & Freshwater, 2015）となるような新たな洞察を得ることで，課題理解を深め，そしてその先の課題解決へと歩を進めるのが，混合研究法の第2の特徴といえるだろう。

これまで量的研究と質的研究については，それぞれが依拠する哲学的背景が異なることから量か質かのパラダイム論争が続き，研究法として何年もの間バラバラな状態が続いてきた。また，質的研究と量的研究の両方を行なった研究も散見されたものの，系統だった研究としては発展してこなかった。しかし，

表8-1 質的研究法・混合研究法・量的研究法の位置づけ（Teddlie & Tashakkori, 2009 土屋・八田・藤田監訳 2017 より作成）

対比軸	質的研究の立場	混合研究法の立場	主な量的研究の立場
パラダイム	構築主義（およびその分派）	プラグマティズム，トランスフォーマティブ・パースペクティブ	ポスト実証主義・実証主義
リサーチ・クエスチョン	質的リサーチ・クエスチョン	混合型リサーチ・クエスチョン（QUAL+QUAN）	量的リサーチ・クエスチョン，研究仮説
データ形式	主としてナラティブ	ナラティブ＋数量	主として数量
研究目的	多くは探索的（＋検証的）	検証的＋探索的	多くは検証的（＋探索的）
理論の役割・論理	グラウンデッド・セオリー，帰納的推理	帰納的／演繹的論理，帰納的 - 演繹的な研究サイクル	概念的枠組みや理論を基礎とする仮説 - 演繹法
典型的な研究およびデザイン	エスノグラフィー研究，その他（ケーススタディ）	並行型および順次型といった MM デザイン	相関，調査，実験，準実験
サンプリング	ほとんどが合目的	確率，合目的，混合	ほとんどが確率
データ分析	主題的戦略：カテゴリー化，文脈化	主題的戦略と統計学的分析の統合，データ変換	統計学的分析：記述的，推計的
妥当性／信用性	信用性，信憑性，転用可能性	推論の質，推論における転用可能性	内的妥当性，外的妥当性

複雑化する現代社会では，多くの解決すべき問題が存在しており，深く掘り下げてその現象を理解するためには量的研究か質的研究のどちらか1つの研究法だけでは不十分で，そのどちらの研究法も行なう必要があると考える研究者が，1980年代後半以降から世界各地で徐々にその試みについて検討を始めるようになった。混合研究法は，このような問題解決に取り組む多くのフィールドにいる研究者たちのニーズから誕生し，支持され，用いられることによって発展してきた新しい研究法だといえる。現在混合研究法を支持する研究者たちは，表8-1で示したように質的研究・量的研究を連続体としてとらえ，その中間に混合研究法を位置づけている。

2　混合研究法の定義

混合研究法には，以下のものが含まれる。

①研究のゴール・リサーチ・クエスチョン・仮説を検証し，応答するために，質的・量的データの両方を収集・分析すること
②量的・質的研究のどちらにおいても厳密な方法を用いること
③新しい洞察（insight）の生成のため，意図的に質的・量的データを統合あるいは"混合（mixing）"すること
④リサーチデザイン，手続きの明確な形式とともに方法論を枠づけること
⑤デザインを示すための哲学的前提・理論モデルを使用すること

　混合研究法の歴史はおよそ30年ほどであり，国際混合研究法学会が創設されたのは2014年，日本においても2015年に日本混合法学会がスタートしたばかりである。APAアメリカ心理学会論文作成マニュアル第7版（the seventh edition of the Publication Manual of the American Psychological Association）では，質的研究，質的研究メタ分析の論文作成基準が初めて掲載されるという「歴史的瞬間」（Levitt et al., 2018）において，新しい方法論である混合研究法の論文作成基準もあわせて掲載される予定である。現在においても混合研究法はその用法や研究様式は常に刷新され，30にのぼる書籍やいくつものジャーナルによって着実に発展を続けている。
　ここでは，新しくAPA論文作成マニュアルにも採用される混合研究法基準に沿って，混合研究法について面接法とあわせてみていくこととする。

3　リサーチ・クエスチョンから始める

　混合研究法では，研究者は臨床場面で何が起こっているのか原因に関心をもつだけではなく，どのように起こったのか，あるいはなぜ起こったのかという原因のメカニズムについても多面的に取り組む必要があると考える。このため研究目的を果たすための必要な研究上の問い，すなわちリサーチ・クエスチョンを何より優先されるべきものとして位置づけており，リサーチ・クエスチョンに最も効果的な分析方法を選択していくことになる。
　混合研究法のリサーチ・クエスチョンは，臨床のストーリーの中から研究者によって見いだされる。ではストーリーとは何か。それはある出来事や一連の事象を物語ることである（クラブトリー，2016）。そのストーリーは，疑問点

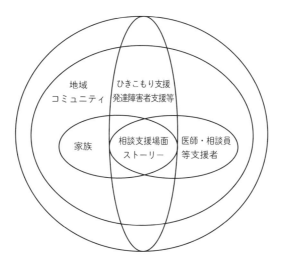

図 8-1 相談ストーリーの源（クラブトリー，2016 より作成）

や例外を浮かび上がらせ，それがリサーチ・クエスチョンとなる。たとえば図 8-1 に示したようなひきこもり問題にかかわる家族支援のストーリーでは，対象者の生活，臨床の現場状況，家族との関係や，家族と医師や相談機関との関係，学校での取り組みもあげられるだろう。初めに研究者が臨床場面でとらえたストーリーがあり，そのストーリーの中から「家族は子どもが引きこもることで感じているさまざまな困難をどのように感じているのだろうか」「現在の家族自身の精神健康度はどうか」といったリサーチ・クエスチョンが生成されることで，課題解決の方略を視野に入れながら研究デザインを組み立てていくことになる。

また研究者は，量的研究リサーチ・クエスチョン，質的研究リサーチ・クエスチョン，そしてそれらを統合してどのような洞察を導き出すのか，混合研究リサーチ・クエスチョンの3つを示し，これらのリサーチ・クエスチョンをもとに研究の全体デザインを組み立てていく。表8-2で示したように，量的研究では，大きな母集団を対象にして効率的にデータを分析することができるが，個人のもつストーリーや意味を十分に調査することや個人の視点を深く精査することができない。逆に質的研究では少数の人々のもつ視点を詳細に示した

表 8-2　質的研究法・量的研究法の長所と限界（Creswell, 2015 抱井訳 2017）

	長所	短所
質的研究	・少数の人々のもつ視点を詳細に示す ・対象者の声をとらえる ・対象者の経験を文脈の中で理解する ・研究者ではなく対象者の視点に立つ ・ストーリーに関心をもつ者をひきつける	・一般化可能性が制限される ・得られるのは（数のような信頼できる 　データではなく）検証できない（ソフト） 　データのみである ・少人数の研究 ・非常に主観的である ・対象者に依存するため，研究者の専門性 　は最小限度となる
量的研究	・大多数の人々から結果を引き出す ・効果的にデータを分析する ・データ内で関係を調査する ・推定原因を調査し，コントロールバイア 　スを得る ・数を好む人にアピールできる	・非人称，ドライな ・対象者の言葉は記録しない ・対象者の文脈理解が限定的である ・主として研究者主導である

り，個人の経験を文脈の中で理解することができるが，一般化可能性は制限される。混合研究法を採用する研究者は，このような量的・質的研究の長所と短所を十分に理解したうえで研究デザインを決定していくことが求められている（Creswell, 2015 抱井訳 2017）。もちろん研究者が，量的・質的研究法すべてに精通していることが望ましいが，異なる方法論的アプローチ（量的あるいは質的スキル）をもったメンバーに，両アプローチを架橋する混合研究法のスキルをもったメンバーが加わる混合研究法チームによる研究もさかんに行なわれてきている。

4　混合研究法を用いるのはどのようなときか

　では，どのようなときに混合研究法を用いるのだろうか。まず，自らのリサーチ・クエスチョンにおいて量的・質的研究の両方を用いて査定することが最善となりうる場合が考えられる。あるいは，質的研究を自らの研究に追加することに重要な価値があると認識した場合，量的・質的両データのどちらをも収集できる機会に恵まれるのであれば，2つのデータを収集しておくことでより深みのある理解が可能になるだろう。

異なる形式の２つの研究法を用いることについては，かえって研究がどっちつかずの中途半端なものになるのではないかという心配もあるかもしれない。しかし混合研究法では，量的分析・質的分析どちらの分析手法においても，データ収集 – 分析 – 結果の手続きを厳密に行なうことが求められている。すなわち参加者募集，サンプリング，データ収集，データ分析を厳密に適用することで頑健な量的・質的データを収集することが可能となり，そのことで初めて２つの異なるデータを統合させることができるのである。単独の研究に比べて，いくつかのフェーズに分かれる混合研究法の研究では，研究期間が長期にわたることも考えられ，研究デザインも新たに変更されることもあるだろう。このため，混合研究法を用いる研究者は，柔軟な研究デザインを推進するために，量的・質的研究のいずれもの知識と分析スキルを十分にもつことが望ましい。そういった意味では初学者にとっては混合研究法を単独で行なうことに困難を感じるかもしれない。しかし数とストーリー（物語）のデータ収集は，質問紙調査の中で質問項目に対する５件法の回答（量的データ）と合わせて，その質問に対する感想や意見（質的データ）を記入してもらう自由記述欄を設けることで可能となる。まずは自らが取り組むことのできるこのような小さなプロジェクトからスタートさせて，混合研究法のスタイルを理解していくとよいだろう。

2 節　混合研究法と面接法

　心理学における調査法の一つである面接法は，第１巻『なるほど！ 心理学研究法』の第４章「研究の基礎・研究法概説」でも述べられているように，面接場面において面接者（インタビュアー）と対象者の相互作用の中でインタビューデータを収集する。これはカウンセリング場面にもいえることだが，対象者の内面的な心の世界をいかに，ラポールをとりながら深く理解して引き出すことができるか，すなわち面接者（インタビュアー）の力量にインタビューデータの質がかかっているといっても過言ではない。特に課題理解だけではなく課題解決を研究目標におく混合研究法のインタビューにおいては，インタビューの対象者は，リサーチ・クエスチョンとなっている課題・問題を抱えた

当事者あるいはその周囲の家族が考えられる。このため面接者は，とらえるべき課題や問題について，その背景や経過についても十分に精通している必要がある。これは面接者（インタビュアー）に求められる基本姿勢の一つだといえるだろう。

　面接は1対1の場合も，またフォーカスグループインタビューのような複数の人を対象として実施する場合もある。インタビューのスタイルとしては，決められた特定の場所で実施する対面式のインタビューのほか，インタビュー場所を制限しない通信機器を介したインタビューとして，電話インタビュー，インターネットによるオンライン・インタビューなどさまざまな様式がある。このような面接のスタイルは，混合研究法においては，データの具体的な集め方にかかわる「方法」の部分にあたる。

　面接では，質的データだけではなく，量的データの収集も可能である。量的データでは，心理尺度を数値で尋ねることも可能である。また，質的データを収集して，コード数やテーマ数を量的データに変換（transform）し，統計的な効果検討を行なうこともできる。混合研究法では，これらをうまく組み合わせて研究デザインを計画し実行することができる。

　たとえば，介入プログラムの効果を検討するときには，効果指標の統計分析によって量的分析結果を得た後に，プログラムに実際に参加した人々へのインタビュー調査によって，介入の効果を多層的に理解することができる。この場合は，プログラムの介入効果について深く理解するためのリサーチ・クエスチョンがあらかじめ設定されていることが考えられることから，ある程度質問項目が明確な半構造化面接法のスタイルをとることになるだろう。

　また，このようなプログラム介入後に設定するインタビュー面接には，その介入プログラムが自分にとって効果のあるものであった，あるいはプログラムに参加してよかったと考える参加者は積極的に参加してくれることが考えられる。その一方でプログラムにネガティブな印象をもつ参加者がいたとしても，その声はインタビュー調査では聞き取ることができない可能性もある。その場合は，プログラム実施最終日などに，ネガティブな情報についてもチェックを記入するだけの簡便な質問項目を作成し，参加者全員に実施して負担なく回答してもらうとよい。このように研究手続きの中で質的・量的両方のデータ収集

を補完的に行なうことで，介入プログラムの効果を検討し，さらによりよいものに発展させることが可能になる。

　質的研究が量的研究の前に実施される場合，たとえば質問項目をつくる，あるいは介入プログラムの効果的運用のために対象者のアセスメントニーズを探索するといった目的で実施される面接もある。この場合は，1対1あるいはフォーカスグループ等で目的に沿って幅広く意見を聴取する半構造化インタビュー調査になると考えられる。

　次に面接によって得られたデータを「方法論」を用いて分析していくことになる。混合研究法における「方法論」には，量的方法論としては，実験，準実験，調査などがあげられる。質的方法論では，事例研究，グラウンデッド・セオリー，エスノグラフィー，現象学，新しい質的研究法である複線径路等至性アプローチ（Trajectory Equifinality Aopproach：TEA；サトウ，2009）もここに含まれる。

　量的データの分析・質的データの分析ならび解析については第6章，第7章で詳述してあるので，次節では，量的データ，質的データの2つの分析結果を混合研究法ではどのように統合するのか，具体的な混合研究法のデータ分析についてみていこう。

3 節　混合データ分析

　混合データ分析とは，量的データ分析と質的データ分析結果を組み合わせ，つなげて統合するプロセスをさす。データの統合の方法には3つある。これは，混合研究法の3つの基本型の研究デザインに沿ってデータ収集と分析それぞれの結果が統合されるプロセスと考えてよい。

1　研究デザイン

　混合研究法では，研究者がたてたリサーチ・クエスチョンから研究デザインを適切に選択することは，研究結果の妥当性，信頼性にかかわる重要な手続きとなる。その基礎となるデザインのタイプには，質的データと量的デー

タを同時に収集する①**収斂デザイン**（convergent design）と，一つのデータセットにもう一つのデータセットを積み上げて結果を導く順次デザインがある。順次デザインには研究法の順序の違いによって2つのデザインがあり，②**説明的順次デザイン**（explanatory sequential design），③**探索的順次デザイン**（exploratory sequential design）があげられる。これら3つのデザインを**基本型デザイン**と呼ぶ。ここでは基本型デザインとその統合の方法についてみていく（図8-2）。

3つの基本型デザインのうち，①収斂デザインは，特定の研究目的のもとに質的・量的データの収集・分析をそれぞれ並列的・独立的に行なって，異なる方法によって得られた結果を，比較また関連させることで質的・量的研究結果の統合を試みる。②説明的順次デザインでは，第一段階として量的データ収集・

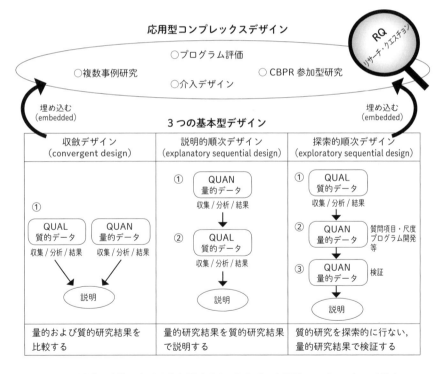

図8-2　混合研究法における基本型デザインならびに応用型コンプレックスデザイン

分析を行ない，その結果に関する理解をさらに深めるために第二段階として質的データの収集・分析を行なう。これらの2つの段階で得た知見を合わせて解釈することで，量的・質的研究アプローチの統合を図る。③探索的順次デザインは，質的データの収集・分析から始め，その結果得られた知見をもとに，仮説検証のための量的研究段階につなげることで統合を実現する。

この3つの基本型デザインをもとに，さらに多層的に拡大する**応用型コンプレックスデザイン**がある。応用型コンプレックスデザインには，**介入デザイン（intervention design）**，**プログラム評価（program evaluation）**，**CBPR 参加型研究（CBPR participatory studies）**，**複数事例研究（multiple case study）** などさまざまなものがあり，基本型デザインを組み入れて，それぞれのプロジェクトに適応するデザインを多層的に用いていく。

2 ジョイントディスプレイ

最後に，混合研究法において最も重要なポイントとなる量的・質的研究の結果の統合を示す手法である**ジョイントディスプレイ（joint display）**について説明する。

ジョイントディスプレイとは，量的・質的両方のデータベースの結果を説明する図表であり，量的・質的のそれぞれの結果を簡単に比較することができるように，両結果についての表や図を並置する。同時に統合した分析を論議するための構造を示し，混合研究法がどのような新たな洞察を提供しうるかについて，読み手，研究者双方の理解を支援するものである（Guetterman, Fetters, & Creswell, 2015）。ジョイントディスプレイには，質的結果と量的結果を並列して示す①**対照比較型ジョイントディスプレイ**（side-by-side joint display），質的結果を横軸に，量的結果を縦軸に配する②**テーマ（主題）別統計型ジョイントディスプレイ**（theme-by-statistics joint display），3つのカラムの1行めに量的結果，2行めに質的フォローアップの結果，最終行に質的結果がどのように量的結果を説明するかを示す③**結果追跡型ジョイントディスプレイ**（follow-up results joint display），そして，最初の質的段階が次の量的段階にどのように活かされるかを理解することができる④**尺度開発型ジョイントディスプレイ**（building into a quantitative instrument or measurement display）がある。それぞれの研究デザインにみあったジョイントディスプレイを提示することで，混合研究法の統合の結果を簡潔に示すことができる。具体例を Column 6 に示しているので参照してほしい。

　このように混合研究法では，研究手続きや統合の結果を簡潔に提示して読み手の理解を促進するさまざまな工夫を行なうが，その取り組みは同時に，研究者にとっては続くトライアルをどのように修正していくのかといった介入プロセスを理解する枠組みになっている。現在進行形（on going）で研究デザインを検討しながら実践的研究を進めていくことができることも，混合研究法の一つの大きな特徴といえるだろう。

Column 6
ジョイントディスプレイで何がわかるのか

　廣瀬（2018）では，ひきこもり専門相談電話の初回相談における家族ニーズについて，収斂デザインによる混合研究法を用いて多元的に分析を行なった。家族がどのような径路を経てひきこもり専門相談電話に架電するのか，ひきこもる子どもの「他者とのかかわりの段階」別に類型化してTEAによる質的分析を行ない，その結果図とそれぞれの属性情報（量的データ）を並置するジョイントディスプレイを作成した。

　ここでTEAについて簡単に説明する。TEAとは，主に日本で発展してきた新しい質的研究の方法論であり，人間の行動，特になんらかの選択とその後の状態の安定や変化を，複線性の文脈上で描くための枠組み（サトウ・安田・木戸・高田・ヴァルシナー，2006）としてTEM（等至性径路モデリング）を分析に用いる。研究者は研究テーマとなる等至点（equifinality point：EFP）を決定し，その際径路において起こる行動選択や価値転換の分岐点（bifurcation point：BFP）や，人々が共通してたどると考えられる必須通過点（obligatory passage point：OPP）に注目する。ある行動が選択される分岐点（BFP）において，どのような諸力が影響しているのか，社会制度や文化的背景などのマクロ的視野も考慮しながら抑制要因である社会的方向づけ（social direction：SD），促進要因である社会的助勢（social guidance：SG）といった概念を用いて分析していく。

　次頁の図の左側を見てみよう。社会に所属先を有する「前ひきこもり段階」に，ひきこもり長期群が4名（19歳以下，20代各1名，30代2名）存在していることがわかる。このようにジョイントディスプレイにより質的結果と量的結果を並列して示すことで，一見矛盾する状態にあると考えられるこの4名が浮かび上がり，さらに深く原データを追っていくことが可能になる。この4名は，いずれも数年間のひきこもりを経て，単位制高校への転校や転職により社会に所属先を有するにいたっていたが，再びしんどさを抱えてひきこもった状態にあった。つまり，ひきこもり長期群の中には，長期に連続してひきこもり状態にある者だけではなく，断続的に社会とのつながりを有する者も存在しており，家族は再度ひきこもることを心配して予防的に相談を行なっていることが明らかになった。本研究では，ひきこもり長期群の多くの家族が，子どもとコミュニケーションがとれないことで，家族自

身の問題に対処する力を減衰させていた。しかしその一方で辛抱強く相談を希望する家族の存在も示され，家族ニーズを深く理解するために，混合研究法アプローチが有効であることが示されたといえる。

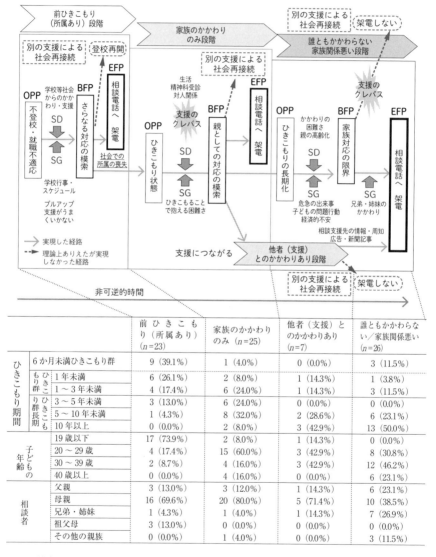

図　他者とのかかわりの段階別：家族のひきこもり専門相談電話架電までの径路と属性情報のジョイントディスプレイ（廣瀬，2018より作成）

第3部

臨 床 面 接 法

　第3部では，面接法を臨床場面で活用することを目的とした，臨床面接法について解説する。臨床面接法は，特に臨床心理学を中心とした心理学の科学と実践を融合させる重要な面接技術である。第3部においては，臨床面接法の総説に加え，臨床面接法の基本的な要素に関する解説（基礎技術，インテーク面接，精神科診断面接，ケースフォーミュレーション，面接構造）を行なう。また，より特殊性の高い臨床面接法（グループ面接，子どもへの面接，自殺リスクの評価，動機づけ面接）についても説明する。

臨床面接法の総説

　本章では，心理的支援の枠組みにおいて実践される臨床面接法に関して，その全体像について解説する。心理的支援の中で，セラピーやコンサルテーションといった臨床面接法はどのような位置づけになるのか，そして，どのような特徴があるのか，その大枠をまず知ってほしい。具体的な各論を読み進めていく前に，全体的な見通しをもってもらうことが本章の目的である。

1節　臨床面接法とは

1　臨床面接法

　心理学には科学的実証手続きとしてのさまざまな方法論が存在する。そして，心理職としての実践を有意なものとするためには，研究のための方法論と実践のための方法論の両方のスキルとテクニックを身につける必要がある。第3部で紹介する**臨床面接法**は，実践のための方法論として，心理的支援の中心に位置づけられる。一般に面接とは，「一定の場所において，人と人とが特定の目的を持って直接顔を合わせ，主として会話を通してその目的を達成しようと

することである。目的によっては，非言語的要素も加味される」（小林，1999）とされており，本章では心理的支援として実践される面接法を臨床面接法と呼ぶこととする。

2 心理的支援の全体像

それでは，心理的支援とは何か，その全体像について支援の目的や対象，方法によって整理してみる。

(1) 目的による分類

心理的支援は，対象者が示す心理行動面，発達面の問題や症状の解決，あるいは，治療が主な目的とされてきた。しかしながら，近年では，心理職の実践が教育分野や産業分野，子育て地域支援など多分野に拡がりゆく中で，支援のニーズも拡大していき，コミュニティメンバーに対する心の健康教育など，予防的・開発的な目的の心理的支援も多く展開されるようになってきた。このような流れから，現在では，心理的支援は大きく3つの目的に分類できる（図9-1）。1つめは，発達の促進，知識やスキルの獲得といった開発的な目的のもので**一次的支援（一次予防）**と呼ばれる。これは，すべてのコミュニティメンバーが対象となる支援である。2つめは，問題や症状の徴候が認められた対象者に対して，問題の早期発見と早期対応，悪化を防ぐための予防を目的としたもので**二次的支援（二次予防）**と呼ばれる。3つめは，問題や症状が深刻化した対象者に対して，問題や症状の解決，治療，あるいは，コミュニティへの

図9-1 心理的支援の目的の階層モデル

復帰を目的としたもので**三次的支援（三次予防）**と呼ばれる。このように，心理的支援は多岐にわたっており，心の健康の増進から回復まで階層的な目的で実施される。

(2) 心理的支援の対象による分類

　次に，支援の対象は，支援を必要としている個人，集団（グループ），あるいは，その関係者に分けることができる。支援を必要としている個人は，特定の問題や症状を示している本人となる。そして，その個人が複数集まった集団を対象として，支援が行なわれる場合もある。ただし，支援を必要としている個人や集団は，各々がなんらかの問題意識をもち，改善を望んで支援が開始されるとは限らない。たとえば，一次的支援においては，特段のニーズを抱えていないコミュニティメンバーが対象となる。また，二次的支援や三次的支援においても，対象が子どもの場合などは，保護者や教師などの第三者からの要請で心理的支援が導入される場合もある。そのため，対象者のニーズや思いを把握しながら，心理的支援を展開していくことが必要となる。一方，支援を必要としている個人の関係者とは，たとえば，保護者や教師，上司など，支援を必要とする個人の周囲の人物である。心理職としてこのような関係者に対して行なう心理的支援は，コンサルテーションという形態をとることが主になる。

(3) 心理的支援の方法による分類

　心理的支援の方法は，その支援が実際に行なわれる場面によって大きく2つに分けられる（図9-2）。1つめは，支援を必要としている個人や集団が特定の問題や症状を実際に示している場面で，その問題や症状に直接的に介入する方法である。たとえば教育分野で考えると，友人関係に悩む中学生に対して，クラスの他のメンバーと交流しやすくするために，心理職が間に入りながら会話を進めるなどの支援があげられる（図9-2①）。心理職の目の前で対象者の問題や症状が示されている場面での支援となる。この場合の多くは，対象者の問題や症状が出現しにくく，その代わりにより適応的な行動が出現しやすいような環境を，心理職が中心となって直接調整する方法が用いられる。一方，2つめは，支援を必要としている個人や集団が特定の問題や症状を実際に示してい

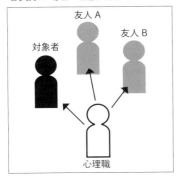

図9-2　心理的支援が実践される場面と方法のモデル

る場面とは異なる場面で，主に言語的なやりとりをしながらその問題や症状に間接的に介入する方法である。たとえば先ほどの中学生に対して，心理職が放課後に個別で抱えている悩みの相談にのるなどの支援があげられる（図9-2②）。問題となる友人関係が生じる場面とは別の場面での対応となる。言い換えると，対象者の実際の問題や症状は，心理職の目の届かないところで生じていることになる。この場合の支援は，対象者が抱えている悩みを傾聴し，具体的な対応方法をともに検討する，あるいは，環境調整を提案するなど，臨床面接法が用いられることになる。

3　心理的支援における臨床面接法

　図9-3は心理的支援の全体像とその中の臨床面接法の位置づけを表わしたモデルである。図9-3において，臨床面接法は心理的支援における間接的な介入に位置づけられ，濃いグレーで示された部分となる。たとえば，一次的支援として，個人を対象としたものにはキャリアカウンセリング，集団を対象としたものにはストレスマネジメントといった心理教育などが展開される。一次的支援の場合は，すべてのコミュニティメンバーが対象となることから，集団を対象とした教育的，情報提供的な方法が用いられることが多く，単回あるいは少数回のどちらかというと一方向的な臨床面接法となることが多い。一方，二次

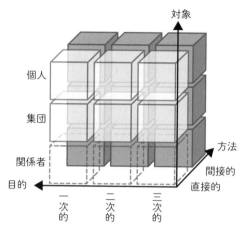

図 9-3 心理的支援と臨床面接法のモデル

的支援や三次的支援としては，個人を対象にした場合はセラピー（心理療法），集団を対象にした場合は特定の問題や症状に焦点を当てたグループセラピー，関係者を対象にした場合はコンサルテーションなどが展開される。具体的な問題や症状への対応や解決，治療が志向されるため，継続的で双方向的な臨床面接法となることが多い。なお，臨床面接法の多くは会話などの言語的なやりとりをとおして進められるが，たとえば，子どもや障がいを抱える個人など十分な言語理解や表出が困難な対象には，プレイ（遊び）や運動，体験などの非言語的な要素が含まれる場合もある（詳細は第 16 章を参照）。

2 節　臨床面接法の特徴

　これまで心理的支援における臨床面接法の位置づけを整理してきた。本節では，臨床面接法そのものに焦点を当て，特に継続的に実施される臨床面接を念頭に，その特徴について紹介する。なお，前節では心理的支援全体における支援者を心理職，被支援者を対象者として表記してきたが，本節では臨床面接法に焦点化するため，支援者をセラピスト（あるいはコンサルタント），支援を

必要としている個人をクライエント，その関係者をコンサルティと表記する。

1　臨床面接のプロセス

　継続的な臨床面接においては，一般的に図 9-4 に示した循環的なプロセスをとおして，心理的支援が展開される。

　まず，アセスメントのプロセスとして，情報収集と見立てがある。情報収集のプロセスでは，クライエントが抱える問題や症状，および，その背景要因について，言語的情報と非言語的情報をセラピストが面接内で収集していく。また，このプロセスの一環として，クライエントの同意が得られれば，その問題や症状に関連した各種の心理検査を実施することになる。そして，臨床面接によって得られた情報と各種心理検査の所見をもとに，クライエントの問題や症状がどのように形成され，そして，それがいま現在もどのように維持しているのかについて，セラピストが心理学的に理解する見立てのプロセスとなる。この見立ては，あくまでもセラピストがクライエントの問題や症状を理解するための仮説である。なお，心理的支援の導入にあたって，継続的な臨床面接法による支援が適しているかどうか（受理可能かどうか）を判断するために行なわれる臨床面接は，インテーク面接と呼ばれる。インテーク面接は，クライエントにどのような介入を実施するのが適しているか見当づけるための基礎資料を得るためのものであり（鑪・名島，2000），臨床面接の中でも重要な位置づけ

図 9-4　臨床面接法のプロセス

となる（詳細は第11章を参照）。また，これらのプロセスにおいて，精神疾患の診断のために行なわれる臨床面接は，**精神科診断面接**と呼ばれる（詳細は第12章を参照）。

　次に，介入のプロセスとして，介入計画の立案と介入の実施がある。まず，見立てに基づいて，クライエントの問題や症状を軽減し，解決していくために必要な介入の計画を立てることになる。この介入計画も見立てと同じようにあくまで仮説であるが，これらは理論的に妥当である必要がある。そのため，セラピストは臨床面接法の理論に十分に精通し，それを目の前のクライエントへの心理的支援に適切に使えるようトレーニングを重ねることが重要である。ここまでの情報収集から見立て，介入計画の立案までのプロセスは，介入の方向性を定め，臨床面接を効果的に実施してくうえで重要な作業であり，ケースフォーミュレーションとも呼ばれる（詳細は第13章を参照）。そして，介入計画に基づき，実際の介入を実施していくこととなる。介入は臨床面接内でのみ行なわれるわけではなく，場合によっては，ホームワークをとおしてクライエントが問題や症状を実際に示している場面でも実施される。

　このように4つのプロセスをとおして臨床面接法は展開されるが，介入を実施することでゴールになるわけではない。介入を実施したら情報収集のプロセスに戻る。臨床面接内での言語的情報や非言語的情報を収集する，あるいは，クライエントに問題や症状を実際に示している場面でのセルフモニタリングを促し情報を収集するなどして，介入が仮説どおりの効果を示しているかどうか確認していくことになる。うまくいっている場合は，当初の計画どおりに介入をそのまま継続することになり，十分な効果が示されたら，再発防止の取り組みを行ない終結となる。もし，うまくいっていない場合は，2つの可能性を考えなければならない。1つめは，介入が計画どおりに適用されていない可能性である。たとえば，セラピストがクライエントに介入の内容を十分に説明できておらず，クライエントがホームワークをうまく進められていない場合もある。その場合は，介入を適切に進めるために工夫する必要がある。2つめは，当初の情報収集が十分ではなく，見立てそのものが適切でない可能性である。臨床面接内でクライエントから問題や症状に関連する情報をすべて収集することは現実的には難しく，重要な情報がもれている場合も少なくない。また，臨床面

接が展開する中で，クライエントの新たな気づきが生じ，新しい重要な情報が後から提供されることもある。その場合は，情報収集を丁寧に行ないながら，見立てと介入計画を修正していく必要がある。そして，修正された介入を実施し，情報収集を進めていき，介入の効果が示されるまでこれらのプロセスを繰り返すことになる。このような循環的なプロセスをとおして，臨床面接法は展開される。

2　臨床面接の構造

　前述したように，臨床面接法は心理的支援の中でも，クライエントが特定の問題や症状を実際に示している場面とは異なる場面で実施される方法である。多くの場合，問題や症状を示している場面とは，クライエントが普段生活をしている日常場面であり，支援が行なわれるのは面接場面となる。面接場面に関しては，一定の時間（60分など），一定の間隔（毎週や隔週，月1回など），特定の場所（部屋）や位置（席）といった，あらかじめ決められた枠組みの中で臨床面接が展開されるのが一般的である（詳細は第14章を参照）。このような枠は，クライエント自身に安心を与え，セラピストとクライエントの関係性を安定させるために，臨床面接法において重視される（鑪・名島, 2000）。また，心理的支援としての臨床面接法を効果的に進めるために，面接場面と日常場面という2つの場面を構造的に理解しておくことも重要となる（Törneke, 2010 武藤・熊野監訳 2013）。ここでは，個人や集団を対象としたセラピーと関係者を対象としたコンサルテーションに分けて検討する。

(1) セラピーにおける構造

　セラピーとは，二次的支援や三次的支援が目的の臨床面接法である。セラピーにおいて，セラピストがクライエントに直接かかわれるのは面接場面のみとなる。実際の問題や症状が示される日常場面では，セラピストはクライエントにかかわることはできない。言うなれば，面接場面において，セラピストとクライエントは日常場面で示される問題や症状を二人で協力しながら整理し，理解し，対応策を検討し，そして，日常場面において，クライエントが自ら問題や症状になんらかの影響を与えようと試みる，といった構造となる（図9-5）。

第9章　臨床面接法の総説　　117

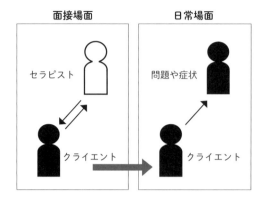

図 9-5　セラピーにおける 2 つの場面と構造

このように，セラピーはセラピストとクライエントの面接場面での協働作業となるため，良好な同盟関係を構築することが重要である。また，日常場面においてクライエント自身が変化を試みるためには，セラピストが直接かかわれる面接場面においてクライエントの動機づけをいかに高めるかが重要となる（詳細は第 18 章を参照）。一方で，面接場面と日常場面は異なるものの，そこには共通する点もある。たとえば，クライエントの問題が日常場面において不安定な対人関係（依存や攻撃など）を示すというものである場合，その問題は面接場面においてセラピストとの関係においても姿を現わす可能性がある。あるいは，日常場面においてクライエントは過度な不安や心配に苛まれやすいのであれば，面接場面においてもセラピストの目の前で不安や心配に巻き込まれる可能性がある。これらの事態は，セラピーにおける同盟関係や協働作業を脅かすリスクになるものの，クライエントの抱える問題や症状にセラピストが直接かかわるチャンスでもある。セラピーではこうした 2 つの場面を構造的に理解したうえで，セラピストが直接かかわれる面接場面で具体的にどのようにかかわるかが重要となる。なお，集団を対象としたグループセラピーの場合，面接場面におけるグループ内のダイナミクスという視点が加味されることになる（詳細は第 15 章を参照）。

(2) コンサルテーションにおける構造

　心理的支援における**コンサルテーション**とは，心理職としてのコンサルタントが，問題や症状を抱えるクライエントの関係者（保護者や教師など）をコンサルティとして，両者の協働作業としてクライエントの問題や症状を支援する臨床面接法である。面接場面において，コンサルタントはコンサルティからの情報をもとに，クライエントの問題や症状に対する心理学的な見立てを行ない，コンサルティがクライエントにどのようにはたらきかけるかの介入計画を立案し，介入を実行できるようにコンサルティに支援する。日常場面において，コンサルティがクライエントに直接的な介入を行なうことになるため，コンサルタントからすると間接的介入といえる（図9-6）。コンサルテーションにおいても，コンサルタントとコンサルティの協働作業が大切となるため，両者の同盟関係の構築は重要となる。また，日常場面においてコンサルティが直接介入を行なうため，面接場面では提案する介入をコンサルティが受け入れやすいか，実行しやすいかといった配慮をコンサルタントはしなければならない（加藤・大石，2004）。

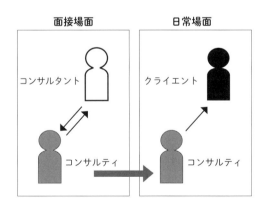

図9-6　コンサルテーションにおける2つの場面と構造

3節　臨床面接法を支える理論

　臨床面接法では，セラピストとクライエント（あるいは，コンサルタントとコンサルティ）の協働作業が基本となるため，良好な同盟関係の構築は必要不可欠となる。そのためには，セラピストはクライエントを一人の人間として尊重し，積極的な関心を示しながら，共感的に理解するよう，クライエントの語りを傾聴していく態度が必要となる。また，クライエントの語りを最大限引き出すためにも，セラピスト

セラピストとクライエントの良好な同盟関係は臨床面接には必要不可欠

は適切な質問や問いかけを行なう必要がある。このような臨床面接法における基礎技術は，あらゆるセラピーやコンサルテーションの基本となる（詳細は第10章を参照）。

　一方で，臨床面接のプロセスにおいて，特に見立てや介入計画の立案では，理論的に妥当なものでなければ効果的な支援には結びつかない。そして，このような臨床面接法を支える理論は数多くあり，共通する点もあるが異なる点も多いのが実際である。たとえば，代表的な理論として，精神分析療法や分析心理学などを支える精神力動論，行動療法や認知行動療法などを支える認知・行動論，クライエント中心療法などを支える人間性心理学などがあげられる。このような臨床心理学のすべての理論に精通することは困難であるが，臨床面接法のスキルとテクニックを身につけ実践を有意なものにするために，日々自己研鑽に励む態度が必要となる。また，心理的支援を行なううえでは，臨床心理学以外の心理学の知見，さらには心理学以外の近接領域も含めた学際的な視点も重要となる。

第 10 章
Chapter 10

臨床面接法の基礎技術

　心理学の応用分野としての臨床心理学には，精神分析学的アプローチ，認知・行動論的アプローチ，来談者中心療法的アプローチをはじめとしたさまざまなアプローチ方法がある。本章では，それらのいずれのアプローチ方法で臨床心理学的な介入を行なう場合でも，共通して修得しておくことが必要な面接の基礎技術について解説する。
　本章では臨床心理学的な介入を目的とした面接を想定して解説しているが，第 3 章・第 4 章にも共通した内容が含まれていることに注目していただきたい。本章で扱われる臨床面接法の基礎技術は，臨床場面はもとより，さまざまな場面において重要かつ応用可能な基礎技術なのである。

1 節　臨床面接における基礎的な構え

　まず，各技法の解説に入る前に，臨床面接において必要な基礎的な構えについて述べる。臨床面接は，カウンセラーがクライエントを正しく理解し，対話をとおして自己理解を深め自ら問題解決に向かうよう促していく過程ともいえる。至極当然のことではあるが，あえてその大前提を下記に示す。

1 あくまでクライエントが主役であること

　クライエントの自己成長を促すうえでは，カウンセラーは自己の価値観・人生観をいったん横に置き，共感的に話を聴いていく必要がある。カウンセラーの価値観を強く表明してしまうと，クライエントがありのままの自分を表現できなくなる危険性が高まる。もちろん一個人としては自己の価値観を捨てる必要はないが，カウンセラーというプロフェッショナルとしての役割を果たす場においては，面接の場に自己の価値観をもち込むことは控えなければならない。まして，カウンセラーが自己の価値観や自尊心を守るために面接の場を利用してはならない。面接の場は，あくまでクライエントが主役なのである。

2 面接の枠組みを説明し厳守する

　面接時間は通常1セッション45分〜1時間で設定されることが多い。セッション開始時に，カウンセラーとクライエントの間で治療（面接）契約の一環として，面接の時間的枠組みについての合意を得ることは重要である。そのセッションでどのように面接を進めていくか，さらなるセッションが必要な場合にはどのように次のアポイントをとることができるかなども含まれる。多弁なクライエント等では，話し足りなかったと延長を希望することがあるが，長時間の面接はクライエントの疲労増大にもつながるため，緊急事態などで両者が合意した場合を除いて1セッションの時間は厳守する必要がある。アポイントの時間においてはそのクライエントのための時間が確保されているという前提において，その日の限られた時間に何を話し，どのような対話ができれば目的が達成されるのか，クライエント自身が主体的に考えられるようになる。

　このような時間的枠組みのほかにも，カウンセラーの守秘義務および例外事項，カウンセラーにできること・できないことをクライエントに説明し，理解してもらうことが重要である。これらはカウンセラーがどのような機関（医療，教育，福祉，その他）のどのような立場（常勤，非常勤，その他の職位）のカウンセラーかによっても異なるだろう。臨床面接における一般的な留意点については，楡木（2004）もあわせて参照されたい。

2節　臨床面接を構成する5段階構造

　臨床面接の技術を段階的に習得していくためのプロセスは、アイビイ（Ivey, A. E.）による**マイクロカウンセリング（micro counseling）**に整理されている（アイビイ　福原・椙山・國分・楡木訳編 1985；福原・アイビイ・アイビイ，2004）。この中でまとめられている、臨床面接を適切に構成するための5段階構造を表わしたものが図10-1である。アイビイらはこれを「意思決定の輪」とも呼んでいる。

　面接の基本的構造として、クライエントとカウンセラーのラポール構築からセッションがスタートする。クライエントが安心して話せる相手としてカウンセラーのことを信頼できなければ、その後の面接も円滑には進まない。あいさつ・自己紹介に始まり、前節で述べられているような面接におけるさまざまな枠組みについて、クライエントとカウンセラーの間で共通認識をもつようにする。

　その後、クライエントがそれまでにどのような状況に身を置き、何が問題なのか、心配していることは何かなどの情報を収集していく。そのうえで、クライエントはどうなることを望んでいるのかをカウンセラーとクライントで目標

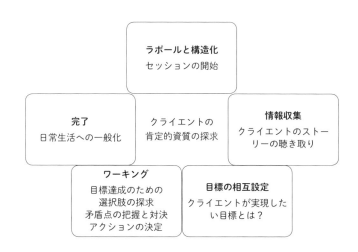

図10-1　臨床面接の5段階構造（福原・アイビイ・アイビイ，2004より作成）

を確認し設定する。どのような状態になればクライエントにとって問題解決できたといえるのか，理想としている自分の姿などである。さらに，何か矛盾は存在しないかということを確認しながら，目標を達成するための選択肢を探求し，クライエントが選択できるようにしていく。実際の場面をイメージしたりロールプレイを行なったりしながら，選び取った選択肢を日常生活の中で実践できるようにし，日常生活にクライエントを送り出すこととなる。

　アイビイらの考え方においては，これらの5段階の核として，クライエントの肯定的資質の探求が位置づけられていることも重要な点である。クライエント自身がもっている強みは，臨床面接の5段階それぞれに活かしていくことができる。

3 節　臨床面接におけるかかわり行動とかかわり技法

　前節で述べられた面接の構造化を可能とする具体的な技法にはさまざまなものが存在する。アイビイらはそれらを階層化しており，時を経てこの階層の改訂を行なっているが（図4-4を参照），かかわり行動およびかかわり技法がすべての基礎をなすという点では一貫している。本節ではこれらの技法を中心に解説する。技法の一覧は表10-1に示している。

1　かかわり行動

　かかわり行動（attending behavior） とは，クライエントが話すのを促すためのカウンセラーの行動である。これには，カウンセラーがクライエントの話に関心を寄せて示す，視線，声の質，言語による追跡，ジェスチャーなどが含まれる。カウンセラーが適切なかかわり行動をとると，クライエントはカウンセラーに聴いてもらえているという感覚や，カウンセラーは自分のことを理解しようとしてくれているという感覚をもつことができ，自分らしく表現することができる。

表 10-1　臨床面接におけるかかわり行動・かかわり技法

技　法	技法の下位分類		留意点・具体例
かかわり行動	視線		文化的に適切な視線の合わせ方をする
	声の質		クライエントと声のトーンやスピードを合わせる
	言語的追跡		クライエントの話から話題を変えない
	ジェスチャー		・クライエントのほうに体を向ける ・動きや調子をクライエントに合わせる ・やや前屈みの姿勢 ・クライエントの発話を促す表情・ジェスチャー
かかわり技法	観察技法		・クライエントはどのような表現をする傾向にあるか 　(視覚・聴覚・触覚) ・クライエントの言語的・非言語的表現に矛盾はないか ・カウンセラーの発言がクライエントの行動にどのような影響を与えているか
	質問技法	開かれた質問	・「何を～?」「何について～?」 ・「どのように～?」 ・「なぜ～?」
		閉じられた質問	・「～ですか?」 ・「～をすることで～だったのですか?」 ・「その理由は～だからですか?」
	表現を励ます技法	はげまし	「そして?」「あなたはそこで困ってしまったと」
	内容をまとめて明確にする技法	いいかえ	クライエントの表現を別の言葉で言い換える
		要約	クライエントの一連の話の要点をまとめる
	感情面を明確にする技法	感情の反映	クライエントの表現から,クライエントがどのように感じていたかに焦点を当ててフィードバックをする

(1) 視線

　クライエントの文化的背景（人種，出身地，性別，年齢など）を考慮したうえでの適切な視線の合わせ方が必要である。視線を合わせることが相手に対する関心を意味する文化圏もあれば，敵意と受け取られる文化圏もある。日本において日本人のクライエントに面接を行なうぶんにはあまり意識されないことかもしれないが，留学生や外国人労働者の増加により，クライエントの多様化が今後一層進むと考えられるため留意が必要である。また，クライエントによっては，カウンセラーから視線を合わせる頻度が多いと緊張が増す場合も考えられる。クライエントにとって心地良い視線の合わせ方を，面接の初期の段階で見極めておく必要がある。

第 10 章　臨床面接法の基礎技術　　**125**

(2) 声の質

声の質には，声の高さ（トーン）や話すスピードなどが含まれる。たとえば，気分が落ち込んで来談し，ひとことひとことを発するのに時間がかかるクライエントに対して，高いトーンで早口で語りかけたらどうなるかを想像してみよう。逆もまた然りである。声の質をクライエントに合わせることも，クライエントらしい自己表現を促すことになる。また，一つの面接の中においても，カウンセラーが声の高さや話すスピードを変化させることで，クライエントへの関心を表現することも可能である。たとえば自己の肯定的側面になかなか気づけないクライエントが，やっとの思いでそれを表現できたとき，カウンセラーは通常よりもやや高めのスピードが速い声で，「気づけていますね！」とフィードバックするかもしれない。このときクライエントは，カウンセラーが肯定的側面を見つけられた自分に強く関心を寄せ，ともに喜んでくれていることを感じ取るだろう。

(3) 言語的追跡

言語的追跡とは，クライエントが語る話題に沿って話を聴き，カウンセラー側でむやみに話題を変えないということである。クライエントは何か話したいことがあって面接室に来室する。カウンセラーが話題を変えてしまうと，自分の話にカウンセラーは関心をもっていないとクライエントは感じてしまうだろう。

(4) ジェスチャー

カウンセラーは基本的にはクライエントのほうに体を向け，少し前かがみの姿勢をとる。視線の合わせ方における文化の影響については先述のとおりだが，ジェスチャーも文化による影響を大きく受けるので留意する必要がある。手ぶりや表情などを通じても，「私はあなたの話に関心を寄せています」「どうぞ続けてお話しください」というメッセージを伝えることができる。

2　かかわり技法

かかわり技法（attending skills）とは，クライエントを観察し，質問し，

クライエントの話を促し整理していく一連の技法を指す。前項のかかわり行動の修得をベースとし，初学者が臨床現場に出るまでにまずマスターすべきものがかかわり技法である。ケースにもよるが，ここまでの技法を使いこなすことで，面接の5段階（図10-1）を構成することが可能な場合がある。

(1) 観察技法

臨床面接の中でカウンセラーは，クライエントがどのような言葉の使い方をしているか，繰り返し登場するキーワードがあるか，カウンセラーからの問いかけにどのように反応を示すかなどを，観察によって把握していくことが**観察技法**（client observation）である。言葉の使い方については，視覚・聴覚・触覚のいずれの感覚に基づく表現が多いかを観察することも重要である。「〜のように見える」「〜のように聞こえる」「〜のように感じる」など，クライエントによって表現のパターンは異なるため，カウンセラーもクライエントの感覚と言葉使いに合わせて言葉を選んでいくとよい。

また，言葉で表現していることと，表情に現われていることに矛盾が生じていることもある。エクマンらの顔研究に示されているように（Ekman & Friesen, 1975 工藤訳編 1987），表情が現われるスピード，タイミング，微笑の有無などによって，クライエントが素直に自己表現できているのか，何かを隠そうとしているのかを推察することができる。観察技法は，クライエントをよりよく理解するためのアセスメントでもあり，臨床面接をよりスムーズに進めていくために必要な面接技法でもある。

(2) 質問技法

臨床面接においてカウンセラーはクライエントに対して多くの質問を投げかけ，クライエントについて理解するとともにクライエントの自己理解を促進していくのが**質問技法**（questioning）である。たとえば，「チョコレートは好きですか？」という質問について考えてみよう。これは「はい（好きです）」もしくは「いいえ（好きではありません）」という「はい」「いいえ」で回答可能な質問である。このような質問は，回答の焦点が絞られているという点で，**閉じられた質問**（closed-ended question）と呼ばれている。

一方,「どんな食べ物が好きですか？」という質問は,「どちらかというと甘い物は苦手で……辛党ですね。おかずでいうなら魚をシンプルに塩で焼いたものとか, おやつでいうなら堅焼きの醬油せんべいとか好きですね」というように, 話し手は自由に回答することができる。このような質問は**開かれた質問 (open-ended question)** と呼ばれている。「何を……？（What）」「どのように……？（How）」「どうして……？（Why）」というように, 回答の方向性を話し手が決められる質問方法である。

「開かれた質問」と「閉じられた質問」の各々の利点を知り, 使い分ける

臨床面接においても,「本日は何についてお話をしましょうか？」と問いかければ, クライエントはその日カウンセラーに話したいと思っていたことから対話を始めることができる。一方で「本日は前回のお話をしますか？」と問いかけると,「はい, そうですね」と実際前回の続きの話から始まる場合もあるが,「いいえ, 今日は先に話しておきたいことがあって」と始まる可能性もある。

この2種類の質問方法は, どちらかが他方より優れているというものではなく, 状況に応じて使い分けることが重要である。たとえば話し手が自分の気持ちや意思を言語化することが苦手な場合や, 言語発達途上にある子どもの場合などでは, 閉じられた質問を多めに使用すると, クライエントは回答しやすいことが多い。また,「たとえばA, B, C, とあるとしたら, あなたの気持ちに近いものはどれですか？ 近いものはありそうですか？」というようにすると, 質問自体は閉じられたものであっても, 話し手に回答の自由を与えることが可能となる。

(3) 表現を励ます技法：はげまし

クライエントの自己表現を促す**はげまし (encourage)** とは, たとえばクライエントの話が少し止まり, 次の発言にためらっているようなときに「そして？」と投げかける, あるいは「私はそのときなんだか困ってしまったんです！」

と語るクライエントに,「そのときあなたは困ってしまったと」と発言内容を繰り返すことなどである。これらの表現によって,「どうぞ続きをお話しください」というメッセージをクライエントに送ることになる。クライエントの発言内容をそのまま繰り返すこと（オウム返し）もこれに含まれる。

(4) 内容をまとめて明確にする技法：いいかえ・要約

　クライエントはしばしば,自分の考えや感情のまとまりのなさに戸惑いながら話すことがある。こういった状況の中でクライエントの話した内容をまとめて明確にすることで,自己理解を促していくための技法が**いいかえ**（paraphrase）や**要約**（summarization）である。

　いいかえとは,クライエントの表現を別の言葉で言い換えて表現し直すことである。多くの場合,クライエントが発言したことの中核的要素を,短めの言葉で表現し直す。たとえば,「授業の課題もバイトも妹の世話もあって時間がなくて……」というクライエントに,「同時にやらなければならないことがたくさんあって,時間的にも余裕がないようですね」と返すことがこれにあたる。

　他方の要約とは,ある程度クライエントが語った後で,事の経緯やクライエントの感情の変化などを端的にまとめていくことである。「当初はあれもこれも挑戦してみたかったので始めてみた。でもいざ始めてみたら,なんだか詰め込みすぎて苦しさを感じている自分がいる」というようにである。多弁なクライエントが一方的に話し続ける場合などにも,カウンセラーが要約することで話の拡散やクライエントの必要以上の疲労を防ぐことができる。

　いいかえや要約は,クライエントとカウンセラーとの間で,話の主題を確認し合う技法でもある。カウンセラーからの「〜ということで理解していますが,合っていますか？　違っていれば教えてくださいね」というメッセージが含まれている。いいかえや要約がクライエントの考えや感情にマッチしていると,「そうそう,そうなんです！」というような反応が返ってくるだろう。逆に,「というよりは,〜の部分が実は気になっていて……」というような反応があった場合には,クライエントに対する理解のうち,ずれていた部分が明確となり軌道修正が可能となる。ある程度対話が進んだ後は,定期的にいいかえや要約を入れることで,誤解なくクライエントの話を聴いていくことができる。

(5) 感情を明確にする技法：感情の反映

感情の反映（reflection of feeling）は，臨床面接の基礎技法の中でも特に訓練が必要な技法である。たとえばある学生が，「友人から『お前は話しやすいやつだな』と言われたんです。嬉しいことは嬉しかったんですが，あいつの話をずっと聞いているのも正直しんどいんですけどね……」と語ったとする。このようなとき，「話しやすい人だと言われて喜びを感じる一方で，聞き役ばかりというのもあなたとしてはなんともやりきれない気持ちでいるようですね」というようなフィードバックである。クライエントは自分の感情を再確認したうえで，「そうなんですよ，たまにはぼくの話も聞いてほしいんですけどね，それで……」などと続けていくことができるだろう。

感情の反映をスムーズに行なうために，カウンセラーは日頃から感情を表現するための語彙を数多く身につけておく必要がある。たとえば「天にも昇るような気持ち」「堪忍袋の緒が切れて」などという表現もあるだろう。同じ感情でも，クライエントが感じている感情の強さを考慮して言葉を選ぶとよい（たとえば「イライラ」から「激怒」まで）。また，「なんともやりきれないですね」「もどかしいですね」など，複数の感情が入り交じった状態を表わす表現方法も探索し，カウンセラー自身の言葉のレパートリーとしてストックしておくとよいだろう。

4節 臨床面接におけるその他の発展的技法

ここまで臨床面接の基礎技法について解説してきたが，実際の臨床場面ではクライエントの自己理解や問題解決を促すための発展的な技法が合わせて用いられる。アイビイらによるマイクロカウンセリング技法において，さらに上位に位置づけられている技法としては，積極技法（influencing skills），対決技法（confrontation），焦点の当て方技法（focusing），意味の反映技法（reflection of meaning）などがある。

積極技法には，指示技法，情報提供・助言，自己開示技法，論理的帰結，解釈技法，フィードバック技法がある。積極技法は，クライエントの思考や行動

130 第3部 臨床面接法

に直接的に影響を及ぼすものである。たとえば，クライエント単独では思いつかなかったような代替行動の選択肢を提示する機能がある。

　対決技法ではクライエントの中にある矛盾を見つけだし，矛盾が存在することをクライエントに伝える。たとえば，「先ほどあなたは～とお話しされていましたが，一方で～ともおっしゃっています。この点，あなたとしてはいかがですか？」というようにである。カウンセラーはクライエントに共感しつつ，クライエントの中にある矛盾とともに向き合い解決の糸口を探していくこととなる。

　焦点の当て方技法とは，さまざまな視点からクライエントのストーリーを探索することである。たとえば，クライエントが特定の視点で自分の問題・課題について語っているとき，「その点について，あなたの家族はどのようにおっしゃっていますか？」「今，妻としてのご自分の役割についてお話しくださいましたが，母としてのあなたについてはいかがですか？」などと問いかけ，クライエント自身が問題解決の鍵に気づくように促す。

　意味の反映技法とは，クライエントの価値観，大切にしている点，どのような意味をもつのかについて確認していく技法である。「あなたにとって今回の出来事は人生最大の岐路だったように私には伝わってきたのですが，ご自身ではいかがですか？」などである。

　最終的にはこれまで述べてきた複数の技法が連鎖・統合していきながら，クライエントの特性や状況に応じて用いられていくことになる。カウンセラーは初学者のみならず熟練者も，自身の技法の修得レベルを認識し研鑽を続けながら臨床面接に臨む必要がある。

第11章
Chapter 11

インテーク面接

インテーク面接は「クライエントに対して行なわれる最初の面接であり、クライエントはどのような問題を抱えているのかを把握し、それに対してどのような援助が最適であるかを判断するために行われる面接」(西田, 2004) と定義される。クライエントとの治療契約後に行なわれる支援介入に比較して、インテーク面接はアセスメントやケースフォーミュレーションを行なうための情報収集に重点が置かれるという特徴をもつ。インテーク面接は初回の面接を指すことが多いが、初回を含めた数回の面接をインテークセッションとよぶ場合もある。以下、本章ではインテーク面接を治療契約に向けて行なわれる受理面接として話を進めていく。

1節 インテーク面接について

インテーク面接は、臨床過程の前提として位置づけられている。つまり、クライエントの依頼を確認したうえで、面接を引き受けることは妥当か、引き受けるとしたらどのような支援を提供することができるかなどを判断することが求められる。

1 インテーク面接の目的

インテーク面接には2つの目的がある。一つはクライエントの問題を把握し支援を計画するために必要な情報を収集することである。クライエントは問題について自身では対応できなくなって相談しに来るものである。インテーク面接では，クライエントからさまざまな情報を引き出すことにより，クライエントに提供できる支援は何であるかを検証していく。もう一つの目的は，クライエントに相談することのメリットを感じてもらうことである。メリットを感じるといっても，インテーク面接で問題解決を目指すというわけではない。クライエントが面接でリラックスできたり，これからの面接への希望を見いだせることも面接を受けることのメリットとなる。

インテーク面接では，自己紹介から始まり，本人や関係者との信頼関係を形成すること，見立て・介入に必要な情報を収集すること，収集した情報をクライエントにフィードバックしたうえで，さらにフィードバックを返してもらうことなどが行なわれる。

2 インテーク面接における留意点

(1) 面接を始める前に

ここからは，具体的にインテーク面接を行なう際の手続きや注意事項について確認していきたい。多くの場合，インテーク面接はクライエントと初めて会う機会となる。特に初めて臨床面接を受けるクライエントにとっては，インテーカーが初めて出会う心理療法の専門家となる。インテーカーにとって自身がどのように見られるかを意識することは重要である。

(2) 面接における会話の仕方について

面接を行なうにあたってどのようにコミュニケーションをとるかについての詳細は他章に譲るとして，ここではインテーク面接で留意すべき点として会話の仕方に言及する。クライエントに対して，どのような口調で会話をするのか，相手の呼称はどうするのか，など初回の面接では会話の進め方に意識を向けることが大切である。敬語で話をすることは，クライエントへの敬意を感じさせる効果があると考えられる一方で，クライエントとインテーカーの間に一定の

緊張感をもたらすこともありえる。逆にくだけた話し言葉で会話をすることは，クライエントをリラックスさせ，関係をよくしたり，自己開示を促すような効果があるかもしれない。しかし，クライエントに対する敬意が欠けているように感じられてしまう可能性がある。初めて相対した人間に対して詳細に問題を語ることに不安感や抵抗感をもつことはなんら不思議なことではない。そうした状況においてインテーカーは面接をとおして本人や関係者からの情報収集を進めることになる。不安感・抵抗感を低減し正確な情報を得るためにも，クライエントが抱える感情や葛藤などを心にとどめつつ，クライエントに敬意をもって話を聞くことが重要になる。

　また，クライエントが臨床面接について抱いているイメージはさまざまである。ある人は少し事情を話しただけで的確なアドバイスが返ってくるように考えているかもしれないし，ある人はひたすら自分の話を聞いてもらうことをイメージしているかもしれない。もちろん，臨床面接がどういうものか想像すらしてない人もいる。インテーク面接は流派を超えてある程度の共通性を有している。インテーカーはクライエントが積極的に語れるような環境を整えつつも，クライエントの語りから問題を絞り込んでいくことが求められる。その際には「開かれた質問」と「閉じられた質問」（第3，4，10章等を参照）をバランスよく使いながら，面接を導いていくことになる。インテーク面接に限らず臨床面接においてクライエントが自発的に語ることの重要性については論を待たないが，クライエントが面接に積極的に関与してもらうような構造をつくり出すために，まずはクライエント自身が自由に語ることができる環境をつくる必要がある。そのためにも，インテーカーはクライエントへの質問を「開かれた質問」で行なうことを心がける。インテーカーはできるだけクライエントが自由に回答できるような質問を行ない，クライエントから出た答えに言語的・非言語的メッセージによって促しやフィードバックを与えていく。その際，クライエントの考えや意見に対してできるだけ批判的な回答や評価は控え，そういった考えや判断にいたった背景を丁寧に聞き出していくことが効果的である。ただし，いつでも「開かれた質問」をしていけばよいというわけではない。クライエントが話題について方向性がわからなくなってしまいインテーカーによる軌道修正が必要な場合や，話題についてしっかりと確認をしておきたいときには「閉じら

れた質問」を使ってクライエントからの回答を得ることも必要となってくる。

2 節　インテーク面接の実際

1　インテーク面接前に手に入る情報

(1)　相談票，問診票

　来談した時点で，機械的に施設や組織などが作成した相談票や問診票に事前に記入を求めることが多い。事前に記入された相談票からは，記入された文字情報だけでなく，誰が記入したか，どのような字で書かれているか，などの情報を得ることができる。記入された文字情報は面接を行なう際に会話のきっかけとなったり，方向性を定めることなどに役立つ。忘れてはならないことは，書かれたものが問題のすべてではなく，質問票に書く内容を選ぶまでにクライエントが行なっている判断があるということだ。また先にも触れたことだが，関係者が記入している場合には，本人が問題を認識していないことや，拒否的・懐疑的な態度である可能性について考えておく必要がある。

(2)　待合室でのようす

　待合室でのようすは重要な情報となる。可能ならば治療者が待合室まで行き，ようすを観察しながら声をかけ本人を面接室に迎え入れるのが望ましい。待合室でのようす（穏やかに座っている，いらいらしたようすである，横になっているなど），付き添い者との距離（並んで待っているか，離れて座って待っているかなど），面接室に入る際のようす（どのようなようすで入室してきたか，誰が最初に入ってきたか）なども観察をしておくことを心がけておくとよい。インテーク面接には，クライエントの家族など，関係者が付き添ってくることがしばしばある。特に，小児や思春期・青年期のクライエントの場合は必ずといっていいほど関係者が付き添ってくる。付き添いがいる場面でインテーク面接を行なう際に，関係者を同席させるかどうかについては慎重に判断する。関係者は本人からは得られない情報を提供してくれる一方で，関係者の存在によってクライエントが発言を制限することも考えられる。以上のように

面接場面に関係者が同席することには
メリットもデメリットも存在する。関
係者が同席することのメリットを大き
くし，デメリットを小さくしていくた
めには，クライエントと関係者の関係
性や，家族力動などを正確にアセスメ
ントし，状況に応じた配慮を行なうこ
とが必要である。このために本人の来
談主訴や問診票に記入をしたのは誰で
あったのか，待合室でのクライエント
と関係者のようすがどうであったかな

面接に保護者などの関係者が同席することにはメリットとデメリットがある

どをよく観察することは，判断の際の重要な情報となる。施設によっては，並行して面接を行なうことができる場合もある。筆者は，最初にクライエントを面接室に案内したときについて来られた方については一度面接室に入室していただき，セラピストが自己紹介をした後にお名前と関係を名乗っていただくようにしている。そのうえでクライエント本人に対して関係者の同席を許可するかどうかを尋ねるようにしている。

2 インテーク面接のはじまり
(1) 話を聞く相手は誰か

　先にも述べたが，クライエントを迎え入れるときに，関係者が一緒に面接室に入ってくる場合がある。この場合，クライエントに関係者同席で話を聞いてよいのか，それとも本人だけで話を聞いたほうがよいかについて必ず確認する。これはこの後に述べる守秘義務ともかかわってくるからである。クライエントが関係者も同席でよいという場合には，同席で面接を進めることになるが，その場合でもできるだけ意識して患者の話を中心に聞くようにする。関係者が積極的に話をしてくる場合には，折に触れてクライエントに確認を求めてもよいであろう。中には同伴している家族に気を遣って「同席でいい」と答えている場合もあるので，話題によって本人だけに聞いたほうがよいと判断される場合などは一度関係者に退席してもらうこともある。たとえば，「抑うつ状態」と

いう主訴で来談された 30 代の男性は，ギャンブルでつくった借金があること
を家族の前ではインテーカーに伝えることができなかった。また，夫との関係
で来談された 20 代女性は付き添ってきた母親が退室した後に，結婚しても過
干渉な母親の存在が夫との関係悪化につながっていることを告白した。このよ
うに，クライエントが関係者の前では明かせない話題があることもあるし，面
接が進んでいく中でクライエント本人にだけ確認をとったほうがよいような内
容が出てくることもある。そのような場合には，関係者には一時退席をしても
らいクライエントとだけの面接時間をとるようにする。特にクライエントが
はっきりと「関係者のいないところで話をしたい」と意思表示をするようであ
れば，それに従い，関係者には「クライエントと話が終わった後で必要なこと
を説明する」ということを伝えたうえで，いったん退室してもらうのがよいで
あろう。もちろん，関係者に情報を伝える場合には，何を伝えるかについてク
ライエントとの間で明確にすることが重要である。

　しばしば家族など関係者が面接の前に「先に話をしたい」と希望することが
ある。本人が来談している場合には本人に関係者の希望を伝えたうえで，同席
を許可するかどうかを決めてもらうのがよいであろう。本人が同席を拒否する
のであれば，基本的には同席で行なわないようにし，後から関係者の話を聞く
ようにするのがよい。人員が割けるのならば並行面接が行なわれることもある。
その場合には初めに全員の前で担当者が自己紹介を行ない，並行面接を行なう
旨を伝える。インテーカーは自身の担当するクライエントが誰であるかをはっ
きりとさせることが大切である。症状を呈している者がいつもクライエントと
いうわけではない。関係者が本人とのかかわりに問題を感じている場合には，
その関係者自身がクライエントとなることもありえるし，家族やグループがひ
とまとまりでクライエントとなる場合もある。インテーカーが自身の判断でク
ライエントを決めてしまうのではなく，状況を確認しながら援助を求めている
対象を明確にしていくのがよいであろう。

(2) 秘密の厳守について話し合う

　クライエントが安心して話をするためにも**守秘義務**について最初の段階で
言及することは大切なことである。臨床面接では非常に個人的な情報について

話し合われることになる。その情報がどう扱われるかについて不安をもつのは当然である。クライエントは秘密が守られることは保証されてはじめて問題について正確に話をすることができるようになる。専門家として，倫理規定においても法律の面からも守秘義務の順守が求められていることを面接の初期に伝えておくようにする。

　一方で守秘義務が解除される場合があることについても言及しておく。守秘義務が解除される状況としては主に以下の4つが考えられる。①本人に自殺，自傷についての重大な懸念が認められる場合，②本人と関係者がある他者に危害が加えられる可能性が高いと判断されるような情報が得られた場合，③虐待に関する情報を得た場合（虐待には通告義務がある），④裁判所からの情報提供の命令が発された場合。これらの場合には守秘義務が解除されることについてあらかじめクライエントに提示しておく。また，学生や初学者を中心に，スーパービジョンのために情報を利用することがあるだろう。この場合もあらかじめ本人や関係者（本人が未成年の場合には保護者が代諾者となる）にその旨を伝えて承諾を求めておいたほうがよい。

(3) 協働作業関係をつくる

　インテーク面接で最も大切なことは，クライエントまたはその関係者が安心して面接に向き合えるような環境をつくることである。多くの場合，面接を始めるにあたって相談者や関係者は面接に期待と不安を抱き緊張している。この緊張を和らげ，面接に希望を見いだしてもらうことが重要である。たとえば関係者が「先に話をしたい」と希望するのにこたえて，本人より先に関係者から情報をとることは，本人を疑心暗鬼にさせることにつながるかもしれない。インテーカーの判断の一つひとつがクライエントの面接への積極的関与に影響を与えることは常に意識をしておきたい。ひるがえって，面接初期の段階でクライエントとの間に確かな信頼関係をつくることができれば，関係者に対する情報収集のための質問への抵抗感も下がるであろうし，クライエントがこれまで言えなかった内容についても開示してくれることにつながるかもしれない。相談の主体が誰であるかを忘れず，誰と協働関係を築くことを目標とするのかを面接に関与するすべての関係者に理解してもらえるように進める必要がある。

クライエントとの協働関係を築くためにロジャースのカウンセリングの3原則を意識することは大切である。3原則を意識した実践を行なうためには，クライエントの「感情」に焦点を当てることを意識するとよい。心理的問題を抱えて来談するクライエントは多くの場合感情的問題を抱えている。面接を行なっている中でも抑うつ，不安だけでなく，怒りや絶望感，不全感などさまざまな感情が出現してくる。インテーカーはクライエントの中に出現する感情を否定することなくそのまま認め，そのような感情が出現するにいたった本人の内的体験の言語化を促す。そこには本人の成育歴などが影響していることもあるだろう。本人が自身の感情を明示化できなかったり，感情に伴う内的体験を言語化できなかったりする場合には，「そのような状況では腹立たしい気持ちになると思います」などのように，本人が感じているであろう感情を推察し言及してみることもできる。感情は1つとは限らない。時には相反する感情が同時に出現していることもある（たとえば，他者への怒りと自分への自責感を同時に感じているなど）。そういったことが想定される場合には，本人が感じていると考えられる感情を複数あげ，複雑な感情を抱いてしまって混乱しているであろうことに言及する。

逆にクライエントの話した内容について，「良い」「悪い」などの評価や判断を行なうことは控えたい。たとえそういった評価がセラピストの価値に基づいた判断の一例であることを伝えていたとしても，クライエントにとってはそれが保証であるかのように聞こえたり，「断罪された」と感じて不満につながることもある。クライエントの話す内容や報告された感情が，自分の感情と違ったとしても，クライエントがそういった気持ちや考えをもつにいたったということを重要視し，常に共感的に接することが求められる。

(4) 主訴・来談理由を明らかにする

主訴とは，クライエントが述べる来談してきた理由のことである。主訴は問診票に書かれていたり，面接の初めに行なう「今日はどのようなこと（問題）で来談されたか，お話しいただけますか」などといったインテーカーの質問に対する答えから明らかになる。主訴は本人が感じている最も重要な問題であることが多いので丁寧に聞き取りつつ，「なぜその問題が困りごととなってい

るのか」について確認をしていくことに留意する。たとえば,「うつ病である」という訴えについても,うつ病がどのように生活上の問題につながっているのかについて聞き取る。ある程度クライエントに自由に話してもらいながら,インテーカーがクライエントの生活のようすをありありと想像できるようになることを目指して情報を収集していくことを意識する。当然のことであるが,面接において,インテーカーの中に生じる認知活動は情報収集に影響を与える。面接はクライエントによって語られる内容だけで構成されるのではなく,質問を行なうインテーカーにも影響されるものである。インテーカーが自身の経験や先入観にしばられず,クライエントの語る言葉をもって面接を進めていくことは面接の基本であるとともに常に意識すべきことであろう。

　先ほど述べたことと矛盾するように感じるかもしれないが,クライエントが初めに語った言葉が,支援を求めてきた真の理由を表わしているとは限らない。自身の真の来談理由を自覚していないクライエントもいるし,なんらかの理由からインテーカーに真の理由を伝えることを躊躇している場合もある。真の理由がすでに何かのかたちで明らかにされている(専門家からの情報提供書で書かれていたり,家族からの情報提供などがある)場合などはよいが,そのような情報が得られていない場合にはインテーカーがクライエントが表出していない真の理由を探っていくことになる。「体が痛むのだ」という訴えの背景に心理社会的要因が影響していることもあれば,「この先のことを考えると絶望的な気分になる」という訴えの背景に重度の身体疾患が関連していることもある。真の来談理由を明らかにしていくときには,先ほど述べたように「なぜその問題が困りごととなっているのか」をさらに尋ねていくことが有効である。また,最初の訴えについての聴取が一段落ついた後に,「他にも困っている問題はありませんか?」という質問をすることも,クライエントが最初に述べられなかった真の来談理由を話すことにつながる可能性を上げてくれる。しかし,インテーカーはクライエントが真の来談理由を出していないと感じたとしても,必要以上に話を掘り下げることは慎まなければならない。クライエントにはまだ語る準備ができていないのかもしれないし,そもそも「真の問題」というのはインテーカー側の勝手な想像かもしれない。前者であるならば,クライエントの準備が整ったり,インテーカーとのラポールができたと感じることで,その問題

140　第3部　臨床面接法

を表に出してきてくれることになるだろうし，後者であれば，いくらそれを探求したところで何も得られないであろう。いずれにせよ，主訴を確認する場合に，背景となる問題の存在を意識することは大切であるが，それを早急に明らかにすることは推奨されるものではない。まずは，クライエントが最初に語る問題に焦点を当て，その問題に向き合うことで，（あるのならば）真の問題は明らかになってくる。

　クライエント自身が「何も問題はない」「○○に連れてこられたのだ」と答えることもある。このような回答が出現する理由はさまざまであるが，「何も問題はないはずなのに，受診をすることになった」ということを主訴として取り上げたうえで，なぜこういった問題が起こったかについて確認をしていくことができる。当人に自由に訴えてもらいながら，当人の問題への洞察，知能，問題解決の方法などがアセスメントできる。インテーク面接だけでなく，心理的支援全体を通じてクライエントの抵抗はしばしば見られる。こういったクライエントの抵抗にどのように対処するかについては専門書籍（たとえば，成田，2014）などを参照されたい。

3　インテーク面接の展開

(1) 問題の経緯について聴く

　主要な問題が明らかになった段階で問題の経緯について聴取する。インテーカーはクライエントが来談するにいたった問題をさらに詳細に聴取していくことになる。具体的には問題のようすと特徴，出現した時期と経過，対人関係との関連，身体機能，ストレス因，現在この問題に対して他にどのような支援を受けているか，特に医療機関を受診しているとしたらその経過や印象，これまでの相談歴の有無とその経験をどのように感じたかなどについての聴取を行ない，得られた情報を整理していく。

　導入として，現在の症状・問題に焦点を当てることから始めることを推奨する。多くの場合，クライエントはまさにそれの解消・解決を目的に来談したと思っているし，その体験は本人にとって非常に鮮明・リアルであり，取り組みへの動機も高い。もちろん，インテーカーはクライエントの訴えの中から具体的に症状を確認することが必要になる。そのためには，本書を含め，病気や症

第 II 章　インテーク面接　　141

状について取り上げている教科書などに目を通しておくことを推奨する。医学領域では、メンタルヘルスの問題を考える際に DSM や ICD などの診断基準を参考にすることが多い。DSM や ICD などの診断基準はメンタルヘルスの問題に対する共通理解を促してくれるが、そこに記述されている症状がどのようなものであるかを正確に理解しておく必要がある。**精神科診断面接（Structured Clinical Interview for DSM：SCID）** などの構造化面接法には「うつ」や「不安」などの精神症状についてクライエントにも理解できるように平易な言葉で記述されているので熟読しておくと役に立つだろう（SCID については第 2 章、精神科診断については第 12 章も参照）。また、語られる問題は精神症状ばかりとは限らない。クライエントの問題は社会的状況の影響を大きく受けることもある。そういった社会状況の変化も含めた時事問題について理解を深めておくことも重要である。

　クライエントが問題と考えている症状に焦点が当たったところで、それがいつ頃から出現したのか、どのように問題になっていったのかなど経過を確認していくようにする。特に同様の問題がこれまでも繰り返されて来たかどうかを確認することは重要である。以前問題があったとして、それが一度改善したことがあったとしたら、それがどのような経過で収まったかについて確認することをお勧めする。過去に効果的であった方法は現在の問題にも効果がある可能性があるし、すでにそれを行なってうまくいっていないのだとしたら、なぜそれが以前のように効果を発揮できないのかを検証することで以前の問題と現在の問題の違いを明らかにできるかもしれない。

　また、メンタルヘルスの問題は、しばしば広範囲にわたりクライエントの対人関係に影響を及ぼす。クライエントの症状・問題が日常生活や対人関係にどのような影響を及ぼしているかについて確認することは大切である。両親や兄弟との関係はどうか、婚姻関係や恋愛関係はあるのか、結婚や同棲などに問題はないかなどを確認する。また、同伴者がいる場合には、できればクライエントから同意を得た後に話を聞くようにする。同伴者から得られる情報は、クライエントの主観に影響されない貴重な情報である。また、クライエントが語った問題についての妥当性を確認するうえでも大切である。

(2) 成育歴について聞く

　心理的支援を行なうときに専門家が注意しなければならないのは，われわれは症状の低減や問題解決にのみ焦点を当てるのではなく，問題を抱えてしまったその人を支援することである。したがって，われわれはクライエントに問題が起きる前の状態と，問題が起きた後でどう変化していったかについて知る必要がある。成育歴を尋ねることはそのための重要な情報を提供してくれる。

　成育歴では，まずはじめに産まれたときの状況から，各発達段階における全般的な健康や環境的要因について聞き出す。教育歴，職歴，学校や職場などでの適応状況，病前性格，結婚歴，過去の診療歴，家族歴と遺伝的負因などを確認する。中でも家族歴の聴取において，近親者の自殺については注意が必要である。近親者の中に自殺者がいることは，クライエントの自殺のリスクとなることが明らかになっているからである。

　家族歴についての質問を行なうことはクライエントを戸惑わせ，不審感を抱かせることになる可能性もある。自身の問題と家族の問題の関連を感じていないクライエントにとっては，無用なプライバシーの詮索のようにとられてしまうことがあるからである。インテーカーの行なう質問がネガティブな刺激とならないように，「言いにくいこともあるかもしれませんが，教えていただくことがとても大切なのです」「これらの質問はすべての方にお願いしているものです」「情報は守られます」などの説明を加えることも効果的であろう。

(3) 現在の身体疾患について聴く

　インテーカーは安易に心理 – 社会的な要因のみでクライエントを理解しようとすることは慎むべきであろう。さまざまな身体疾患が精神症状を引き起こすことは DSM などでも取り上げられている。たとえば，慢性的な睡眠不足は抑うつ症状を誘発させることについてはよく知られているところである。甲状腺機能低下症やクッシング病などの内分泌疾患，糖尿病などの慢性疾患でも抑うつ症状や不安症状などの精神症状を呈することがある。女性の場合には，月経の問題はないかや貧血の有無などを確認することも大切である。

　身体疾患の治療薬が精神症状を引き起こすこともある。代表的なものにステロイドがあり，抑うつ気分や不安焦燥感が出現することが知られている。面接

に協力的なクライエントであっても，こういった身体的な問題について本人が最初から情報を提供してくれることは少ない。クライエント自身が身体疾患を訴えなかったとしても，スクリーニングの意味からも積極的にセラピスト側から現病歴とともに身体的な問題や現在の治療薬などについて確認をするのがよいであろう。

4　聞きにくいことについて確認する

(1)　希死念慮について確認する

　クライエントが自死について考えてしまうことは決して稀なことではない。インテーカーは，目の前のクライエントが自死してしまう可能性について頭の中に入れておく必要がある。クライエントが自ら**希死念慮**に言及することは少ない。しかし，インテーカーの問いかけに対して答えるかたちでならば，希死念慮について言及してくれることは比較的多い。その際インテーカーはあまり深刻な表情になりすぎないことが重要である。「死にたいと思う気持ち」が出現していることを受け止めたうえで，支援を表明したい旨を伝えていく。いくつかの研究からは，希死念慮は問題解決を望むクライエントの気持ちの表われであることが明らかになっている。すなわち，クライエントは現在抱えている問題が大きすぎると感じていたり，自分ではどうにもできないと考え未来に絶望していることから死にたいと考えているのである。クライエントが抱えている問題に対して希望を見いだせるのであれば，希死念慮は軽減する可能性がある。インテーカーはクライエントが希死念慮を訴えたときには，「クライエントは死ぬことで何を達成しようとしているのか」について推察しながら面接を進めていくとよいであろう。そうすることで，取り組むべき重要な問題を明らかにできるかもしれない。

　ただし，これらの情報については，必ず主治医に伝える必要がある。たとえ本人から「他の人には黙っていてほしい」と言われたとしてもそれにはこたえられないことを伝え関係者と情報を共有する必要がある（自殺リスクについては第 17 章を参照）。

(2) アルコールや禁止薬物の乱用に関する情報について

　希死念慮と同じく，アルコールや禁止薬物の乱用についてはインテーク面接で触れておいたほうがよいであろう。しかし，このような触法行為については，質問したところで正確に答えてくれるかどうかはわからない。アルコールや禁止薬物の乱用について質問する場合には，できるだけ具体的に質問をすることがよいようである。たとえば，「ビールを一日 1 杯以上飲みますか？」や「これまでマリファナや覚せい剤などを使用したことがありますか？」などといったようにより具体的に質問をしていく。アルコールのように違法性のないものであれば，「このようなケースはしばしばあるのですが…」と先にノーマライズしたうえで飲酒量を確認するようにすると，正確な数字を答えてくれる傾向が強くなる。

　一方，禁止薬物については使用が明らかになった場合には注意が必要である。たとえば，不眠を主訴に来談したクライエントがインテーク面接で確認したところ禁止薬物の利用者であった場合，守秘義務を超えて警察に通報することも検討されるであろう。医療機関の場合は，主治医に速やかに報告したうえで対応を考えることが望ましい。

5　面接の終了

　ある程度情報を得ることができ，時間が経過したところでインテーク面接は終了となる。一般的にはインテーク面接にかかる時間は 1 時間程度であることが多いが，90 分ほどかける場合もある。初回ですべての情報を確認することができるというわけではないので，クライエントの負担感にも配慮しつつ終了することとなる。アセスメントを 1 回ですべて終えなければならないわけではない。経過が長かったり，要因が複雑な場合などは 2 〜 3 回かけて整理することもある。

　インテーク面接が終わる際には，少し注意が必要である。できれば，ただクライエントから得られた情報をまとめるだけではなく，協働して行なった作業の疲れをねぎらい，これから始まる面接の準備ができるような配慮を示すとよいだろう。その後，これまでの面接の中身をふり返り，問題や症状に関するインテーカーの見立てや方針を伝えることとなる。ここで，伝えるべき内容を具

体的に列挙すると，①面接の中で明らかになった点について要約する，②今回の面接では明らかにできなかったことについて述べる，③クライエントとともに介入計画を立てる，④将来についての希望あるメッセージを伝える，の4つに集約することができる。インテーカー側が示す指針は，あくまで提案でなければならない。たとえ明らかになった問題への支援方法について，高いエビデンスが確認されている支援方法があったとしても，支援法の決定権はインテーカー側にあるわけではない。クライエントに必要な情報を伝えたうえで，クライエントが自主的に意思決定を行なえるように支援することが重要である。

インテークの結果，インテーカーがその後の面接を担当することが適当ではないと判断される可能性もある。その場合は，適当なセラピストに**リファー（紹介）**をすることになる。リファーが必要な場合には，クライエントに対してその旨を提案として伝え，リファー先を提案できるようにしておく。

6　おわりに

ここまで，インテーク面接で行なわれるべき内容について概観してきた。インテーク面接とは，単に情報を収集するだけの作業ではなく，クライエントとの協働関係をつくり，得られた情報を整理し，結果を報告するというところまでが含まれる。つまり，動機づけのための面接であり，アセスメントのための面接でもあるということである。インテーカーはインテーク面接のもつ以上のような役割を常に意識して面接を行なっていくことが求められる。

インテーク面接の報告例

氏名：○○○○○ ， 生年月日：1976年8月11日　　性別：男性
　紹介者：
　面接時同席者：本人と妻

●主訴（相談の目的）：［本人］気分が落ち込んで仕事に行けない。仕事場で周囲の人間にダメな人間と思われているような気がする。会社を辞めたほうがいいかと悩んでいる。［妻］休職期間が長引いており困っている。本人にどう対応していいのかわからない。

●家族構成・家族歴：本人，妻，長女（13歳），長男（11歳）
　相談者の父親が40代の頃より双極性障害として治療中。現在も通院中。
　既往歴：アルコール性肝機能障害の既往歴あり。

●面接前，面接時のようす（行動観察）：待合室では妻と二人でおとなしく過ごしていたようす。事前の問診アンケートには本人が記入し，しっかりとした字で「気分が落ち込むのが治らない」と記入された。面接時は早口で焦っているように話をし，ときおり吃音も確認された。途中で同席した妻が話をすると，途中で口をはさむことが多かった。逆に本人が話しているときには妻が話題に口をはさむことはまったくなかった。

●インテーク面接の概要：高校卒業後，現在の会社に就職。22年勤続している。5年前に課長補佐に昇進する。上司から「おまえには期待しているんだ」「しっかり部下を管理して成績を上げることができれば管理職になれる」と言われ期待にこたえられるよう仕事に打ち込んだ。週平均40時間以上の超過勤務を1年以上行なっていたが，3年前の6月頃に，朝4時くらいから目が覚め最入眠できない，仕事に行くのが怖い，集中力が続かない，イライラするなどの症状が出現するようになり心療内科を受診。うつ病と診断され休職しながら治療を行なうこととなった。半年ほどの休養と服薬治療で復職したものの，復職すると徐々に勤務時間が長くなり，状態が悪化して休職にいたってしまう。ここ3年間で3回の休職と復職を繰り返し

ている。前回の復職から「職場の人間が自分のことを役立たずだと思っている」「心を壊した人間は社会には復帰できないんだ」などと言い出すようになり，前回は復帰後2か月程度で休職になった。

●成育歴：同胞2人（血のつながりのあるきょうだい）の第二子として出生。分娩や発達の異常はなく，学生時代も「友だちづきあいも多く，楽しかった」と話す。現在までも続く友人もいる。高校時代に父親がうつ病になり休職と復職を繰り返すようになる。経済的な理由もあり，高校卒業後印刷会社に営業職として就職する。26歳時に友人の紹介で出会った妻と結婚。

●治療歴：3年前より，○△心療内科に通院。○△医師より，大うつ病性障害と診断され，投薬治療が行なわれている。現在の処方は，Paroxetine20mg × 1，Zolpidem10mg × 1

●見立てと方針：
・見立て：抑うつ状態，社交不安症状が認められた。パニック，全般性不安など他の不安症状，強迫症状などは認められなかった。妻からの情報では会社側は本人の状態に対してサポーティブに接してくれているようすであるが，本人の自覚はそれとは乖離している。会社の人間に対する恐怖感は妄想的にまでなっている可能性がある。復職すると以前と同様か，休んだ部分を取り戻すつもりで働くことになり，残業時間など負荷が増えてしまっているが，本人はコントロールができていないことや悪循環をきたしていることに自覚がない。コントロール不能になっていることが本人の焦りからなのか，双極性障害を疑う必要があるのかについて情報をさらに集める必要がある。
・方針：まずは，今回の面接で確認できなかった躁状態についての情報を確認しつつ，これまでの復職から休職にいたるまでのエピソードをふり返ることをとおしてセルフモニタリング力を高められるようにする。躁状態の可能性については，主治医にも意見を確認する。
　　現在の会社に復帰することと転職することについて，それぞれのメリット・デメリットを検証し，方向性を定める。

日本実臨床における精神科診断面接

医療の役割はクライエントの生活機能の改善にある。クライエントと対峙するとき,その生活機能を改善させるためにどのような介入が適切かを判断しなくてはならない。診断面接の目的は適切な介入選択のための素地をつくることである。まず,その王道が何であるかを概説する。そのうえで,医療資源の限られた日本の精神科実臨床において,どのように診断面接の目的を達成するかについて述べる。

1節 精神医療・精神科における診断とは

1 医療における診断の役割

医療の役割はクライエントの生活機能の改善にある。生活機能がどんな要因で構成されるのかについては,世界保健機構(WHO)の提唱した**国際生活機能分類**(International Classification of Functioning, Disability and Health：ICF)に明るい(図12-1；厚生労働省,2002)。ICFの各要因すべてを見渡し

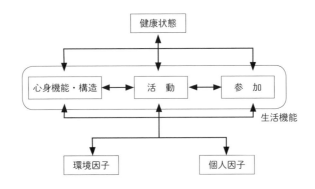

図12-1 国際生活分類（ICF）（厚生労働省，2002）

注）健康状態は「心身機能・構造」のみならず，「活動」，「参加」によって規定され，かつそれらはお互いに影響しあう。また，それぞれ「環境因子」「個人因子」の影響を受ける。

たうえで，どのような介入が適切であるのかを検討する。これが本来の意味での診断である。単に病名をつけることだけが診断ではない。

適切な介入が何なのかを検討するにあたり，過去の事例を参考にして各種治療の有効性や有害性を予測する。過去の事例とクライエントを比較し，類似点と相違点を整理する必要がある。過去の事例は診断名に基づいて整理されており，このときに診断名の活用が便利である。

2　日本における診断の理想と現実

「心身機能・構造」「活動」「参加」を把握するためですら，クライエントからの情報だけでは足りない。さらに「環境因子」「個人因子」を網羅するためには，家族や上司・教師といった本人が所属する社会の構成員と接触する必要がある。大きな手間と時間がかかるが，日本の医療の現実において，その時間も人手も用意されていない。したがってかなり簡略化したかたちで診断を実践するよりほかにない。

(1) 一般身体科の場合

「健康状態」の把握が中心になる。多くの身体疾患の病因は明らかで，種々

の身体的検索によって病因を突き止めたうえで介入が検討される。病因に基づいて診断名が付与され，それは「健康状態」に記載されることが多い。「健康状態」を改善すれば「生活機能」は改善するとの想定である。不十分な場合のオプションは用意されているが，「健康状態」に対する直接的介入が中核で，「生活機能」の詳細の把握は簡略化される。一般身体科において診断はシンプルである（図 12-2）。

(2) 精神科の場合

苦痛苦悩をもたらす心理・行動の異常は数多く存在するが，病因論が確立したものは存在しない。精神疾患では「健康状態」と「生活機能」とを，さらには「環境因子」と「個人因子」すら明確に分かつことは難しい。精神科でクライエントの「生活機能」を改善するために，一般身体科のようなシンプルな診断モデルを用いることは不可能である。しかし，精神科において診断名は病因を指し示すものではない代わりに，クライエントの「生活機能」全般，ときに「環境因子」「個人因子」をもふまえて，過去の事例に照らし合わせて分類できるようにしたものである。精神科病名と診断基準は ICF 各要素をある程度網羅している。精神科では適切な診断名をクライエントに付与することにより，

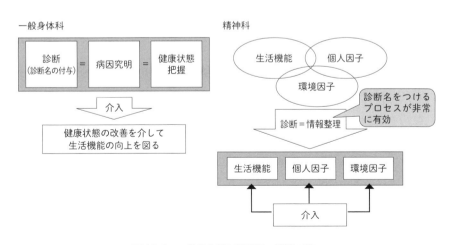

図 12-2　一般身体科と精神科の診断の違い

診断の役割を簡略化するのである（図 12-2）。

3　どのような診断名を用いるのか

診断名を用いる目的は 2 つある。

①治療チーム内での情報共有：チーム内での情報共有は構成員の活動に一貫性をもたせるために必要である。情報には膨大な量があり，すべてを共有するのは非現実的で，適切なサマライズが必要になる。精神科診断名はそのサマライズに非常に有用である。

②エビデンスの活用：エビデンスの活用とは，過去の経験とクライエントの類似性を検討し，クライエントに活かすことである。過去の経験は診断名のもとに整理蓄積されているので，診断名の付与はエビデンスの活用のために必要である。

　一般身体科では診断名は病因に一致し，診断基準も検査結果に根ざすところが大きく，評価者間の診断一致率が問題になることは少ない。精神科でもかつては仮想された病因に基づいて分類が試みられていた。従来診断である。しかし仮想にすぎない病因の理解は評価者によってまちまちで，同じ患者に対してすら診断名が評価者間で一致することは少なかった（Kitamura, Shima, Sakio, & Kato, 1989）。これではチームでの情報共有もエビデンスの活用もままならない。

　そこで今日では**操作的診断法**が用いられている。病因が明確でないことを認め，明らかな症状と環境に焦点を当てて患者を分類する。これにより評価者間診断一致率は飛躍的に向上し，チームでの情報共有やエビデンスの活用が可能になった。今日の精神医療においてチームでの情報共有やエビデンスの活用のために，操作的診断法の使用は必要不可欠である。ただし，評価者間診断一致率は操作的診断法を用いてもまだ不十分である。病因とかけ離れた分類になっている可能性もある。いったん分類して得られた知見をもとに定期的に刷新を図るという手法が用いられており，まだまだ発展途上の診断体系である。

2 節　診断面接のエッセンス

　診断面接は多くの場合初回面接である。したがって初回面接に必要な要素を同時に盛り込んで行なう必要がある。初回面接については前章で詳述されている。本章では「精神科診断名を特定する」技術に特化して解説する。

1　Three sides of every story を意識する

　事実には必ず3つの側面がある。クライエントの視点から見た事実，同伴者の視点から見た事実，真の事実である。真の事実を明らかにするのが理想ではあるのだがそれは非常に難しい。クライエントの陳述を真の事実と受け取ることはできない。正確に事実を認識・陳述するのが症状のために困難かもしれないからである。同伴者の陳述を文字どおり事実と受け取ることもできない。同伴者の都合のよい陳述だけがされることはよくある。両者の陳述が食い違うことも少なくない。クライエントの考える事実と同伴者の考える事実とは別に，真の事実が存在することは肝に銘じておく必要がある。すべての同伴者の意見が一致していても，それとは違うクライエントの陳述が最も事実に近いことは稀ではない。面接において真の事実を知ることはおおむね不可能である。

2　クライエントと「何を事実として認識したか」を共有する

　陳述者が何を事実として面接者に伝えたいと思っているか，と言うことは数少ない「知り得る真の事実」である。「クライエントが面接者に○○と陳述した」ことは真の事実である。○○の真偽は不明だが，敬意ある好奇心をもって陳述を聞き，その陳述内容を面接者がどのように理解し「事実」として認識したかを伝えることは，陳述者との，とりわけクライエントとの信頼関係を築くうえで重要である。クライエントと同伴者の陳述が異なる場合，双方が納得いくようなすり合わせを行なうが，それが難しい場合は無理に事実を特定しようとはしない。「クライエントは○○と陳述し，同伴者は××と陳述し食い違っている」ということを面接者が事実として認識することは，どちらかに価値判断を下さないかぎり，クライエントにも同伴者にも抵抗を示されないであろう。

第 12 章　日本実臨床における精神科診断面接　**153**

3 評価前確率を意識し，質問の前に回答を想定する

　時間には限りがあり，できる質問の数も限られている。効率よく質問をしなくては時間内に「精神科診断名を特定する」ことはできない。

　たとえば「年齢を尋ねる」ことで認知症である確率は大きく変化する。24歳の青年が認知症である可能性はほとんどない。74歳の高齢者であればどうだろう。「年齢を尋ねる」というのは認知症の有無を検討するうえで非常に有効な質問である。時計描画テストはどうか。24歳の青年に行ない，陽性所見が得られたとして認知症を疑うであろうか。評価前後で確率変化はほとんど起こらず，時計描画テストというのは24歳の青年にとってあまり意味のない検査ということになる。

　所見を評価する前後で疾患が存在する確率が大きく変化する場合，その所見は有用である。所見を評価する前にその疾患が存在する確率を「**評価前確率 (pretest probability)**」，評価した後にその疾患が存在する確率を「**評価後確率 (posttest probability)**」という。質問にはそれぞれ，各疾患に対して感度と特異度を有する。感度とは，その疾患のある患者でその所見がある比率である。特異度とは，その疾患のない患者のうちその所見がない比率である。

　たとえば「物忘れの自覚」は認知症の患者で多く感度が高い。認知症でない患者でも「物忘れの自覚」がある者は少なくないので特異度は低い。74歳の高齢者に「物忘れの自覚」を問うことは有用だろうか？「物忘れの自覚がある」という回答が得られても，特異度が低いのでそれほど有用な所見とはならない。感度が高く特異度が低いこの質問が有用であるときは，「物忘れの自覚がない」ことを予測する場合である。疾患の存在を強く疑う場合は特異度の高い質問を。疾患の存在を否定したい場合には感度の高い質問を。これが基本的なルールである。

3 節　日本実臨床における精神科診断面接

　本来の診断面接の姿は，ICF をもれなく見渡せるように情報収集することである。しかしそれは日本の精神科実臨床においてほぼ不可能である。多くの精

神科医療機関において初診に許された時間は 60 分程度であり，そのうち診断
面接に使えるのは 40 分程度にすぎない。限られた資源の中でどのように運用
するのが適切であるのかについては，残念ながら定説がない。本章では筆者の
経験に基づき筆者の考えるベストな診断面接を述べる。

　解説は DSM-5（American Psychiatric Association, 2013 日本精神神経学会
監修 2014）に基づいて行なう。提示したのは架空事例で，面接者（Therapist：
以下，Th），クライエント（Client：以下，Cl），母（Mother：以下，Mo）である。
なお，身体的異常や不適切な物質使用はないものとする。

事例

クライエント：15 歳女子　高校 1 年生
主訴：死にたい
来談理由：7 階の窓から飛び降りようとして取り押さえられ，警察に連れてこられた。

1　主訴や来談動機を掘り下げて，主要な問題を抽出する

　クライエントの主訴や来談理由を掘り下げて，主要な問題を抽出し，各精神
疾患の評価前確率を推測する。この作業を丁寧にすればするほど，その後に行
なわれる質問の効率がよくなる。「いつから」「なぜ」「どのように」をおさえ
ることはすべてのクライエントに対して必須の確認項目である。

---

①いつから

　Th ：いつから死にたいの？
　Cl ：…1 週間前からです…。

②なぜ

　Th ：何かあったの？

　Cl ：うん…失恋しました…。
　Th ：ふられたの？
　Cl ：うん。
　Th ：そうか。不本意だったんだね。
　Cl ：……（うなずく）

第 12 章　日本実臨床における精神科診断面接　　155

③どのように
```
Th ：死にたいってどんな感じ？
Cl ：私が悪いんだと思って。すごくしんどい。
```

　１週間前の失恋を契機に強い抑うつが生じて罪責感を伴い，希死念慮につながっていることが聴取された。敬意ある好奇心を保ちながらさらに関連する情報を聴取する。

④周辺情報の聴取（いつ，なぜ，どのようにを意識する）
［失恋］
```
Th ：失恋は初めて？
Cl ：ううん。
Th ：なんで今回は？
Cl ：原因が……私がイライラして酷いことを言いすぎて，それで相手が耐えられなくなって。
Th ：あぁ，だから私が悪いと。
Cl ：でもそういう酷いことを言っているときはあまり記憶になくて，その後殴っちゃってそのときの記憶もなくて，あとで落ち着いて謝ったんだけど，無理だった……。もう連絡しても返事がない……。
```

［イライラ］
```
Th ：いつからイライラしはじめたの？
Cl ：わからないけど，つきあってるどこかからそんな感じ。段々回数が酷くなって，とうとう，という感じ。
```

［人をなじったり，殴ったりして記憶が飛ぶ］
```
Th ：記憶が飛ぶって？
Cl ：口げんかになって興奮するといつもそんな感じになる。親と激しく喧嘩したときとかにもある。中学校のときもそうだったと思う。
```

［しんどい］
```
Th ：しんどいのは１週間前から？
Cl ：すぐ疲れてしんどくなるのはその前からあった。中学校２年生の夏ぐらいから。
Th ：しんどいって？
Cl ：気持ちがすごくつらくなる。泣いてしまう。
```

2　面接者の事実認識をクライエントだけでなく同伴者とも共有する

> Th ：つまり，中学校の頃からお母さんと喧嘩が高じると，酷くなじって記憶が曖昧
> 　　　ということがときどきあったと。
> Cl ：そうです。
> Th ：その頃すぐに気持ちが疲れて泣いてしまうようになっていたと。
> Cl ：そうです。
> Th ：中学校 3 年生のときに彼氏ができたけど，彼氏と激しく口論になって，あとで
> 　　　記憶がおぼろげなのが徐々に増えていったと。
> Cl ：そうです。
> Th ：で 1 週間前に彼氏と大げんかして別れて，その後自責の念とやるせなさ，情け
> 　　　なさが押し寄せてきて，で死のうとした。
> Cl ：そうです。
> Mo：正直，青天の霹靂なんですよね。3 日ぐらい前まではまったくおかしいと思って
> 　　　いなかった。

　クライエントと同伴者の認識が異なり，その食い違いの原因について精査が必要であることはしばしばある。この際「クライエントと同伴者の陳述が食い違っている」という事実認識にとどめて，その後の精査につなげることが重要である。一方の陳述を正しいと判断してしまうと，不必要にもう一方の不全感を煽り，その後正直な回答を得るのが難しくなる。

3　面接者の事実認識をもとに，各精神障害の評価前確率を推定する

> 本人の自覚的には中学 2 年生頃から出現した抑うつ気分がある。同時期から怒りの感情が高じると解離が生じるようになっているようだ。その解離のために彼氏との関係が破綻し，抑うつが強まって自殺企図にいたっている。

　可能性のある精神障害を「すべて」網羅しリストアップする。ここでのリストアップがすべて外れという事態は絶対に避けたい。数多ある精神障害のすべてを個別にもれなく網羅するのは難しいので，可能性の比較的低い障害を「その他」にまとめると効率的である。
　この時点で把握している事実と各疾患の有病率から評価前確率を推定する。

```
1：3年前から生じて持続している抑うつ
  ①抑うつエピソード（70）
  ②気分変調症（20）
  ③不安症群（30）
  ④統合失調症スペクトラム障害（10）
2：解離
  ⑤ストレスの強い出来事に対する急性解離反応（90）
3：ストレス反応性の抑うつ増強
  ⑥適応障害（50）
  ⑦その他                          ＊（　）内は推定評価前確率％
```

　解離を説明する適切な精神科病名が他にないので⑤はほぼ確定診断である。ストレス反応性の抑うつの増強については⑥の他に適切な精神科病名はないが，①〜④の結果によってその取り扱いが変わる。鑑別が必要なのは①〜④である。

（1）質問を選択し，回答から評価後確率を検討する

　DSM-5では種々の診断基準が記されている。診断基準を完全に満たした場合その所見は感度特異度ともに100％となる。候補すべての精神科病名についてすべての診断基準を検討する時間はないので，適宜割愛しながら所見をとる。部分的に診断基準を満たす場合，その所見は感度100％だが特異度はその内容によって違うので，診断基準の部分的利用は除外診断のためにしか使用できない。

　一番確率が高いのは①抑うつエピソードである。検査前後で確率変化が大きいほど有用な所見であることは前に述べた。したがって抑うつエピソードを否定することが現時点で最も有用な所見となる可能性がある。そのためには「抑うつ気分」と「興味または喜びの消失」の持続性の確認が必要である。

```
Th：しんどくなるっていうのは，毎日しんどいの？
Cl ：毎日じゃない。ときどき。疲れなければ大丈夫だけど，疲れる回数は増えてた。
    彼氏と別れてからは毎日。
Th：続いているのはこの1週間だけ？
Cl ：うん。
Th：遊びには行ってる？
```

```
Cl ：行ってる。
Th ：最後に行ったのは？
Cl ：3日前。
Th ：楽しい？
Cl ：うん。そういうのは楽しい。
```

　抑うつ気分は持続性がこの1週間にしか認めず，また興味または喜びの消失は認めないので①は否定的であり，②気分変調症も否定できる。次に③不安症群に着手した。「繰り返される強い恐怖心」は③に感度100％の所見である。

```
Th ：すごく怖い感じが何回も襲ってくることはないの？
Cl ：？
Th ：たとえば誰かがいなくなるんじゃないかとか。
Cl ：彼氏？
Th ：怖くて行けない場所があるとか。
Cl ：ない。
Th ：どきどきばくばくして死ぬんじゃないかとか。
Cl ：ない。
Th ：人に見られると怖いとか。
Cl ：ない。
Th ：怖くて行けない場所があるとか。
Cl ：ないなぁ。
Th ：ずっと何かが心配とか。心配事が絶えない感じは？
Cl ：んー。彼氏？
Th ：彼氏のことって2週間前もそうだったの？
Cl ：ううん。別れた後から。
```

　③に関しても否定された。④統合失調スペクトラム障害に着手した。妄想，幻覚，まとまりのない発語，酷くまとまりのない行動，陰性症状（感情平板化や意欲欠如）のいずれかが存在することは④に対して感度100％の所見である。これまでの面接でまとまりのない発語がないこと，自殺企図以外のまとまりのない行動がないこと，陰性症状がないことはすでに確認されている。

```
Th ：誰もいないのに声が聞こえてくることはないですか？
Cl ：ないです。
Th ：誰もいないのに誰かと話しているようすはないですか？
```

第12章　日本実臨床における精神科診断面接　　159

```
Mo：ないです。
Th：心配していることを相談したら信じてもらえなかったりしたことはないですか？
　　たとえば，誰かに見られているとか，盗み聞きされているとか。
Cl：ないです。
Mo：そんなことを言ったことはないですね。
```

　③も否定された。これらの面接の結果，評価後確率は以下のようになる。

```
1：3年前から生じて持続している抑うつ
　①抑うつエピソード（0）
　②気分変調症（0）
　③不安症群（0）
　④統合失調症スペクトラム障害（0）
2：解離
　⑤ストレスの強い出来事に対する急性解離反応（90）
3：ストレス反応性の抑うつ増強
　⑥適応障害（90）
　⑦その他
　⑥の診断基準に，他の精神疾患の基準を満たしていないし，すでに存在している精神
疾患の単なる悪化でもないことが揚げられている。他の精神疾患が否定されたことによ
り，評価後確率は向上する。　　　　　　　　　　　　　　＊（　）内は推定評価後確率％
```


(2) 精神科診断名の特定

　適応障害と，ストレスの強い出来事に対する急性解離反応の診断を特定する
ために，それぞれの診断基準を網羅する。この面接の場合，これまでの問診によっ
て得られた情報で十分だが，適応障害の診断基準E「そのストレス因，または
その結果がひとたび終結すると，症状がその後さらに6か月以上持続すること
はない」についてはまだ確認できない。したがって診断は下記のとおりとなる。

```
309.4    F43.25   適応障害，情緒と素行の障害の混合を伴う，暫定
300.15   F44.89   ストレスの強い出来事に対する急性解離反応
```

　急性解離反応が高頻度で反復している点など，まだ未解明な点は多い。また
本来のICFのすべての要因を網羅するという目標には遠く及ばないので，「そ

160　　第3部　臨床面接法

の他」は常に念頭に置いておく必要があり，レポートにはその旨明記する。

(3) その他参考になる情報

○ General Appearance

　待合室でのようす，表情，声量，会話のスピード，態度など，クライエントの全体像をつかむことができる情報は多い。しかし非常に感覚的で客観性に欠くことを念頭に置く必要がある。

> 小柄で体型はやややせ形。表情は沈鬱で，声量に乏しく，質問にぽつりぽつりと話す。母親の発言にくってかかるようすがしばしば見られる。

○発達生活歴の聴取

　病前の状況を把握でき，治療目標の設定の際に有用である。またクライエントの主訴・来談理由が生来からの症状の場合は，聴取が必須となる。

> 同胞 1 人。生後数か月で両親は別居し母親に引き取られた。本人が 6 歳のときに両親の離婚が成立している。本人に対する虐待を疑う情報はない。幼少時は明るく友だちも多い子どもだった。就学後忘れ物や授業中の多動などの問題を指摘されたことはない。成績の偏りもなかった。中堅進学校に進学し現在 1 年生。

　比較的多い知的能力障害や自閉スペクトラム症，注意欠如・多動症，限局性学習症にかかわる情報は盛り込むことが望ましい。「成績不良」は知的能力障害の，「友だちが少ない」は自閉スペクトラム症の，「成績の偏り」は限局性学習症のそれぞれ感度 100％の所見である。「就学時の不注意や多動の指摘」も，注意欠如・多動症に対して感度，特異度ともに高い。これらはたとえ主訴と直接関係なくても「その他」の内容の検討時に役に立つ。なお，病前性格については，聴取しても陳述者の主観が強く，事実とかけ離れている可能性も高いことを念頭におく必要がある。

○生活状況の聴取

　同居家族，経済状況，宗教などを聴取する。DSM-5 における「臨床的関与

の対象となることのある他の状態」の項目に該当する聴取である。治療環境の把握と，可能な治療の選択などのために重要である。

42歳の母親との2人家族。母親も就労しており実父から十分な養育費を得ているので経済状況は良好である。母親の両親，実父も近所に住んでおり，関係は良好である。母親との関係は数年前から口論が絶えなくなっているため，良好とはいえないかもしれない。特別な信仰はない。通学のために90分程度かかる。吹奏楽部に所属し，帰宅は毎日20時頃になる。

4節　おわりに

　日本の実臨床における精神科診断面接について概説した。診断面接の目的は適切な介入選択のための素地をつくることであって，その王道がICFのすべての要素の網羅であることは疑いないが，実臨床においては簡略化せざるをえない。念頭に置くべき点について述べたが，簡略の具体的方法について定説はない。事例提示における診断手法はあくまで筆者独自のものにすぎないことを留意いただきたい。本稿が読者の臨床に役立てば幸いである。

診断面接アセスメントレポート

●クライエント情報：15歳　女性

●主訴：死にたい　7階の窓から飛び降りようとして取り押さえられ，連れてこられた。

●生活歴：同胞1人。生後数か月で両親は別居し母親に引き取られた。虐待を疑う情報はない。実父と本人には現在も交流がある。幼少時から明るく友だちも多かった。就学後忘れ物や多動などの問題を指摘されたことはない。成績に偏りもなく，現在中堅進学高校の1年生。

●現病歴：中学2年頃から，母親との口論が高じると酷くなじって後で記憶が曖昧なことがあった。この頃から疲れるとすぐに気分が落ち込み泣くようになった。中学3年になり交際相手ができたが，その相手に対しても母親と同様だった。1週間前に交際相手を酷くなじって詳細を覚えておらず，その後関係が破綻した。それを契機に何度も自殺企図を繰り返すようになり，自宅の窓から飛び降りようとして取り押さえられ，受診となった。

●現症
・抑うつエピソード・気分変調症：抑うつ気分は持続的ではなく，遊びに出かけて楽しむことができており，否定的。
・不安症群：不安や恐怖の反復的な体験がなく否定的。
・統合失調スペクトラム症：明らかな精神病症状を認めず，否定的。
・解離：誰かと口論して感情が高ぶったとき以外には認めない。ただし口論が激しくなる以外の行動の異常は認めない。

●考察：中学校2年頃から感情が高ぶったときに生じる解離を認めていた。交際相手との関係破綻を契機に希死念慮が強まり確信的に自殺企図を繰り返している。しかし他の精神症状は明らかではない。生活歴から神経発達症も否定的。

●診断：309.4　F43.25　適応障害，情緒と行為の障害の混合を伴う，暫定
　　　300.15　F44.89　ストレスの強い出来事に対する急性解離反応
　　　解離反応の反復については更なる精査が必要。

第13章
Chapter 13

ケースフォーミュレーション

ケースフォーミュレーションは,臨床的技能の一つであり,臨床実践を行なううえでのコア・スキルである。これによって,クライエントの問題を多角的に理解することが可能になる。本章では,はじめに**実証に基づく実践(EBP)**という大きな枠組みを理解したうえで,ケースフォーミュレーションの実際を理解してもらうことが目的である。

1節 問題と維持要因を明確にする必要性

臨床面接では,クライエントの問題とその維持要因を明確に特定することはとても難しい。というのも,問題が解消しない理由について,クライエント自身が気づいていない場合が多いためである。そもそも抱えている問題そのものに気づいていないクライエントさえいる。セラピストは,クライエントから得られたさまざまな情報を精査しながら,クライエントの本当の問題とその維持要因を明らかにし,心理学的支援をとおして問題を解消することで,クライエントがよりよく生きていけるようにサポートする。

できるかぎり多くのクライエントの問題を解決するため,問題の維持要因に

関する研究（たとえば、プロセス研究）や心理学的支援の精度を高めるための研究（たとえば、アウトカム研究）が数多く行なわれてきた。しかし、どんなに多くの知見が得られても、目の前のクライエントの問題が解消しなければ意味がない。過去の経験や学習歴はまさに百人百様であるため、アウトカム（たとえば、抑うつ症状）は同じでも、そこにいたるプロセスは異なる。臨床面接では、「すべての道はローマ（言い換えると、問題）に通じる」と一言で片づけるのではなく、ローマにたどり着いた各人に対して、「どのような道のりを経て、そのときにどんな体験をしながらたどり着いたのか」を明らかにしていく作業が求められる。

2節　実証に基づく実践（EBP）の推奨

現在、米国心理学会（American Psychological Association：APA）では、**実証に基づく実践**（evidence based practice：EBP）が推奨されている。これは、①クライエントの特徴や好みという文脈の中で、②臨床的技能（clinical expertise）と、③利用できる最良の実証研究を統合し支援していくこととされている（APA, 2006）。スプリング（Spring, 2007）は、適切な支援のための臨床的な意思決定を行なうためには、この3者の関係性が重要であるとし、三脚モデル（three-legged stool）を提唱している（図13-1）。以下にそれぞれの

図13-1　実証に基づく実践（EBP）の三脚モデル（Spring, 2007より作成）

脚について説明しよう。

1 クライエントの特徴や好み

　クライエントが抱える問題の維持には，生まれもった特徴（たとえば，遺伝，気質）も大きく関与している。EBPでは，生まれもった特徴やこれまでの体験（学習歴）といった発達過程や，ライフステージと関連する要因について目を向ける。発達過程には，アタッチメント，ジェンダー，モラル，社会性，認知・情緒面の発達（学習歴）などが含まれる。その他にも，育った文化や民族性，人種，家族からの影響，宗教，性的志向性などの特徴も含まれる。このような要因によって，クライエントのパーソナリティ，価値観や世界観，人間関係や精神病理，治療への態度が形成される（APA, 2006）。

　今田（1962）は，このような発達過程と現在の環境との相互作用を図13-2のように表わしている。すなわち，生得的な性質（遺伝要因，進化的要因）をもって生まれた人間は，精神神経学的発達としての成熟と学習経験の蓄積によって

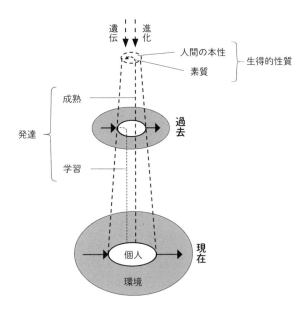

図 13-2　パーソナルヒストリーと環境の相互作用の考え方（今田，1962）

個人を形成している。そして、その個人は常に環境に身を置いており、文脈の中で生きている。この図 13-2 に従えば、クライエントの問題は、これまでの発達過程と個人を取り巻く環境との相互作用の中で生まれたものだといえる。言い換えると、クライエントの問題とその維持要因を検討するうえで、発達過程を聴取することは現状理解にとって必須といえる。

2 臨床的技能

　治療目標を効率よく達成するために、治療の過程で得られたクライエントに関する情報と、実証研究から得られた知見を統合するためには、臨床的技能が不可欠である。この技能によって、目の前のクライエントを改善に導くための心理学的支援が、最大の効果を発揮できる。臨床的技能には、次のようなコンピテンスが含まれる。すなわち、①アセスメント、医学的診断、ケースフォーミュレーション、治療計画、②臨床的な意思決定、治療示唆、クライエントの状態のモニタリング、③対人関係スキル、④内省とスキル獲得の継続、基礎心理学と応用心理学の研究知見の適切な評価と利用、⑤治療での個人差・文化差の影響理解、⑥コンサルテーションや代替サービスなどの利用可能なリソースを探せること、⑦根拠のある臨床実践の提供、である。要するに、セラピストには科学者（scientist）であり実践家（practitioner）であることが求められる。そして、その資質の維持・向上のためには、他職種との連携や上級セラピストからのスーパービジョンを受けることが求められる。

　セラピストが実際に観察し得られた情報から、クライエントの問題とその維持要因を推論し一般化していく際には、解釈を誤ったり、過度に一般化しすぎたり、確証バイアスにとらわれたり判断ミスをしてしまうリスクがある。臨床的技能を活用する際は、自分の知識と技能の限界を正しく認識し、臨床的判断に影響を与える可能性のあるパーソナリティと認知的・感情的バイアスに注意を払う必要がある。コンサルテーションやクライエントからのフィードバックなどによって、これらのバイアスをある程度避けることができる。

3 最良な実証研究の利用

　観察研究、質的研究、一事例の実験デザイン、ランダム化比較試験、メタア

ナリシスなど，さまざまな科学的研究手法によって，多くの知見が蓄積されてきた。セラピストは，それぞれの研究成果の効用と限界を十分に理解したうえで，最良で適切な方法で実証研究の知見を臨床実践に利用する必要がある（なお，研究手法の詳細については，本シリーズの『なるほど！ 心理学観察法』を参照されたい）。

　要するに，EBP はクライエントの立場に立った臨床実践の推奨であり，抱える問題の解消に対して最良の結果をもたらすために，これまでの実証研究がセラピストをどのように援助できるかを追求するものである。似たような概念として，実証に裏づけられた治療法（empirically supported treatments：EST）があるが，これは治療効果の視点に立った考え方であり，特定の疾患や特定の状況で起きる問題に対して治療がどのくらい有効かを追求するものである。より多くのクライエントを改善に導く治療法を追求するのが EST であるとするならば，目の前のクライエントの改善効果を最大限にすることを追求するのが EBP であろう。なお，EST は，EBP の「最良な実証研究」の中に包括されるため，決して対立する概念ではない。

3 節　ケースフォーミュレーションとは何か？

　実証に基づく実践（EBP）の中で，臨床的技能の一つにあげられているのがケースフォーミュレーションである。これは，疾患の医学的診断ではなく，クライエントの問題について明らかにし，その問題が①いつ生じたのか，②問題はどのように変化しているのか，③なぜ現在も続いているのかを明らかにする手段である。ケースフォーミュレーションに基づいて，治療計画が決定される（Persons, 2008）。ケースフォーミュレーションはクライエントやその関係者から得られた情報に基づく「仮説生成」であり，セッション中も新たな情報が得られた場合や治療効果が十分でない場合は，その都度修正される。

　ケースフォーミュレーションは，臨床に携わる実践家や研究者のコア・スキルであると考えられており（Division of Clinical Psychology, 2001），ケースフォーミュレーションのトレーニングを受けた実践家は受けなかった者に比べ

て，質の高い，多角的な問題理解が可能になる（Kendjelic & Eells, 2007）。また，ケースフォーミュレーションに基づく治療は，併存症などの複雑なケースに対する治療効果を高める可能性が指摘されている（Persons, 1992; Kendjelic & Eells, 2007）。

　ケースフォーミュレーションは，現在の問題とクライエントの心理的要因（たとえば，行動，認知，感情）との関係性を明らかにするものと誤解されることがある。心理的要因は，問題の維持要因の一つではあるが，すべてではない。たとえば，子どもにイライラしてしまうことに悩む母親は，たしかに，心理的要因を多く訴えるだろう。このとき，寝不足の影響や月経周期，服薬の副作用といった生物学的要因，もしくは夫婦関係，会社での仕事量や対人関係といった社会的要因の影響は考えられないだろうか。このように，ケースフォーミュレーションは，生物（bio）－心理（psycho）－社会（social）などの複数の要因の相互作用を明らかにする作業であり，近視眼的で偏った情報収集は，ケースフォーミュレーションの失敗，ひいては治療計画の失敗につながり，クライエントの利益にはつながらない。

4 節　認知行動理論に基づくケースフォーミュレーション

　心理療法の数だけケースフォーミュレーションが存在するといってよいだろう。その中でも認知行動理論に基づくケースフォーミュレーションの有効性が指摘されていること（Bruch & Bond, 1998），また，認知行動療法（cognitive behavioral therapy：CBT）は，さまざまな問題に対して実証研究が蓄積されていること（Hofmann, Asnaani, Imke, Sawyer, & Fang, 2012）から，ここでは，行動モデル，認知モデル，CBTモデルに基づくケースフォーミュレーションを取り上げる。

1　行動モデルに基づくケースフォーミュレーション

　行動モデルは，オペラント条件づけとレスポンデント条件づけが基本となる。オペラント条件づけは，先行刺激（antecedent）－行動（behavior）－結

第13章　ケースフォーミュレーション　　**169**

果（consequence）の三項関係を基本にしており，行動の生起頻度は，その直後に生じる結果によって増加（または減少）する。行動の生起頻度が増える場合を強化といい，具体的な結果事象（たとえば，注目を受ける）は強化子という。反対に，行動の生起頻度が減る場合は弱化，弱化子（たとえば，無視される）という。先行刺激には，外的状況（環境，他者の行動）だけでなく，内的状況（思考，身体感覚）も含まれる。この三項関係は随伴性と呼ばれ，どんな行動をしているかだけではなく，その行動が生じやすい刺激は何か（刺激性制御），その行動は何によって維持されているか（随伴性制御）という機能的側面を明らかにする（図 13-3）。たとえば，犬を怖がる子どもは，犬（先行刺激）を見つけるとその道を避けて通ったり，電柱の陰に隠れたりする(回避行動)。すると，結果として恐怖が軽減する（強化）ために，回避行動が維持してしまっている可能性がある。このようなオペラント条件づけに基づくケースフォーミュレーションを機能分析とよぶ。機能分析では，問題とされる行動の生起頻度を減少させつつ，別の行動の生起頻度を高めることを目的とするため，問題行動だけではなく，それに変わる適応的行動も明らかにする必要がある。

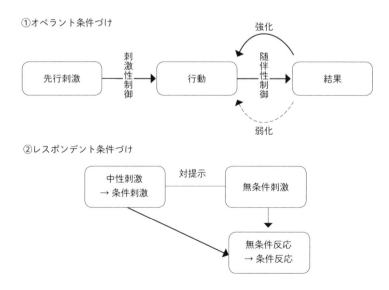

図 13-3　行動モデルに基づくケースフォーミュレーション（石川・佐藤，2015）

レスポンデント条件づけは，もともと反応とは無関係なもの（中性刺激）が，無条件で生じる要因（無条件刺激－無条件反応）と同時に提示されることで，関連づけられてしまう現象である。先の子どもが，なぜ犬を怖がるようになったかを考えると，噛まれたことによる痛み（無条件刺激）が恐怖（泣く；無条件反応）を引き起こすため，痛みを感じたときに同時に提示された犬（中性刺激→条件刺激）を見ただけで怖くなってしまう（条件反応）というレスポンデント条件づけが成立する（図 13-3）。

　このように，レスポンデント条件づけは問題の獲得要因，オペラント条件づけは問題の維持要因を明らかにする。レスポンデント条件づけによって獲得された条件刺激は，オペラント条件づけの先行刺激として機能することもあるため，ケースフォーミュレーションを行なううえで，両条件づけを理解する必要がある。

2　認知モデルに基づくケースフォーミュレーション

　認知モデルでは，あるイベント（activating event）が生じると自動思考（belief）が想起され，それによって，感情，行動，身体反応（consequence）が出現すると考えられている（図 13-4）。先述した犬を怖がる子どもの例で考えてみよう。犬が前から近づいてくる（イベント）と，「噛まれないかな。首輪がついているから大丈夫だと思うけど」といった自動思考が浮かんでくる。すると，結果として，怖くなる（感情），ドキドキする（身体反応），別の道を通ったり電柱の陰に隠れる（行動）。このような経験を繰り返すことで，一貫した認知的構え（スキーマ，中核信念）をもつようになる（Persons, 2008）。

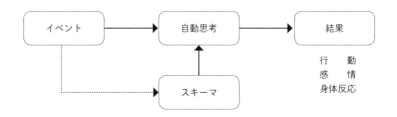

図 13-4　認知モデルに基づくケースフォーミュレーション（石川・佐藤，2015）

スキーマが形成されると，あるイベント（たとえば，試験前日）によってスキーマ（たとえば「僕は無能だ」）が活性化し，それに応じた自動思考（たとえば「どうせ失敗するんだろうな」）が思い浮かぶようになる。すると，同様のスキーマが活性化するイベントでは，たいてい似たような結果（たとえば，落ち込む（感情），はじめから取り組まない（行動），倦怠感（身体反応））が生じるようになる。ただし，スキーマは幼少期の学習経験によって形成されるため，当事者も明確化できないことが多い。そのため，イベント，自動思考，結果の関係性に焦点を当てながら，その共通性を見いだし，背後にあるスキーマを探っていく。

3 CBTケースフォーミュレーション

図13-3と図13-4を比較しても明らかなように，行動モデルと認知モデルは異なる（たとえば，行動モデルは随伴性制御，認知モデルはスキーマの影響を仮定している）。しかし，過去の学習経験，外的環境（イベント），行動，思考，

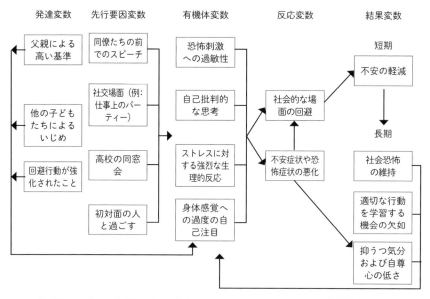

図13-5 臨床病理マップ（CPM）の例（Nezu, Nezu, & Lombardo, 2004 伊藤監訳 2008, p.40）

感情，身体反応の関連性に注目している点は共通している。この両モデルを包括的に組み込んだケースフォーミュレーションとして，ネズら（Nezu, Nezu & Lombardo, 2004 伊藤監訳 2008）は臨床病理マップ（clinical pathogenesis map：CPM）の作成を提案している。CPM では，個々のクライエントが抱える問題の形成・維持を発達変数（たとえば，生育歴，発達要因，過去の学習経験），先行要因（たとえば，先行刺激，イベント），有機体変数（たとえば，思考，感情，身体反応），反応変数（たとえば，行動），結果変数（たとえば，強化子）によって明らかにし，変数間の関係性を図示する（図 13-5）。

5 節　どのケースフォーミュレーションを使えばよいか？

　本章では，認知行動的なケースフォーミュレーションを紹介したが，現在のところ，どのようなケースフォーミュレーションがより有用／適切なのかは検証されていない。そういう意味では，理論的枠組みに沿ってケースフォーミュレーションを行なうほうがよいともいえるが，上述してきたケースフォーミュレーションには，共通した要因が扱われていることも見逃してはならない。

　コーレンバーグとサイは，先行事象，信念・思考，行動・感情の関係性には 4 つのパターンがあることを指摘している（Kohlenberg & Tsai, 1991 大河内監訳，2007；図 13-6）。図 13-6 ①は，人の行動や感情の生起には，必ず思考が先行するとするものである。すなわち，「そう思ったからこうした／感じた」というものであり，認知モデルに基づくケースフォーミュレーションの考え方である。これは，一般の人々が往々にして納得しやすい大衆心理学的なパターンである。おそらく小さい頃からの学習歴として，行動した理由（たとえば「どうしてそんなことしたの？」）や感じた理由（たとえば「どうして落ち込んでいるの？」）を説明するよう求められてきたからだろう。すると，B（信念・思考）はあとづけであり（たとえば「だって A ちゃんが嫌なこと言ったから」），ことの始まり（特に，幼少期）は，A → C → B の流れ（図 13-6 ④）をイメージするほうが自然である。たとえ，ことの始まりが A → B → C の流れに沿ったものだったとしても（たとえば，ここは上司の指示に従おうと思って同意す

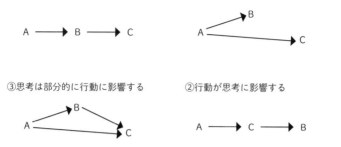

図 13-6 ABC パラダイム（Kohlenberg & Tsai, 1991 大河内監訳, 2007）
注）A：先行事象，B：信念あるいは思考，C：結果として生じる行動あるいは感情

る），これを何度も繰り返すことで，条件づけが成立してBが不要となり（上司に意見を求められたら反射的に同意する），Aから直接Cが生じることもある（図13-6②）。さらに，A→B→Cの流れが観察できたとしても，それは部分的な関連しかなく，直接的な影響のほうが大切な場合もあるだろう（図13-6③）。たとえば，寝床に入る（A），と心配ごとが浮かんできて（B），眠れない（C），と訴えていても，寝床に入るのが早すぎて眠れない，すなわち生物学的な要因が強く影響している場合は，寝床での思考活動にアプローチしても十分な改善は得られず，むしろ，寝床に入る時刻を遅くすることのほうが重要度が高いだろう。

　要するに，ケースフォーミュレーションのポイントは，クライエントが抱えるさまざまな問題を多面的に理解し，要因間の関係性（言い換えると，機能関係）を十分に把握することである。そのためには，単に多くの情報をクライエントから収集するだけでなく，問題の維持に寄与する要因間の時系列的関係性を考慮する必要がある。先述のように，ケースフォーミュレーションは「仮説生成」作業であるため，さまざまな可能性（仮説）を考えるとともに，情報収集を行いながら仮説を取捨選択し，精度の高い仮説をたてることが，治療計画の成功につながり，ひいてはクライエントの問題改善と幸福につながる。

ケースフォーミュレーションの報告例

●ケース概要

　Aさん（50歳代，男性，既婚，自営業）は，寝つきが悪く，夜中に何度も目が覚めると訴えてクリニックをX年に受診した。医師による医学的診断は慢性不眠症，アルコール依存，うつ病であった。ケースフォーミュレーションのために情報収集を行なったところ次のようなことがわかった。小さい頃から内気なところがあり，自分の気持ちを相談したりすることはめったにしなかった。大学卒業後に現在の仕事に就いているが，眠れずに困った記憶はない。もともとお酒は好きで40歳を過ぎてからは毎日晩酌するようになった。X-8年前に仕事の経営がうまくいかない時期があり，寝つきの悪い日が増えてきた。それに伴って飲酒量も増えていき，仕事への意欲低下や楽しみの減少，自己嫌悪感の増加を自覚するようになった。心療内科に通い投薬治療を開始するも睡眠には効果がなく，X-5年前くらいからは，服薬＋晩酌によってなんとか寝ている状態が続いている。

　（1）この8年間の中でなぜ今このクリニックを受診したのか，（2）眠ることにそこまで執着してしまうわけについて尋ねていくと，（1）「服薬以外で不眠が治せることを最近テレビで知り，このチャンスにかけてみようと思った」，（2）「眠れないと翌日仕事に集中できないし，かといって服薬＋晩酌で寝ても，起床後は頭痛と集中力の欠如で仕事にならないから」とのことであった。また，セルフモニタリングとして毎日の睡眠記録を課したところ，就床－起床時刻の不規則さと睡眠覚醒リズムの後退が認められた。

●ケースフォーミュレーション

　このような情報から，図のようなケースフォーミュレーションを仮定した。不眠のきっかけは，経営不振による認知的・身体的過覚醒が生じたことと推察される。それによって日常生活に支障が出はじめると，眠れないことへの恐怖心が増大し，その恐怖心を払拭（回避）するために，服薬と飲酒量が増加していると考えられる。これによって，恐怖心が一時的に解消するだけでなく，数時間眠れるという学習歴があるため，実際には不眠が改善していなくとも服薬＋飲酒が続いている可能性が高い。また，抑うつ症状の悪化は不眠への恐怖心を強めるとともに，生活スタイル

の変化による睡眠覚醒リズムの乱れを引き起こしていると考えられた。この睡眠覚醒リズムの乱れは，不眠の問題の維持要因であるといえる。

クライエントの特徴・好み：
・内気で悩みを人に相談しない　・お酒が好き　・服薬以外の治療を望んでいる
・不眠の問題が諸悪の根源だと思っている

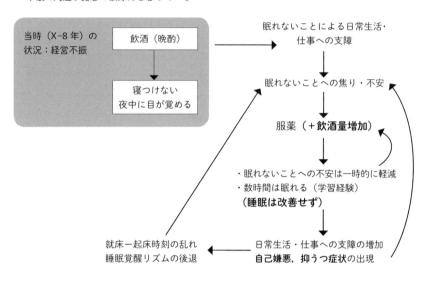

図　Aさんの問題に対するケースフォーミュレーション

臨床面接の構造

　面接構造とは臨床面接を臨床面接として成立させるルールであり，セラピストとクライエントの両者，およびその関係を守る役割をもつ。面接構造が十分ではない場合にはなんらかの不利益が生じる可能性が高まるため，セラピストは面接構造に気を配る必要がある。本章では臨床面接と面接構造の関係，面接構造のもつ意味，面接構造の分類，そして面接構造の変更について扱う。

1節　臨床面接と面接構造

　臨床心理学的援助にはさまざまな形式があるが，最も一般的な形式は援助者であるセラピストと被援助者であるクライエントの対話による形式であり，臨床面接と呼ばれる。パートナーや家族が加わることで家族面接，親子並行面接，媒体が変わることで電話カウンセリング，メールカウンセリングといったようにさまざまなバリエーションが派生する。

　効果的な臨床心理学的援助のプロセスを理解するうえでは，セラピストとクライエントの関係が重要であることがこれまでに指摘されてきた（Horvath,

2000）。メタ分析の結果によっても，両者の良好な関係とセラピーの結果には関連があることが示されている（Ardito & Rabellino, 2011）。したがって，良好な関係を築くことは臨床面接の基本である。しかし，ほとんどの場合，クライエントは自身や近しい人，あるいは取り巻く環境に問題があり，解決や支援を求めてセラピストのもとを訪れる。そのためクライエントは混乱し傷ついた，あるいは弱い立場に置かれた状態で来談することになる。良好なセラピスト-クライエント関係を形成するためには，まずクライエントが安心して問題について話し，落ち着いて解決に取り組める環境を整える必要がある。また，臨床面接では人のもつ負の側面や破壊的な側面を扱う必要も生じるため，セラピストが十分な能力を発揮するためにセラピスト側の保護も必要となる（小野，2013）。そのための工夫が面接構造，あるいは伝統的に治療構造と呼ばれてきた枠組みである。面接構造は両者のかかわりを規定しその関係を保護すると同時に，セラピスト，クライエントを守る役割をもつ。

2 節　面接構造のもつ意味

　臨床面接におけるセラピストとクライエントの関係は，クライエントのもつ問題の解決や健康増進などを目的とした人為的な関係であり，家族関係や友人関係といった日常的な人間関係とは区別される。

　成田（1997）はさまざまな心理療法に共通する理想的な両者の役割を整理し，セラピストの役割は，①専門家として依頼を受ける，②面接構造を設定・維持する，③患者の話を傾聴し理解する，④理解したことを言葉で伝達する，⑤治療者でなくなるよう努める，であり，クライエントの役割は，①依頼者となる，②面接構造を守る，③内界を包み隠さず言葉にする，④自分の言動の意味を理解する，⑤依頼者でなくなるように努める，としている。

　それぞれの役割に「治療者・依頼者でなくなるよう努める」とあるように，セラピスト-クライエント関係は目的や課題を解決するためにつくられた一時的な関係であり，その達成によって解消されることを前提にしている。したがって，両者の関係は内面を開示するというある種の深い関係でありながらも，目

的や課題を解決するためにつくられた一時的な関係でもある。関係そのものを目的とした友人関係や恋愛関係とは本質的に異なる関係である。

　臨床面接では目標の達成に役立つセラピストとクライエントのはたらきが推奨され，妨害するはたらきは抑制される必要がある。そのためには適切なはたらきを推奨し不適切なはたらきを防ぐルールが不可欠となる。つまり面接構造とは臨床面接におけるルールと言い換えることができる。そして，臨床面接を臨床面接として成立させているのはルールである面接構造といえる。

　成田（1999）は面接構造の設定には次のような意味があるとしている。

・セラピストを守る：面接構造を守りその中にいるかぎり，セラピストは状況や自身の感情に圧倒されたり，不適切なふるまいをすることを防げる。また，トラブルに巻き込まれることが少なくなる。
・セラピー内で生じる問題をクライエントの問題として扱う枠組みをつくる：セラピーに関する諸条件を一定にし，ルールを設定することによって，初めてクライエントの行動がルールからの逸脱であると明確になる。たとえば，面接開始時間の設定によって，特定の話題が出た次のセッションでクライエントの遅刻が多いといったことを問題として扱うことができる。
・非日常空間をつくり出す：日常生活にはない枠組みは，面接の時間や空間を日常生活から離れた特別なものへと変える。たとえばプライバシーの守られた空間や守秘義務によって，クライエントは日常生活の中で話せない自身の問題や考えについて自由に話すことができる。
・クライエントの生活が構造化される：重篤な問題をもつクライエントでは，一日中部屋に引きこもっている，昼夜逆転しているなど生活が混沌としていることがある。しかし，構造のある面接が続けられることで，たとえば毎週1度行なわれる臨床面接に行くため，前日に入浴し当日に着替えて外出の準備をするといったように，面接を中心として生活が再構造化される。

第14章　臨床面接の構造　　179

3節　面接構造の分類

　それぞれの心理療法で定められた枠組みもあるが，面接の場所や時間といったほとんどの臨床面接で共有されている構造も多い。面接構造は時間や料金，場所といった約束事としてのハード面の枠組みと，面接内におけるルールや契約といったソフト面の枠組みに分類できる（丹野・石垣・毛利・佐々木・杉山，2015）。本節では面接構造をこの両側面から概説する。

1　ハード面の枠組み

　臨床面接にかかわる約束事としての枠組み，あるいは物理的な構造を示す。ハード面の約束事とは，守られるか守られないかの二者択一的な性質をもつ枠組みである。たとえば面接時間はさまざまな要素を考慮して決定されるが，時間の約束がなされた後は時間どおり来談するかしないかのどちらかとなり，時間どおりに来談しない場合には面接構造が守られていないことになる。

(1) 面接の時間，頻度

　臨床面接には1回あたりの時間に関する枠がある。60分を1つの単位とし，面接後の記録時間を考慮して45〜50分程度を面接時間とすることが多いが，10〜15分といったより短時間の場合もある。反対に，時間のかかるインテーク面接では90〜120分と長い時間を設定することもある。頻度は毎週，あるいは隔週に1度といったケースが多い。

　これらの時間，頻度は，セラピスト側のスケジュールや規則とともに，クライエントの状態や能力，置かれた社会的状況に合わせて設定する。たとえば，重い抑うつ状態の人，身体的な障害をもつ人などでは50分は長い可能性がある。あるいは日中仕事をしている人，子どもの預け先がない人などは毎週の来談は難しいかもしれない。現実的な対応として，面接時間は毎週または隔週の決まった曜日・時間に固定したほうがクライエントの来談が続きやすい。現代社会においては1週間をサイクルとした生活を送るクライエントが多いため，その中に面接を位置づけると来談が習慣として身につきやすいためである。反

対に曜日や時間が一定でないと，意図せず他の予定と重ねてしまったり，予約を忘れるといったことが起きやすい。

面接時間や頻度の設定後は，その決められた時間枠を守り，その中で面接を行なうことが重要である。この重要性は時間の構造がまったくない場合，すなわち 24 時間のうち都合のよいときに来談し，好きなだけ話をするといった場面を想像するとよく理解できる。このようなセッティングでは，かえってクライエントの来談が不定期になり，本当に心理的援助が必要なときに来談していないといったことが起こりうる。また，セラピストもクライエントの急な来談に対応できない，気が抜けないため疲弊する，いつ次のクライエントが来談するかわからないため目の前のクライエントに集中できないなどの問題が生じる。一方，面接構造が守られていれば，セラピストもクライエントも今現在行なわれている面接に集中して取り組むことができ，次の時間に向けて心身の準備を整えることができる。

面接時間については，時間の長さよりも面接時間が設定されていることが重要である（Rogers, 1942 末武・保坂・諸富訳 2005）。短時間であっても集中して重要な話をすることで，面接の質を高めることができる。実際，面接時間の長さは介入効果とクライエントの満足度に影響を及ぼさないとする研究もある（Turner, Valtierra, Talken, Miller, & DeAnda, 1996）。ただし，スキルトレーニングなどの短時間では行なえない援助もあるため，適度な面接時間を確保することによって援助の選択肢を増やすこともできる。

面接が頻繁であるほど改善も早くなるが，治療効果そのものには差が認められないことを示す研究がある（Erekson, Lambert, & Eggett, 2015）。セッション間の時間は「休み」の時間ではなく，臨床面接によって得た進歩を自分のものにし，新たな自己洞察を得て，今まで行なわなかった行動を起こす機会でもある（Rogers, 1942 末武ら訳 2005）。また，セッション間のセルフモニタリングやスキルトレーニングなどホームワークを推奨している心理療法もある。したがって，ただ単に面接の頻度を高めるのではなく，セッション間の時間をどのように使うかという視点も含めて考えなければならない。

第 14 章　臨床面接の構造　**181**

(2) 面接の料金

料金については面接の開始以前，あるいは開始後の早い段階で伝え必要に応じて話し合う。クライエントの理解と了承を得ることが信頼を得るために不可欠である。

料金をセラピストが決定することもあるが，実施する施設や機関によって定められていることも多い。臨床面接を行なう領域によっても違いがある。たとえば教育や福祉領域では面接に料金を払うという習慣が一般的ではないが，反対に個人開業のカウンセリングルームや医療関連施設では，経営的な側面も考慮して料金が決定される。このように面接に対する料金は施設や領域によって異なるが，料金の意味を十分に理解しておく必要がある。

所得からみてバランスのよい料金の支払いは，クライエントが真剣に援助を受けにきておりセラピーへの動機づけがあることを示す（Rogers, 1942 末武ら訳 2005）。また，料金の支払いは面接の目的を見失いにくくさせ，時間を有効に活用した密度の高い面接を容易にする。さらに，料金の支払いはセラピストの責任と義務，クライエントの権利と責任を明確にするという効果もある（一丸・児玉・塩山，2000）。

料金の支払いはセラピストとクライエントの関係が日常生活における対人関係と異なるものであることを象徴し，臨床面接が愛情や友人関係ではなく仕事であることを明確にする役割もある。これによりセラピストとクライエントが適度に心理的距離を保って面接を進めることができる。同時に，セラピストとクライエントは援助者と非援助者の関係にありながら，料金の支払いによって両者は対等な関係を築くことができ，クライエントが援助を受け入れる際に自尊心を保つのに役に立つ（Rogers, 1942 末武ら訳 2005）。クライエントは料金を自ら支払うことによって過度に依存的になることなく，問題を解決する主体としての立場を保ちながら援助を受けることができる。

上記の枠組みの効果はクライエント自身による支払いが前提であり，本人によらない支払いでは料金のもつ効果が適切に機能しない可能性がある。それだけではなく，たとえば親に虐待を受けている思春期のクライエントの支払いを親がする，会社に不満があるクライエントの支払いを会社がするといったように，クライエントと支払い者の関係が面接に影響を及ぼすこともある。よって，

面接料金の支払い者を確認することは，クライエント本人の面接に対する動機づけや姿勢を判断する材料となる。

(3) 面接の場所

　面接を行なう場所に不安がある状態で会話に集中することは難しい。したがって，臨床面接を行なう場所はセラピストとクライエントの双方にとって身体的・心理的に安全で会話に集中しやすい場所でなければならない。安全かつ会話に集中しやすい環境を整えることは，クライエントの自己開示や自己探求を助け，臨床面接のプロセスを進めやすくする。また，セラピストにとっても，安全が確保されない場所はその能力の発揮を阻害する要因となる。そのため，なんらかの問題が生じた際に周囲から手助けや助言を求められる環境が望ましい。普段から他のスタッフや同僚，あるいは上司や施設責任者などと良好な関係を築くことも，広い意味でセラピストを守る場所に関連した構造である。

　慣れない環境では気が散りやすく緊張しやすいため，原則として同じ場所や部屋で面接を継続することが望ましく，室内の環境を頻繁に変えることも避けたほうがよい。また，本来とは異なる場所での面接，たとえば施設外で会う，セラピストあるいはクライエントの自宅で面接を行なうなどは，事故や倫理的問題が生じる可能性を高める。実施の判断は慎重に行ない，可能なかぎり上司や施設の責任者，スーパーバイザーなどに相談すべきである。現実的にはアウトリーチや施設外でのスキルトレーニングなど，施設外でしか行なえない援助もあるため，事前にクライエントともよく話し合い，計画を立てたうえで実施する。

　面接室の物理的構造は，安定した空間の中でセラピストとクライエントがコミュニケーションを続けていけるかどうかが主要な問題となる（小此木，1981）。この原則に従って，次の点を考慮し物理的な環境を整える。

○プライバシーの保護

　自己開示を行なうためにはプライバシーの保護が前提となる。したがって臨床面接を行なう場所の物理的特徴においても必ず考慮する。

　面接室内の会話が外部にもれず，また外の会話もそれほど聞こえない環境が

望ましい。外部から覗かれる心配も排除すべきである。これを確保するためには部屋の壁やドアの遮音性とともに，部屋の広さや雑音なども考慮する。特に広い部屋やセラピストとクライエントの間に大きな机があり距離が遠い場合，あるいは雑音でお互いの声が聞き取りにくい場合，どうしても大きな声で話す必要が生じて会話が部屋の外にもれ出る心配が生じる。その心配からプライベートな内容を語ることに躊躇することもある。また，部屋の遮音性に問題がある場合，面接室からの音で外の業務に影響を及ぼす心配でセラピストが会話に集中できないこともある。したがって，面接室内での活動に応じた遮音性を考慮すべきである。一般に成人の臨床面接においては高い遮音性は求められないが，グループ療法やプレイセラピーでは十分な配慮を要する。

　一方で，あらゆる面接でこのような環境を求めることは現実的ではない。部屋をカーテンで区切って面接室としている場合などでは，物理的な構造以外の配慮や工夫が必要となる。セラピストだけではなく面接室外のスタッフにもプライバシーを守る責任があることの説明が必要である。他にも，小さな声で会話ができるようセラピストとクライエントの物理的距離を適度に縮める，待合室などの面接室外に音楽を流し室内の音を聞き取りにくくする，他のスタッフが少ない時間に面接を行なうといった工夫ができる。

○ **安心できる空間の確保**

　セラピストとクライエントの双方が落ち着いて話ができる空間を確保する必要がある。身体的・心理的に危険が生じうる場所で面接を行なうことはできない。まずは危険な状況から遠ざかり安全を確保する。たとえばDV加害者の近くで被害者の面接をする，災害が起きている現場で面接を行なうといったことはしない。

　成人のクライエントの場合，部屋の照明は明るすぎるよりもわずかに抑えめにしたほうが落ち着いて話をするのに適し

セラピストとクライエントの双方が安全に落ち着いて話ができる空間をつくる

ている。まったくの殺風景であるよりも多少のインテリアが配置されていたほうが落ち着く。部屋も広すぎず狭すぎず適度な大きさが望ましい。部屋の広さ自体は変えられなくても，机や椅子，インテリアの配置によって受ける印象を変えることができる。たとえば，背の高い家具は部屋を狭く感じさせる。

　部屋に奥行きがある場合，セラピストとクライエントのどちらがドア側に座るのかも考慮すべき事柄である。セラピストがドア側に座ることで，子どもや落ち着きを失っているクライエントが部屋を飛び出すことを防げる。クライエントに異変があった場合，セラピストはすぐに部屋の外に助けを求めることができる。危機管理として，一般的にはこの配置が推奨される。一方，セラピストが奥側に位置する場合，クライエントを部屋に招き入れることができる。座り場所の好みを聞いた場合，ドア側を好むクライエントも多いようである。

2　ソフト面の枠組み

　臨床面接におけるルールや規則であり，伝統的に治療契約と呼ばれていた内容を含む。原則はあるものの実際の運用では守る，守らないといった二者択一ではなく，クライエントの特性や状況に応じた判断が必要となる枠組みである。たとえば，セラピストがクライエントの秘密を守ることについての原則はあるが，何を秘密とするのかについては，話の内容，クライエントの置かれた状況などを考慮に入れ，その都度判断する必要がある。

(1) セッションの構造

　セッションの構造とはセッションで行なう内容の取り決めである。この取り決めをセラピストとクライエントの両者が共有することで面接全体の見通しをつけることができ，セッションで果たすべき役割が明確になる。面接の目的を意識できるため，脱線を予防し，結果として時間を効率的に使うことができる。このセッションの構造は，臨床面接全体の構造と各セッションの構造に分けることができる。

○臨床面接全体の構造

　臨床面接全体の構造とは，開始から終結にいたるまでの一連の流れであり，

時期によって強調される内容が異なる。インテーク面接，アセスメント／ケースフォーミュレーション，臨床心理学的援助，終結といった流れが多くの心理療法に共通したものとなっている。インテーク面接はこの流れの中で最初に位置する面接であり，一般的な情報を得るとともに，その後継続して面接を行なうことが適切であるか判断がなされる（第11章も参照）。初期段階ではアセスメント／ケースフォーミュレーションが行なわれる（第13章も参照）。このプロセスでクライエントと環境についての情報収集が行なわれ，得られた情報から援助方法を検討する。中期段階では，アセスメント／ケースフォーミュレーションに基づいた援助が実施される。この間もアセスメント／ケースフォーミュレーションは継続し，クライエントの問題に改善が認められれば援助を継続し，認められなければさらなる情報収集と援助方針の変更がなされる。クライエントに改善が認められて面接の目標達成が近づいた時期が後期段階となる。この段階では面接終結についての話し合いや再発予防などが計画され，その後に臨床面接が終結となる。

○各セッションの構造

　各セッションの構造とは，1回のセッションの流れであり，明確に構造化しない立場もあれば，認知行動療法のように明確にこれを行なう立場もある（Column 10 を参照）。しかし，多くの心理療法では，各セッションの冒頭に前回からのようすやその日の体調などをチェックし，その後に本題に入ることが多い。また，セッション後半では次回に向けての予約や次回セッションまでの過ごし方などについて話し合うといった流れをもつ。

(2) 面接構造としての職業倫理

　職業倫理とは職業人としての行動を律する基準や規範のことである。臨床面接を行なうセラピストの職業倫理は，クライエントの権利や人権を守ると同時に，クライエントを守ることで結果としてこの分野を守る役割をもっている（金沢，1998）。この職業の性質上，職業倫理の大部分がクライエントとの関係に関連している。たとえば金沢（2006）は臨床面接を行なう者の職業倫理として，①相手を傷つけない，傷つけるような恐れのあることをしない，②十分な教育・

訓練によって身につけた専門的な行動の範囲内で，相手の健康と福祉に寄与する，③相手を利己的に利用しない，④一人ひとりを人間として尊重する，⑤秘密を守る，⑥インフォームド・コンセントを得て相手の自己決定権を尊重する，⑦すべての人々を公平に扱い社会的な正義と公平と平等の精神を具現する，の7原則をあげているが，いずれもクライエントとの関係に関連する内容であり，クライエントを守り，結果としてセラピストを守る面接構造として機能する。本項では面接構造との関連が特に指摘されてきた多重関係の禁止，秘密を守ること，インフォームド・コンセントについて概説する。

○多重関係の禁止

セラピストとしての役割に加えて，それ以外の役割を意図的にもっている状況を**多重関係**とよぶ。たとえばセラピスト–クライエントの関係に加え，教師と学生，上司と部下，商取引相手，性的関係，なんらかの利害関係など別の関係をもつ場合である。多重関係が問題なのは，セラピストがクライエントを搾取する関係につながりやすいためである（Borys & Pope, 1989）。また，セラピストがそれ以外の役割をもつことにより，臨床面接についての客観的な視点が阻害される可能性もある。クライエントにとっても，セラピストがもつ別の役割によって自己開示をしにくくなることがある。

○秘密を守る

前述のように，自分の内面を語ることは勇気のいる行為である。また，もし秘密が公になれば，クライエント自身や周囲の人々がなんらかの不利益を被る可能性もある。したがって，秘密が守られることが保証されなければ，クライエントは自身について語ることを躊躇し，臨床面接による利益を得ることができない。

○インフォームド・コンセント

インフォームド・コンセントは「説明と同意」と訳され，患者やその家族が治療について十分な説明を受け，理解したうえで最終的な治療方法を選択することを示す。臨床心理学の分野では古くから治療契約の一部としてその重要

性が説明されてきた。臨床面接においても目的や課題を解決するためにさまざまな約束がなされる。しかし，セラピストとクライエントがもつ知識や権限には差があるため，十分な説明を行ないクライエントが自由意志で同意できるようにしなければならない。そのため，臨床心理学的援助の内容，効果とリスク，代替手段，費用などを理解しやすく説明し，クライエントの合意を得たうえで援助を開始する。

4 節　面接構造を変更するとき

　面接構造を守る利点は多いが，一方で面接構造を絶対的なルールにするのではなく，「原則」としてとらえておく必要もある。面接構造を守ることが望ましいが，場合によっては柔軟にかつ臨機応変に対応することもありうる。その判断を行なう際には，セラピスト-クライエント関係は目的の達成に向けてつくられた関係であり，これを安全かつ効果的に進めるために面接構造があることを思い出さなければならない。面接構造の変更がセラピストとクライエントを守り，目的の達成に役立つものであるかを熟考したうえで実施する必要がある。

認知行動療法における面接構造の例

　認知行動療法はクライエントの問題に対して認知と行動の両面からアプローチする実証に基づいた心理療法である。面接構造の観点からみた場合，援助全体の流れ，各セッションの流れを構造化する点が特徴である。

●認知行動療法による援助の流れ：認知行動療法は目標指向的な心理療法であるため，大まかに前半では問題やそのメカニズムを明らかにし，後半で問題に介入するというステップを経る。
・目標の設定：セラピストとクライエントが共同してセラピーの目標を設定する。以降はこの目標に沿ってセラピーのプロセスを進める。
・ケースフォーミュレーション：クライエントから得られた情報をもとに，問題の発生・維持についての仮説と，仮説に基づく具体的な介入計画を立てクライエントと共有する。
・介入：ケースフォーミュレーションに基づいて介入を行なう。介入に先駆け，問題や介入手続きについてクライエントに説明する心理教育を行なう。
・介入効果の検証：介入開始前，および介入中もクライエントの問題や症状，行動の変化を確認する。望ましい変化が生じれば介入を終結し，変化が生じない場合はケースフォーミュレーションを修正・変更し，さらなる援助を行なう。
・終結：介入によってクライエントに十分な変化が生じ目標が達成された場合に臨床面接を終結する。終結に先駆け，再発を予防するための計画を立てる。

●各セッションの流れ：認知行動療法ではクライエントが自身の問題に対処できるよう技法を学び，練習する手助けを行なう。この枠組みを意識して各セッションを構造化する。
・導入：問題や症状の程度や，生活の変化などについて聞き取りを行なう。また，今回のセッションで扱う話題などをクライエントと共同で設定する。前回のセッションでホームワークを出している場合，その成果や結果を確認する。
・介入：目標に沿って問題に対する介入を行なう。心理教育や介入手続きが実施される。
・まとめ：セッションで行なわれた内容をふり返る。セッション間の時間を有効に活用するためホームワークについて話し合い内容を決定する。

グループを対象とした面接

　本章では，集団療法や集団心理療法を含む，複数のメンバーが参加し，対面でのやりとりをとおして心理的支援が行なわれる場を「**グループ面接**」とし，これについてみていくこととする。まず1節で概要を述べ，2節では，グループ面接の利点と課題について触れておく。3節で，利点を最大限に活かすために，グループ面接において考慮すべき要因について，4節では，グループ面接の進め方について紹介する。

1節　グループ（集団）面接とは

　グループ（集団）を媒介とする治療的活動全般を「集団療法」，その中で心理的機能媒体を用いる手法の全般を「集団心理療法」とよぶ（『心理臨床大事典』，氏原・亀口・成田・東山・山中，1992）。「集団心理療法」は，うつ病休職者の復職支援（五十嵐，2010），認知症（平井・髙崎・今井，2017），アルコール依存症の患者（河本，2017），DV被害者（信田，2017）等，さまざまな対象に用いられている。
　グループ面接では，1対1とのかかわりとは異なる力動が存在する。その力

は，グループの目的に有効に働くこともあれば，時にはバランスを崩し，目的の達成を阻害する可能性もある。北西（2017）は，「グループ力動を知ることは，個人面接でも役に立つ。たとえば，その人が現実の社会的生活のなかでどのようにグループとかかわっているのか，を知ることで，その人の病理と健康さが深く理解でき，その介入法は豊かなものとなろう」と，グループでのかかわりの意義について触れている。一方で，「漠然とグループを立ち上げてしまい，その対象の選択，病理理解と治療目的の検討がおろそかになっていないだろうか」と，グループでの面接における課題についても言及している。よって，セラピストは，グループの力動に影響を及ぼす要因を十分考慮し，面接を進める必要がある。

2 節　グループ面接の利点と課題

1　グループ面接の利点

われわれのアイデンティティ，価値観，態度等の形成には，家族，友人，社会的なさまざまな集団とのかかわりや人々からのフィードバックの影響を多分に受けている。ワグナーとインガーソル（Wagner & Ingersoll, 2013 藤岡・野坂訳 2017, p.4）は，「ともに活動することで，集団社会が有するさまざまな知識やスキルが個人に利益をもたらし，それによって人は多くのことを達成できるのである」としている。このように，グループ面接では，参加しているメンバー同士が互いの知恵を共有し，相互的サポートを享受できることが最も大きな利点である。互いに自分の有する知恵が，グループの誰かの問題解決に貢献できることにより，メンバー各人の成長を促すだけでなく，グループが団結していくことにより，グループ全体が発達していくとされている。

　現代人，特に若者におけるコミュニケーションは，Social Networking Service（SNS）をとおして行なわれることが多く，直接，人と人とが向き合うことによって得られる情緒的なふれあいが少なくなってきている。よって，グループ面接には，直接，情緒的関係を築く場所となり，物理的居場所としてだけでなく，心理的居場所，心の拠り所となることが期待される。

ヤーロム（Yalom, 1995）は，集団精神療法の重要な因子として「凝集性」をあげている。凝集性とは，メンバー同士のつながりのことである。凝集性が高いグループは，安全で安心感のある居場所となり，メンバーやセラピストから受容されることが多く，それが自己受容に結びついていくとされる。

2 グループ面接の課題

メンバーの進行状況や取り扱う問題の質は互いに影響を与え合い，時にはグループ全体のバランスを崩すことがある。セラピストは，常にメンバーの変化に敏感になり，影響要因の微調整をすることが求められる。個人面接のように，特定の人だけに時間をとることも，グループ面接では困難となる。よって，グループの目的を明確にし，グループの構造を考え，メンバーに公平感を保つようなはたらきかけを心がけ，問題を最小限にとどめる工夫が必要となる。

3 節　グループ面接において考慮すべき要因

1 グループの目的

グループ面接は，グループの構造や時間，人数などの枠を決めいておかなくてはならないため，個別面接と異なり，個々の多様なニーズにすべて答えることは困難となる。よって，主要な目的に絞り込み，その変化に焦点を当てて進める必要がある。

藤岡・野坂（2017）は，グループの目的に合った一般的な形式として，「サポートグループ」「心理教育グループ」「心理療法グループ」の3つを提示している。多くのグループは，それぞれの要素を合わせもっていると述べている。

「サポートグループ」は，がんやうつ病などの特定の疾患のある者や，休職・失職した者など人生で今と異なる新しい局面にある者などが参加し，特定のテーマで話したり，同じような経験をした人同士が，それぞれの思いを共有するグループである。まず，一人で問題を抱え込まないために，物理的にも心理的にも居場所として，参加することを目的とする。そして，徐々に互いにサポートしあう関係性の構築が目的となっていく。

192　第3部　臨床面接法

「心理教育グループ」は，グループ参加者に共通の問題や目的に関する知識やスキルを学ぶことを目的としている。セラピストがメンバーに役立つ専門的知識やスキルを提供したり，メンバー同士が互いに役立つような情報を語り合うことにより，問題解決や目標達成に役立つ新しいアイデアを得ることを目的としている。セラピストからの一方的なレクチャーではなく，ここでも，グループではメンバー同士が相互にはたらきかけながら進めることで，これまでにない発想が生まれることがある。

「心理療法グループ」は，さまざまな問題に対して，特定の理論に基づいたアプローチを行なうグループである。問題解決に向かって互いに励まし，支え合う環境を整えることが重要となってくる。

グループ面接では，セラピストの話を受動的に聞くより，メンバーの話を見聞きすることをとおしての学びが大きいため，メンバーの積極的な参加が要となる。セラピストが示す見通しよりも，より現実的な期待をもつことがあるとされる。

2　グループの構造

個別面接と同様に，「非構造化」「半構造化」「構造化」に分けることができる。構造化の程度は，面接の目的，クライエントのモチベーション，ニーズ，能力，面接時間，参加人数等によって使い分ける必要がある。

(1) 非構造化面接法

非構造化面接法は，特定のテーマを設定したり，一人が話す時間や順番等の設定はせずに実施する面接である。参加者が少人数であり，オープンな雰囲気で自由に発言したりアイデアを出し合ったりする場合に適しているとされる。自発的にグループに参加しており，十分に時間が確保されている場合にも有効とされている（詳細は第4章を参照）。

(2) 半構造化面接法

半構造化面接法では，テーマに沿ってレクチャーや話をする時間を設けるが，メンバーが話した内容や質問から新たなテーマが生じた際は，そのテーマにつ

いても話を広げていく。メンバーが話す順序も，全員に発言を促した後，自由に発言を促したりと，決められたことを実施する時間と，自由に発言し合える時間を設ける（詳細は第3章を参照）。

(3) 構造化面接法

構造化面接法では，テーマに沿ってレクチャーと話をする時間を設定して，計画どおりに進行し，新たなテーマが浮上しても，構造を崩さずに進める。

半構造化面接法と構造化面接法は，参加者が大人数であったり，強制的に参加させられ，モチベーションが低い者や，自己開示に抵抗感がある者がいる場合や，時間的に余裕がない場合，習得すべき課題が明確である場合等に適しているとされている。半構造化や構造化をしておくことは，与えられた時間の中で，知識を得たり，課題に取り組んだり，個々の発言を促したりするのに有効である。また，セラピストが不慣れな場合も，構造化しておくことによって，戸惑うことなく，進行することが可能となる。

また，さまざまな構造を組み合わせることもできる。最初，参加者同士が打ち解けあうまでは構造化しておき，こちらが準備したレクチャーや課題に取り組み，個々に発言を促す仕組みにしておく。参加者同士が打ち解けてきたら，半構造化へと移行し，最終的に各々の個性を尊重しながら，グループでの自身の役割を認識して，課題を進めていくような，まったく構造化しない自由度の高い状態で進めるなど，グループの状況に応じて構造を検討していくことが望ましい（詳細は第2章を参照）。

3　グループのメンバー構成

(1) グループの質

グループでは異なる視点からアイデアを得たり，互いを支え合うというグループの利点を活かすためには，居心地のよい場である必要があるため，グループのメンバーの構成が重要となる。

グループのメンバーが同質である場合，共通の体験や困難を共有することができ，共感することで相手を受け入れていくスピードが速いという利点がある。しかし，参加者は，類似した経験をしていたとしても異なる課題や背景をもっ

ているのが当然であるため，時には他者の助言や意見を受け入れがたく，不快な気持ちになったり，他者の状況に羨望の念を抱くことがある。

　グループのメンバーが異質である場合，参加者を募集するのは容易であるかもしれない。また，個々の背景，診断，目標等もバラバラであるため，これまでの自分になかった新たな視点が得られることもあるだろう。同質グループでは診断や問題だけに注意してアイデンティティ形成を行ないがちになるが，異質グループであれば，そのようなことに囚われずにかかわることができる。

　しかし，幅広い背景や課題をもった参加者をファシリテートするのは困難な面も多いため，ある程度の参加基準・条件を設けていることが多い。

(2) グループの人数

　グループの人数は，目的，セラピストの人数，経験，スキルの程度，セッションの期間，頻度，クライエントの問題の内容，重篤さ等を考慮して決定する必要がある。

　心理教育が中心のグループの場合は，10 ～ 12 名程度なら全体の反応を確認しながら進めることができる。しかし，お互いの体験や課題について発言してグループで共有する場合は，参加者同士の顔が見える 5 ～ 7 名程度が理想的である。10 名以上になると，2 名のリーダーで進めることが有効であるとされる（Kivlighan, London, & Miles, 2012）。

　また，メンバー個人によってグループの人数への居心地のよさは異なる。よって，メンバーが少なすぎる，もしくは多すぎると感じ，居心地がよくないと感じた者は，欠席が目立つようになる場合が多い。このような場合は，個別面接に移行するなど，配慮しなくてはならない。また，何かしらの病理を抱えている際，急性期や重症例はグループには適さない。症状が軽減され，回復期や安定期の者が対象となる。

4　グループの期間・頻度・セッションの長さ

　グループの目的によって，実施される期間は異なる。心理教育グループの場合，決まった回数で実施されることが多い。複数の目的がある場合は長期になる。1 回かぎりというものから，20 回以上になるものもある。その間にメンバー

の入れ替わりがあるケースもある。2回以上のグループは，前回の内容を覚えていられる範囲が望ましく，毎週か隔週で実施することが多く見られる。

　回数を途中で変更可能であるオープンエンドのグループは，自分のペースで進み，自分のタイミングでグループを終えることができる。必要な知識や課題をこなし，グループを早々と終了していく者もいれば，心の居場所・拠り所として，長い間通い，ゆっくり自分のペースで進める者もいる。終わりが明確でないことから，不必要に長期になることがあるため，終結の目安は設定しておく必要がある。

　1回のセッションの長さは，グループの大きさと目的により調整することが望ましい。10名以下のグループであれば，60 ～ 90分程度，それ以上になると90 ～ 120分程度が目安である。120分以上になると，休憩時間を確保し，メンバーの集中力を保つ工夫が必要となる。内容や課題にもよるため，参加者のようすなどを観察し，適度な長さになるよう調整してく必要がある。

4 節　グループ面接の進め方

　鈴木（2017）は，参加者が自由に話せる雰囲気を保証する条件として，コンダクター（セラピスト）を含めてメンバー全員が平等であることをあげている。参加者が発言している際に，専門家としての助言を加えるのではなく，平等であるという構造を守り，相手の価値観や考えを受け止め，尊重する姿勢が重要となる。このような条件のもと，グループ面接は下記の過程で進められる。

1. **準備期**：グループ面接がその個人にとって適切かどうかを判断し，適切であると判断した場合は，グループ参加におけるルール（グループ内の守秘義務）等について伝えたり，グループで取り扱っていきたい課題や期待について事前に共有しておく。こうしておくことで，参加への不安や緊張の緩和に役立つ。

　　攻撃的，支配的傾向が見られる者は，他のメンバーに不快感を与える可能性があり，重篤な症状をもった者も，他者への配慮が困難となり，他のメン

バーと良好な関係性を築くことに困難をきたす可能性がある。よって，グループ参加までの準備期間として個別面接から開始することが望ましいケースもある。

2. 形成期：グループに参加すれば，セラピストとの関係，メンバー間の関係を形成するために，お互いに名前やニックネーム等を含めた自己紹介を行ない，これから決められた期間，目的のために時間をともにすることを確認する。

　この時期は，まだ不安と緊張があるため，セラピストは，和やかな雰囲気をつくるよう工夫する。

3. 活動期：メンバー間相互作用の中で，さまざまな視点からの意見に触れながら，個々の課題に向き合う時期である。ここでは，これまでの自分の価値観とは異なる意見にふれることが増え，混乱や葛藤が生じやすい。セラピストは，メンバーが次期に活かすことができるようさまざまな情報を整理してフィードバックするなどの支援が必要となる。

4. 移行期：メンバー個々の自己課題の再構成と人格機能の再統合を行なう時期である。最終的に，グループ面接をとおして，何を学び，今後の自分自身の生活や人生に活かすことができるかをメンバーとともに整理する。

5. 終結期：グループが終了するにあたって，個々の学びを共有する時期である。最終的なゴールは，グループで1つではなく，グループをとおして，メンバー個々が得たものは異なるだろう。同じ時間を共有したことで，それぞれの今後の方向性が異なっていても，お互いを尊重し，温かく見守り，送り出すことで，グループを終える者のその後の力となる。

5 節　復職支援プログラムとしてのグループ面接

　本節では，メンタルヘルス不調による休職者の復職支援プログラムのグループ面接（本岡・三戸・長見・藤原，2010）について概観しておくことにする。

1　グループの目的

　メンタルヘルス不調による休職者の復職支援プログラムは，疾患の治療が落

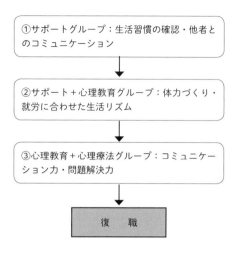

図 15-1　復職支援プログラムの目的の変化

ち着いた回復期に開始される。図 15-1 に示したように，はじめは，①生活習慣を整え，少しずつ他者とのコミュニケーションをとり，外出に慣れることが目的となる。これは先述した「サポートグループ」に当てはまる。

その後，外出に慣れてきたら，復職に向けて，②体力づくりを行ない，就労に合わせたリズムで生活することが目的となる。これは，「サポートグループ」に加えて，「心理教育グループ」としての機能をもっている。

また，再発予防のために，③コミュニケーション力や問題解決力を身につけることを目的としたカリキュラムが設定されている。これには，「心理教育グループ」と「心理療法」の要素が含まれている。

2　グループの構造

図 15-1 の①は，個々の生活習慣を整え，外出することに慣れるために，コミュニケーションをとることを目的としたグループであるため，メンバーが自分の体調に合わせて参加することができ，互いに他愛もないことを話せる場として機能させることが重要である。よって，自由度の高い「非構造化」として設定される場合が多い。しかし，先述したように，参加したばかりで，自己開示に

抵抗感があるようなメンバーが多数いる場合は，テーマや話す順序を決めて進める「半構造化」のかたちをとることが望ましい場合もある。②は，居場所としての機能を残しつつ，体力づくり，就労に合わせた生活リズムを整えるという目的が明確なグループである。よって，「構造化」されたカリキュラムになっている。③は，コミュニケーションや問題解決に関する専門的知識を得るために，「構造化」されたレクチャーに加えて，得られた知識を実際に個々の対人関係や問題に活用してみて，その進行や結果を話し合う「半構造化」された時間が設定される。

3 グループのメンバー

復職支援プログラムのメンバーは，実施機関によって，対象条件，参加条件が設けられている。本事例のグループは，企業，官公庁等に正社員として籍を有する労働者で，主にうつ病・適応障害等により休職中の者を対象としている。参加条件として，うつ病もしくは適応障害で回復期にあること，週2回程度自力で通所が可能であること，主治医が参加を許可し情報提供が可能であること，アルコール依存・薬物依存・パーソナリティ障害がないこと，概ね2か月以上参加可能であること，が設定されている。

1グループは，60分のセッション中に全員が発言可能である8名〜13名程度であった。

4 グループの期間・頻度・セッションの長さ

復職支援プログラムは，月曜日〜金曜日の平日に開室しており，図15-1の①を目的とした「ウォーミングアップコース」と，②③を目的とした「復職準備コース」が設けられている。

各コース，週に5〜10個程度のカリキュラムが用意されている。カリキュラムは毎週1回,1セッション（60分間）で設定されていて，1クールが5セッションで構成されているため，期間は1か月程度であった。

第 15 章　グループを対象とした面接　**199**

グループ面接の実例

　復職支援プログラムにおける問題解決力を高めるためのカリキュラムの進め方を紹介する。マイナーズ＝ウォリス（Mynors-Wallis, 2005 明智・平井・本岡監訳 2009）の問題解決療法を参考に作成された問題解決力を身につけるためのカリキュラムである。表のように，問題解決の5つのコツ（問題の明確化，目標設定，解決策の創出，解決策の選択と決定，結果の評価）を身につけるために，第1セッションから第5セッションへ順に進んでいく。すべてのセッションにおいて，問題解決力に関する心理教育を行なった後で，グループワークを行ない，ホームワークを出すという構成になっており，問題解決の知識を得るだけでなく，その知識を自分の問題に当てはめ，解決策の実行を行なうことで体得できるよう構成されている。グループワークの時間を設けることで，同じ復職を目指しているメンバーの問題解決のプロセスを参考にできたり，ブレーンストーミング（アイデアを可能なかぎりたくさん創出する）の際に，自分だけでは思い浮かばない幅広いアイデアを得ることができる。また，ホームワークについて話し合い，内容を決定し，グループでふり返りを行なうことでモチベーションの維持にもつながる。

表　復職支援プログラムのカリキュラム「問題解決療法」の構成

セッション	心理教育	グループワーク	ホームワーク
第1	問題の明確化，目標設定のコツを説明	個々の問題・目標を書き出し，共有する	問題・目標を書き出す
第2	解決策の創出のコツを説明	解決策のブレーンストーミングをグループ全体で行なう	解決策リストの作成
第3	解決策の選択と決定のコツを説明	次週までに取り組む課題を発表し，共有	課題を実行してくる
第4	結果の評価	実行した結果を発表し，共有	新たな課題を実行してくる
第5	ふり返り	5回をとおしての学びを共有	今後の課題の整理

子どもを対象とした面接

　子どもを対象にした臨床面接では，相談の主体である子どもの健やかな成長とQOLの向上に向けて心理学・臨床心理学の知見から支援をしていくものである。しかし成人を対象に実施しているような心理面接を子どもに実施するのではうまくいかない。子どもは「小さな大人」ではなく，「子ども」としての特徴をふまえ面接を進める必要がある。
　さて本章では臨床面接の中でも心理的支援の進め方を中心的に取り上げるため，心理面接と表記した。ここでは，心理面接を進める際に必要な「パーツ」を順に紹介していくかたちをとっているが，実際に心理面接を進める際には，この複数の次元にあるさまざまな「パーツ」を組み合わせて，個々のかたちで適切になるよう運用していく力が必要となる。

1節　子どもの置かれている立場

1　子どもが相談の主体である：子ども本人が悩んでいる

　最初に強調しなければならないことは，子どもが相談の主体である，という点である。子どもはいろんな経験をしながら，さまざまなことを感じ，考え，

判断し，行動し，それについてふり返っている。しかし，そのやり方は，周囲の大人からみれば稚拙であったり，幼かったり，未熟であったりする。そのため周囲の大人は「どうして相手が怒るようなことを口走ってしまったのだろうか」「ちょっと考えればわかるはずだろうに」と思うかもしれない。たとえ周囲を困らせるような状況であっても，子ども自身も実は困っている。誰だって問題を抱えたくないし，周囲からも叱責されたくないし，自分らしく生活していきたいと考えている。にもかかわらず，周囲が頭ごなしに正論をかざし説得したとしたら，子どもには自分自身のことを理解すらしてもらえないと感じるだろう。あるいは，子どもからは反発のような態度しか生まれないこともある。周囲が客観的に見て正しくなかったとしても，子どもは本人なりの見方や考え方があるのである。

　心理面接では，さまざまな場面で子ども自身が決めていく過程が非常に重要になってくる。そのためにも，子どもにわかるかたちで適切な情報を提供し，子ども自身が自分のこととして関与していく場面を保証していくことが重要である。

2　子どもは保護される存在である

　子どもたちの主体性を尊重する必要がある一方で，子どもたちは保護される立場にもある。当たり前ではあるが，子どもは経済的にも，生活面でも，保護者などの力を借りながら，生活しているのである。

　心理面接を進めるにあたっても，この点は非常に重要である。たとえば，心理面接に関する契約があげられる。子どもが未成年の場合は支援に関する同意は保護者の責任である。

　一方，保護されなければならないほど弱い立場に置かれているということは，置かれた環境の問題を無防備なまでに受けてしまうことでもある。子どもたちは，家庭環境のさまざまな問題に巻き込まれて，その被害者として面接に訪れることがある。子ども虐待がそのいい例である。この他にも親の離婚や再婚などは子どもにとっても大きなストレスイベントとなることが考えられる。

2 節　子どもを対象にした心理面接の特徴

1　子どもは発達段階にある

　子どもは，まさに発達の過程を歩んでいる。子どもは，身体的な成長に加え，知的・認知的能力，人間関係や社会関係，自我等の側面において変化が見られる。またより細かなことを実行したり，理解できるようになったり，さまざまな能力を統合してできるようになるのが「発達」である。

　心理面接を進めていくにあたり，当然ながらこのような子どもの発達の過程を理解しておく必要がある。一般的な発達過程を理解しておくことによって，たとえば，遅れやつまずきを知ることができる。語彙数の爆発的な増加は 2 歳前後といわれているが，この時期になっても言葉の数が増えていないということであれば，特定の障害を疑っていくことになる。この他にも，発達の順番が違ったり一部飛び越えたりする場合，特定の能力の成長が極端に遅い場合，あるいは以前できていたことが急にできなくなる場合，などのかたちで問題が表われてくる。このように，一般的な発達過程を理解することにより，問題の早期発見早期対応が可能となる。

　また，発達が特定の順を追って進んでいくという特徴から，現在の発達の状態を知ることによって次の変化を予測することができる。たとえば，言葉や数の概念についての発達，微細な運動などの発達の順序から，次の段階でどのように変化していくかを予測し，それを目標の一つとして，具体的な支援方法を考えていくことがある。これら運動や知的発達の側面のみならず，社会性などの他の側面の発達についても同様に活用できるものと考えられる。

2　子どもは言語表現が難しい

　子どもは発達の過程にいることは先に述べたが，言語については特筆しておく必要がある。というのも，心理面接では非言語的なコミュニケーションも強調される一方で，言語の担う役割は大きいからである。

　心理面接で求められる言語の機能はさまざまな側面がある（髙橋，2007）。たとえば，心理面接では言語化することが一つの心理的効果であるが，この他

にも言葉を介して自分の周囲に起こった出来事についてセラピストに伝えるという機能がある。しかし，自転車の乗り方を言葉で教えるのが難しいのと同じように，実際の行為や行動を言葉で表わすのは実は非常に難しい。たとえば，面接でこの1週間の間にどのような問題に直面したのかを尋ねられたとする。そのためには，実際に起こった出来事を想起し，語彙や文章力を駆使して表現しなければならず，その過程は案外複雑である。またこの他にも，セラピストと約束したことを想起し，それを実行に移す際にも言語は活用されるが，これは言語による行動の調整機能と呼ばれるものである。

　子どもは，こうした言語の機能が未発達である。そのため，必要なさまざまな言語機能を徐々に引き出したり，伸ばしたりすることも一つの目標になる。また，同時に言語によらない方法でこれらを補うことも考えていく必要がある。絵画や遊びなどを使った心理療法があったり，あるいは実際にさまざまな活動を行ないながら心理支援をしていく必要がある。

3　子どもは自発的に来談することが少ない：サインを見逃さない

　子ども本人が心理面接を申し込んでくることはきわめて稀である。多くは乳児健診などの機会にスクリーニングされたり，保護者や先生が気づき関係機関に紹介されてくる，という流れを踏む。子どもは問題に直面し悩んでいたとしても，それを適切に解決する力も未熟である。

　そのため周囲はいかに子どもたちの発する異変にいち早く気づいて，早期に適切な機関へ紹介できるかが重要になる。「小さなサインを見逃さない」といわれるゆえんである。小さなサインとは，たとえば，先の発達の視点に加え，睡眠不足や食欲不振などの生活習慣の変化や，性格が変わったのではないかと思うような言動などがあげられる。この他，親の離婚や引っ越しなどの生活環境の大きな変化も，ストレスイベントとして作用しやすいため，注意してみていくことが必要となる。

　さらに，心理面接を進めるにあたっても，子どもたちの初期の抵抗を理解しておく必要がある。子どもたちにとっては，どこに連れて行かれ，誰に会うのかも想像できない状況は非常に不安であり恐怖である。場合によっては，これまで関係していた大人との関係をこじらせてしまっており，他人である援助者

に信頼を寄せるどころか，不信感を抱いた状態で来る場合もある。そのため，子どもとの信頼関係をどう築くかは，大人以上に注意深くかかわる必要がある。

3 節　子どもを対象にした心理面接で扱うさまざまな問題

　子どもが直面する心理的問題は多岐にわたる。誕生してから成人までのおおよそ 20 年間は，身体的にも心理的にも，また生活する環境も，人生の中でも大きく変化する期間である。そのぶん，子ども時代に直面する問題は多い。表 16-1 を見てほしい。これは，「Practice Planners（心理治療計画実践ガイド）」の "Child" 編 （Jongsma, Peterson, McInnis, & Bruce, 2014; Jongsma, Peterson, Mcinnis, & Berghuis, 2014）と "Adolescence （Jongsma, Peterson, & McInnis, 2003 田中監修 2010; Jongsma, Peterson, Mcinnis, & Berghuis, 2002 田中監修 2015）" 編で取り上げられた問題をもとに作成した表である。この本は「治療計画」編と「経過記録計画」編とに分けて，それぞれ数百ページにまとめられており，それぞれの問題により対応を考えなければならない内容がリストアップされている。

　この 2 つのシリーズの中で取り上げられている子ども時代の問題は，40 余りになる。当然ながら，ここで取り上げられている問題がすべてではない。たとえば「選択性緘黙」や「チック症」といった問題は取り上げられていない。また，「登校拒否」は，日本では実態に合わないため「不登校」という名称を用いることが多いが，こうした差異が見られる。また，ここでは「いじめ」も介入すべき構造の一部分しか取り上げられていないように思われる。このように，日本で活用するには少し工夫が必要ではあるものの，子どもを対象とした心理面接では，この範囲の内容について取り扱うことを事前に理解し準備しておく必要がある。

　さて，このように特定の問題を同定することには，次の 3 つの意義があげられる。1 つめは適切な介入方針を選択する際に「役立つ」ことである。その典型は，「エビデンスに基づく心理学的実践」である。「Practice Planners（心理治療計画実践ガイド）」の「治療計画」編の中でも，エビデンスがあるものについてはマークがついており，指針選択の際には非常に重要な情報となる。

　2 つめは，疾患や問題に特徴的な心的要因（認知や感情，気分などの特性）

表 16-1　心理面接で取り上げる主な子どもの問題（Jongsma et al., 2002 田中監修 2015; Jongsma et al., 2003 田中監修 2010; Jongsma et al., 2014; 2014 より作成）

発達に関する問題	
Attention-Deficit/Hyperactivity Disorder (ADHD)	注意欠如・多動症
Autism Spectrum Disorder	自閉スペクトラム症
Conduct Disorder/Delinquency	素行症／非行
Intellectual Development Disorder	知的発達障害
Oppositional Defiant	反抗挑戦性
Speech/Language Disorder	語音／言語障害

精神疾患や性格特性に関する問題	
Anger Control Problems	怒りに関する問題
Anxiety	不安
Attachment Disorder	アタッチメント症
Chemical dependance	物質依存
Depression	抑うつ状態
Eatig Disorder	摂食障害
Gender Identity Disorder	性同一性障害
Obsessive-Complusive Disorder	強迫症
Posttraumatic Stress Disorder	心的外傷後ストレス症
Separation Anxiety	分離不安
Social Anxiety	社交不安
Specific Phobia	特定の恐怖症

身体・生活習慣に関する問題	
Medical Condition	身体疾患
Sleep Disturbance	睡眠障害
Overweight/Obesity	肥満
Enuresis/Encopresis	遺尿／遺糞

学校生活に関する問題	
Academic Underachievement	学業不振
Bullying/Intimidation perpetrator	弱い者いじめ／加害者
Disruptive/Attention Seeking	規律違反／注意ひき
School Refusal	登校拒否
School violence	校内暴力

家庭環境で起こる問題	
Adoption	養子に関する問題
Blended Family	混合家族
Divorce Reaction	離婚に対する反応
Parenting	親の問題
Peer/Sibling Conflict	友人／きょうだい間の葛藤
Physical/Emotional Abuse	身体的／情緒的虐待
Runaway	家出
Sexual Abuse Victim	性的虐待の被害者

その他	
Fire Setting	放火
Grief/Loss Unresolved	未解決の悲嘆または喪失
Low Self-Esteem	低い自尊感情
Lying/Manipulative	うそ／（他人を）操作
Sexual abuse perpertrator	性的虐待の加害者
Sexual acting out	性的行動化
Suicidal ideation/attempt	自殺念慮または企図

注）Jongsma et al., 2002 田中監修 2015; 2003 田中監修 2010 については邦訳の訳語をそのまま用いた。

を予測することができる点である。PTSD のような大きなストレスイベントに
さらされた場合には，抑うつ反応や感情の起伏に注目していくことになる。

　3つめは，他の問題を予測できることである。たとえば，ADHD は限局性
学習症を併発する場合が多いこと，さらに青年期から成人にかけて素行症や反
社会性パーソナリティ障害を発症しやすいことが知られている。またこれ以外
の精神疾患でも，青年期に好発するものがあること，病前性格といわれるよう
な発症以前に特徴的な性格特性があること，などが整理されている。

4 節　子どもの心理面接で扱う情報

1　診断基準に沿った査定

　子どもの面接を進めるにあたっても DSM や ICD といわれているような精
神医学的な診断基準に沿った情報収集が必要である。医学的診断は医師によっ
て行なわれるものであるが，医師や他の専門家と連携し，診断や方針をたてる
ために DSM や ICD の診断基準に沿った情報が必要となる。また，現在では
この診断基準に沿ってエビデンスが示されているなど，心理面接での方針選択
はこうした診断基準に従い整理されていることが多い。

2　心理検査を使った査定

　次は心理検査を用いた情報収集の方法である。心理検査にはさまざまな種類
があり，問題をスクリーニングするためのものや，病態水準のような状態像を
同定するためのものや，診断を補助するための情報収集として実施するものが
ある（黒田，2015）。心理検査の結果は，クライエント自身の理解のみならず，
関連する関係者との共通見解をもつためにも有効な手段となっている。

　心理検査は測定する内容によって分類されることがあり，発達検査，言語に
関する検査，知能検査，認知検査，情緒や社会性，問題行動に関する検査など
がある。これらを単独で使用することもあれば，クライエントの問題に沿って
パッケージを組み立てたりする。この点についてはさまざまな文献なども参考
にしながら，クライエントの状況に沿って考えていく必要がある。

第 16 章　子どもを対象とした面接　　207

3 インフォーマルなアセスメント

先の心理検査がフォーマルなアセスメントだとすれば，以下の内容はインフォーマルなアセスメント（黒田，2015）である。心理面接では問題や特性を理解するばかりではなく，家庭環境や家族関係，教室内での人間関係や休み時間でのようす（遊び方，葛藤場面でのふるまい方），等について，関係者に尋ねたり，直接観察しながら情報を収集する。このような情報を収集することが具体的な目標や計画を立てる際に役立つのである。

(1) 現在，どのようなかたちで問題が生じているか

まずは彼らの疾患や問題がどのようなかたちで起こっているのかを具体的に知る必要がある。たとえば，ケースフォーミュレーション（第13章）を組み立てていく必要があったり，その行為がどのような機能をもっているかを応用行動分析の手法を借りながら機能分析していく（松見，2011）ことが重要である。

また知能検査がただちに実施できなくても，学業成績や作文や絵画・工作などの作品を参考にすることで，さまざまな能力や集中のようすなどが基礎的な資料となりえる。

(2) 本人の問題意識

先に，本人が問題を感じている場合であっても，自発的な来談は少なく家族などに連れられて来室することが多いということを指摘したが，面接の早い段階で，本人がどのように感じているのかを確認することが重要となる。周囲の大人の問題意識と子どもの問題意識がずれていることは往々にして起こりえることであり，その構図を理解しておく必要がある。また非行少年も，行なっている破壊行為が道徳的に許されないものであるとは知っている。むしろ許されないことを意識的に行なっているのである。

このように，子ども自身が問題についてどのように思っているのかを聞き取る必要がある。そのため，答えづらいことも配慮しつつ，相談の主体である子ども自身に率直に尋ねたい点である。

(3) 本人の問題以外の特性：好みや趣味，人間関係，性格や「らしさ」

　心理面接は悩みや問題を解決する場所であるため，面接で取り扱う内容はこの点に集中しがちである。しかし，それでは十分ではない。たとえば，従来，学習障害といわれていた限局性学習症（specific learning disorder）と診断されている子どもが，周囲のサポートを上手に引き出すようなかたちでかかわっていた場面に出会ったことがある。その子は発達障害としての特性はあるものの，学校生活の中では一見支障がないように適応していると先生よりうかがった。発達障害のようにすでに特定の能力に偏りがある場合には，その能力の改善は望めないが（これを非進行性という），その一方で他の能力を十分活用し生活改善を目指す。さらに，本人の好みや趣味はさまざまな行動に波及する原動力となったり，将来の夢や希望が QOL の向上や自己実現につながる糸口となる重要な情報である。

　このように問題となる特性に関する情報を集めていただけでは，彼らの成長と適応に関する支援にはつながらない。そのため，子どもの持っている他の能力，子ども自身のよさやその子らしさを理解していくことは大切である。ただし，こうした視点は，聞き取るセラピストの個性により変化しやすく，特に主観的になりやすい箇所であるので留意したい。

5 節　子どもの心理面接の進め方

1　環境設定

　心理面接は，「日常生活と隔離された空間」で行なわれる。これはクライエントを日常の文脈から離れた空間に置くことで安全で安心な環境を確保できること，またセラピストを守るための構造となることとして強調されてきた。ただその一方で，日常生活で何が起こっているのか，面接がどのような効果をもたらしているのか，といったようすを査定しにくい状況にもなっている。現在では従来強調されてきた環境を超え，より柔軟な対応を探るようになってきている。たとえば，スクールカウンセラーは授業中のようすを直接観察したりしているし，不登校の子どもの家に訪問して子どもと面会することもある。この

ように直接生活の場所へ赴き，子どもたちと接することもある。

2　心理面接中の相互作用

　心理面接は，子どもを対象にした場合に限らず，問題や経過の査定，問題解決や QOL 向上に向けた支援，クライエントとの関係を築くこと，などの複数の目的を同時に進めることになる。そして，それぞれの目的は重なり合っており，その過程は複雑になる（髙橋，2007）。

　子どもを対象とした心理面接を任されるときに，「子どもと初めて会ったときのようすをしっかりと観察することが大切である」と必ず言われる。というのも，この場面には心理面接で強調される複数の目的が象徴的に表われているものと考えられる。その一つは関係づくりである。先述したとおり，子どもたちは不安や恐怖を抱えているが，このファーストコンタクトから関係づくりが始まるのである。同時に，ファーストコンタクトも査定と支援（のきっかけ）となり得る。初対面の他人とどのような接し方をするのか，直接観察できる機会でもある。保護者との分離の際に，適切な不安を見せているのか，あまり心配もせずに離れられるのかによって，その子の特性も理解できる。

　このように心理面接ではいくつかの目的を同時に進めることになるが，その瞬間瞬間に発するセラピストの言動は無数にある選択肢の中から 1 つしか選べない。そのため，どうふるまうかは非常に難しくなる。こちらが一方的に必要な情報を知ろうとすると関係が深まらなかったりするし，関係が深まらないことには人に自分のネガティブな側面などは見せたくはないものである。

　また，一方でこうした返答は 1 回では終わらないという事実にも注目してほしい。つまり，返答を何度か繰り返したり，発言を重ねたりすることができる。これを繰り返す中で関係を調整したり，問題を少しずつ明らかにしたりしている。その調整のスパンは，数回のやりとりの範囲，1 時間の面接の中で，あるいは数回の面接を繰り返しながらなどの長さが考えられるが，実際の面接では，さまざまなスパンを活用しながら調整してほしい。

3　心理面接の進め方：まとめとして

　心理面接の方針や目標については，各種心理療法や問題別の専門書，あるい

はエビデンスを参考にしてほしい。ここでは，その方向性に従って，心理面接を「運用する」ということに焦点を当てていきたい。心理面接では，これまで説明してきたとおり，クライエントの主訴や状態や環境を理解するためにさまざまな情報を収集しアセスメントする。ただし，問題をいろんな角度からとらえ詳細に表現したとしても，問題を単に理解しただけにすぎず，実際には何も変化していかない。むしろ心理面接で大切なことはその先で，相談行為を問題解決や QOL の向上へ向けていかにつなげていくのか，である。

　この点で，応用行動分析の立場は非常に参考になる。応用行動分析は，その目的を「予測と影響」と表現している（Hayes & Wilson, 1995）。予測とは，問題がどのような原因のもとで成り立ってきたかを説明したり，解釈していくことである。このことに加え，理解した知見をもとに，変化を与えることができる環境変数を操作し，実際に変化したことを実証していくこと（影響を与えること）がより重要であると考えている。

　これを心理面接に置き換えてみれば，クライエントのさまざまな理解を通じて，相談行為という環境変数を操作しながら，クライエントの変化を導いていくことが目標となる。心理面接は先に述べたように，クライエントと相互作用を重ねながら，いくつかの目的に沿って現在進行形で進めていく過程である。その際には，これまで説明した内容の「パーツ」のいくつかを同時に取り入れながら，QOL の向上や自己実現に向けてこのパーツを組み立て面接を進める。

　この過程では，心理面接の効果についてアセスメントしなければならない（一事例の研究デザインのように特定の能力の変化をとらえたり，先の心理検査やインフォーマルアセスメント情報を定期的に確認したりする）。また，クライエントとの関係性の変化についてもふり返る。これらの結果からさまざまな手続きの評価をし，必要であれば修正を重ねる。時には，方針そのものも見直す必要もある。

　以上のように心理面接は，問題の同定や方針決定などでパタン化された「レディ・メイド」な内容を着実に踏むと同時に，クライエントと相互作用を重ねながら科学的な観点を取り入れて「オーダー・メイド」で組み立てていく必要がある。

子どもを対象とした面接例

● 対象児：公立中学校2年生男子　普通学級在籍　発達障害の疑い

● 主訴と来談経緯：小学校では担任や同級生の理解があり，学習面の遅れはありながらも普通学級で過ごせていた。中学生になり学習面の遅れが顕著になったことに加え，担任や教科担任の理解がなく，本人に対して厳しく指導をすることが増えた。対象児も自信を失い，「学校に行きたくない」と言い出したため，母親とともに相談室に訪れた。

● 担当者：保護者担当1名，対象児担当2名
● 時　　間：毎週1時間　プレールーム

● 面接方針：学校でのようす（意欲や友人関係の変化等）の確認と社会的スキルの形成と機能化

● 進め方
① 学校でのようすの報告：対象児自身も困っていることはあるものの，対象児の特性も重なり，それについて直接担当者と話しながら解決しようとすることは難しい。そこで，相談室内で話すべき内容を構造化（「学校であった出来事について5つのトピックスをあげる」）し，本人からの自発的発言を促し，それをきっかけに質問をしながら情報を得ていった。同時に，保護者面接をとおして本人の日常生活のようすについてうかがっていった。
② 社会的スキルの形成と機能化：本人の特性も重なり，他人と関心を共有する意識が低く，また本人から他人にはたらきかけることが少なかった。そこで，相談室では社会的スキルを発揮できるような文脈を準備し，その中でターゲットとなるスキルを実際に使ってみる機会を用意することとした。具体的には，一つの作品をカウンセラーと共同で作業して完成させるようなオリジナルのゲームを用意した。たとえば，それぞれ持っているカードの情報を一つひとつ紹介し合って，中国の地図を完成させる，というものである。「河南省は湖北省と山東省の間に挟まれている」「山東省は湖北省の東北方向にある」「湖北省は河南省の南西に位置す

る」という情報を 3 人それぞれに持っており，この情報を持ち寄ることで，ようやく 3 つの省の位置関係が決定する。一人が「私は『湖南省の……』という情報を持っていますが，誰かこれに関する情報を持っていませんか？」と他のメンバーに尋ね，それに関する情報を収集し，その情報を受け取り地図の位置関係が決まることで，この社会的スキルが実際に機能したことを経験する。さらにこれを続け白地図を完成されることで，3 人の共同作業が完成するかたちになっており，社会的関係そのものが強化されるような構造となっている。

第 17 章 Chapter 17

自殺リスクの評価

自殺は，生物－心理－社会的要因などが複雑に絡み合う中で発生する。そのため，1つのアセスメントツールで自殺リスクを決定的に評価することは難しく，対人援助職の複合的な観点からの多元的な評価が有用とされている。

そこで，本章では，自殺リスクを適切に評価するために必要な知識や方法論について解説し，対人援助職として求められる心構えについても言及する。

1 節 自殺について

1 自殺の現状

自殺とは，「故意に自ら命を断つ行為」と定義されており（World Health Organization：WHO, 2014 自殺予防総合対策センター訳 2014），「自らの死の意図」と「結果予測性」が重視される。世界では毎年約80～100万人が自殺によって死亡しており，それは約40秒ごとに1人が自殺にいたっていることを意味している。このことからも，その深刻さがうかがい知れるだろう。また，年齢で標準化すると，全世界の年間10万人あたりの自殺死亡率は11.4と推定され

214 第3部 臨床面接法

ている。特に，東ヨーロッパ諸国や東アフリカ諸国と並んで，日本などアジア諸国において比較的高くなっている（WHO, 2014 自殺予防総合対策センター訳 2014）。日本では，1998 年以降 14 年連続して自殺者数 3 万人を超える状態が続いていたものの，2012 年に 3 万人を下回り，2017 年では 2 万 1,321 人となっている（警察庁，2018）。このように日本の自殺者数は，近年は減少傾向に転じており，国や自治体による自殺対策の一定の効果が見られていると考えられている。しかしながら，諸外国と比較すると，日本の自殺者数はいまだに多く，自殺死亡率も先進各国の中でも上位に位置したままであり，自殺対策が急務であることには変わりはない。

　なお，近年「自殺・自死」の表現について議論されているが，本章ではガイドライン（全国自死遺族総合支援センター，2013）に基づいて表記する。

2　自殺に関する基本的な考え方

　自殺は，個人の自由や意思の結果としてとらえられることもあるが，健康，家庭，経済・生活の問題に加え，人生観や価値観，環境の変化など，生物学的要因や社会的要因も複雑に絡み合う中で発生する。そのため，多くの自殺は「追い込まれた末の死」という認識をもつ必要がある。したがって，人が自殺する理由については一言で説明することはできないが，その諸要因を把握することで**自殺対策**に役立てることが可能である。また，自殺を考えている人は悩みを抱え込みながらも，なんらかの兆候を発しており（厚生労働省，2017），自殺を図った人の家族や職場の同僚などはこの兆候に気づいていることも多く，このような気づきを自殺対策に活かしていくことが重要である。実際に，自殺はその多くが防ぐことのできる社会的な問題であるとされており（WHO, 2014 自殺予防総合対策センター訳 2014），社会の努力で避けることのできる死であるというのが世界の共通認識となりつつある。

3　自殺対策における心理臨床家の役割

　自殺には，さまざまな要因が関与しているため，**自殺リスク**の評価やその結果に基づいた介入や予防対策には，複合的な観点から多元的な支援が求められる。そのため，心理臨床家だけで自殺を防止することは困難であるが，自殺

対策において心理臨床家の担う役割はきわめて大きいといえる。なぜなら，自殺既遂者の98%が自殺時になんらかの精神疾患があったことが明らかにされており（Bertolote, Fleischmann, DeLeo, & Wasserman, 2004），精神疾患は自殺の最も強い要因であるためである。そのため，自殺予防には自殺につながりかねない精神疾患を早期に発見して適切な治療をすることが重要であると考えられており，その役割の一部を担う心理臨床家への期待は大きい。

　また，自殺で亡くなった人の中には，明確な意志をもった行動であったと確認することが難しい事例も少なくない。たとえば，十分に死（＝結果）を理解していない小児の自殺例や幻聴等の精神症状による自殺行動の事例，絶望感に駆られて死につながる行動を行なうなど，自殺の定義に含まれる「自らの死の意図」と「結果予測性」を確認することが困難なケースである。ただし，自殺は，本人だけの問題にとどまらず，自死遺族や友人など周囲に及ぼす心理社会的影響は計り知れず，地域や社会経済にも多大な損失をもたらす。また，成人1人の自殺による死亡には，20人以上の自殺企図（自殺を企てる行為）があるとされている。したがって，心理臨床家は，自殺の定義にこだわりすぎることなく，自殺者数の数値以上の問題がその背景にはあることやその影響も多岐にわたることを十分に認識し，自殺対策や予防につなげることが求められている。

2 節　自殺の危険因子と保護因子の把握

1　自殺リスクの評価における臨床面接の役割

　心理臨床家が自殺対策や予防を検討する際に，最も求める情報は，自殺の危険性が高い人を評価するための方法であろう。しかし，これまで自殺リスクを評価するためのさまざまな方法が検討されてきたが（詳細は Bongar & Sullivan, 2013 を参照），自殺リスクを決定的に評価することのできるアセスメントツールは残念ながら存在しない。そして，現在では，自殺の危険が緊急に迫っている人を発見するためには，熟練した臨床家による面接ほど有用なものはないと考えられている（高橋，2006）。そのため，実際の臨床場面において，ツールや他の情報資源を活用するなど，適切な臨床判断を行なうための方法を

検討していくことが重要であると考えられている。そして、アセスメント方法を工夫することで、自殺リスクをある程度予見することは可能であるとされており、アセスメントの結果に基づいた対策の手立てを明確にしていくという点においてもメリットは大きい。

2　自殺の危険因子の把握と理解

(1)　自殺に傾いている人の心理状態

　臨床面接において、心理臨床家が自殺リスクのアセスメントを行なうために必要なことの一つは、自殺に傾いている人の特徴や自殺の危険因子を事前に把握し、理解しておくことであろう。このことによって、自殺リスクの高い個人を同定することを助け、介入や予防対策につなげることができる。一般的に、自殺に傾いている人は、自信を失い、無力感や孤独感、絶望感にとらわれており、孤立無援感に陥りやすい。また、心理的視野が狭小化し、思考の柔軟性が乏しくなっているため、抱えている問題を合理的に解決することが困難な状況に追い込まれる。つまり、客観的には別の解決策があったとしても、自殺することが現在の過酷な状況から「抜け出す」ことのできる唯一の方法であると考えがちとなる。一方、ほとんどの人は自殺することに対して最後まで複雑で相反する感情をいだいており、誰かに気づいてもらうことを望んでいる。つまり、困難な状況下に置かれ、自殺念慮や自殺企図があったとしても、生に対する希求も両価的に存在していることを認識しておく必要がある。

(2)　自殺の危険因子の評価

　高橋（2006）によると、人口統計学的要因に関する自殺の危険因子としては、性別（一般的に自殺既遂者は男性に多い）、年齢（日本では中高年男性でピーク）、婚姻（離婚や配偶者との死別を経験した人、結婚していない人は、結婚をしている人に比べて自殺の危険が高い。また別居や単身生活も自殺の危険を高める）、職業（獣医、薬剤師、医師など高い自殺率を示す職業があるが、致死性の高い方法を入手可能であることや職業上の重圧などが理由として想定されている）などの要因があげられている。その他にもある特定の自殺手段が容易に手に入ったり、ストレスフルな出来事を経験するといった社会的要因は自

殺の危険を高めるうえで重要な役割を果たしている。たとえば，別居，死別，家庭の問題，転職，失業，経済的な問題，強いきずなのあった人からの拒絶，裁判で有罪になる恐れやそれに伴う恥辱感を経験することも，自殺の危険性と関連することが知られている。

また，自殺自体は精神疾患ではないが，精神疾患は密接に自殺と関連している主要な要因である。たとえば，自殺既遂者が生前罹患していたと考えられる精神疾患として，うつ病（30.2%）や物質関連障害（17.6%），統合失調症（14.1%），パーソナリティ障害（13.0%）などがあげられている（Bertolote et al., 2004）。したがって，精神疾患の評価に基づいた治療が自殺予防のためには重要であると考えられている。さらに，一般的にこれらの精神症状が重症化することで自殺の危険性も高まると考えられるが，たとえば臨床現場では古くからうつ病の自殺は症状の改善が見られる時期も危険であることが認識されてきたように，精神疾患に関連する自殺は危険時期が1つではないことが知られている。また，軽症のうつ状態でも致死的な自殺行動を起こす人が少なくないということや，パニック障害や強迫性障害といった不安と関連する疾患とも自殺と関連があるなど，精神症状の重症度と自殺リスクが必ずしも直線的な関係ではないことが示唆されている。そのため，重度の精神症状を抱える相談者と接する機会が比較的多い精神科領域だけではなく，スクールカウンセラーや企業内カウンセラーなどの学校や産業領域等に従事する心理臨床家であっても自殺にかかわらないでいられることはない。そのため，心理臨床家はこれらの知識を共通して有しておく必要があるといえるだろう。

一方，精神疾患と自殺は密接な関連があるが，過度に評価されるべきではなく，精神症状のみに注意を払っていればよいというわけではない。特に，心理臨床家は心理学的モデルに基づくアセスメントや面接を優先して展開することが多いかもしれないが，身体的要因にも着目することが重要である。たとえば，てんかんや脳卒中などの神経疾患，悪性新生物（がん），HIV／AIDS，他の疾患（腎疾患，肝疾患，循環器疾患，消化器疾患など）に罹患することが自殺と関連するとされている。また，日本では，自殺既遂者の40〜60%が自殺前の1か月の間に医師のもとを訪れているものの，受診先の多くは精神科医ではなく一般医であることが知られている。つまり，日本のように精神科治療の体制が十分に整備されてい

ない国では，自殺の危険性の高い人が一般医を受診する可能性は高いため，精神科・心療内科とは異なる領域や科で従事する心理臨床家であっても，自殺リスクを適切に評価することは，自殺を予防するうえできわめて重要であるといえる。

3　自殺の保護因子の把握と理解

　従来の臨床心理学では，相談者の抱える問題や精神病理を改善することを一つの目標としてきたことから，心理臨床家の自殺リスクの評価は危険因子に焦点化される傾向が見られるかもしれない。しかし，自殺リスクの保護因子について評価することも忘れてはならない。なぜなら，自殺の危険因子に対して保護因子が不足する場合には自殺の危険性を有するにいたると考えられ，同じような自殺の危険因子をもっている人でも，保護因子がどの程度存在するかによって，相対的な自殺の危険性は変わってくると考えられるためである。自殺の保護因子としては，たとえば，家族やコミュニティの支援に対する強い結びつきがあること，自殺を妨げ自己保存を促すような個人的・社会的・文化的な信条があること，心身の疾患の良質なケアや支援にアクセスしやすいことなどがあげられている（日本精神神経学会，2013）。そのため，支援者の有無（ケアや支援等の社会資源とつながっているか，利用しやすい状況か），自殺を防ぐような要因や環境にあるかどうかもあわせて評価することが求められる。特に，保護因子の評価については，危機介入などの精神科治療のみならず，地域ケア等への移行の際に有益な情報となりうることからも，この点を評価することは重要である。

　以上のように，自殺は生物，心理，社会的要因が複雑に関与して生じるため，危険因子や保護因子を多元的にアセスメントし，自殺のリスク評価やそれに基づいた介入に役立てることが求められる。

3 節　臨床面接における自殺リスクの評価

1　主要な危険因子の評価

　実際の臨床現場では，相談者から自殺念慮や自殺企図等の自殺関連行動について報告されることはめずらしいことではない。たとえば，過去の自殺企図歴

は強い自殺の危険因子であるため，そのような報告があった場合には，特に注意する必要がある。また，概念上，自殺企図と区別されるが，自傷行為を行なう者には自殺念慮があり，自傷行為で受診した後に重篤な自殺企図を行なう場合もある。したがって，自殺念慮や自殺企図，自傷行為といった報告を受けた場合には，自殺の危険因子として注意深く評価する必要がある。また，臨床面接では，喪失体験（身近な者との死別，人間関係の破綻など），過去の苦痛な体験（被虐待歴，いじめ，家庭内暴力など），多重債務や生活苦などの経済問題，不安定な日常生活，心身の健康上の問題を扱うことも比較的多いが，これらも自殺の危険因子となる。そのため，たとえ相談者からの訴えや報告がなかったとしても，必要に応じて心理臨床家から自殺リスクの評価を提案することも求められる。

2　現在の自殺念慮の評価

　臨床面接において自殺リスクを評価するために，現在の自殺念慮を確認することは重要である。実際に，救急医療においても，外来治療か入院治療かを判断するに当たっての最も重要なポイントは現在の自殺念慮の評価とされている（日本臨床救急医学会，2009）。そのため，臨床面接で，自殺関連行動の報告を受けたり，そのような疑いがあった場合には，現在の自殺念慮の有無（自殺したいという気持ちがあるかどうか）を評価する必要がある。ただし，深刻に自殺について考えているにもかかわらず，それを否認する場合もあるため，患者の言葉を鵜呑みにすることは危険である。たとえば，中高年男性などは自殺念慮を自己の弱さとしてとらえ周囲に隠す傾向があったり，青少年などは死にたい気持ちをもつことを恥ずかしいと感じ，他者に表出できないケースも少なくない。したがって，患者が自殺念慮を否定している場合であっても，表面上否定している可能性や表出できない可能性があることを念頭に対応する必要がある。そして，自殺念慮が確認されれば，出現時期や持続性，強度を評価し，自殺念慮がどの程度強いものであるのかを確認する。たとえば，対象者のもつ自殺念慮は，持続し消退しないのか，どの程度コントロールできるものなのかを評価する必要がある。

　そして，現在，自殺念慮があることが確認された後は，実際に自殺の危険性

がどの程度高いのかを評価するために，自殺の計画の有無やその具体性を評価する。たとえば，「いつ，どこで，どのような方法で」自殺をするか計画を立てていたり，実際に計画に基づいて自殺の準備をしていたり，その手段が身近にあるか，自殺を予告していたりするかを確認することは自殺リスクを評価するうえで重要である。このような自殺の計画の具体性があるほど自殺のリスクは高いといえるだろう。さらに，これらを評価する際には，他害の可能性についても確認することを忘れてはならない。ただし，自殺念慮と同様に，このような計画を立てていたとしても，相談者が否認する場合や相談者本人からの情報のみでは不十分と判断される場合もあるため，相談者自身の主観的評価とあわせて，できるだけ家族など周囲の人間から情報を得るなどの客観的評価を行なうことが求められる。そのため，心理臨床家は，インテーク面接前のインフォームド・コンセント時に，守秘義務の例外について，相談者に十分な説明を行なっておくことが求められる。

3　自傷や自殺の切迫したリスクの有無の評価

　救急などで身体損傷にて搬送・来院した場合，**自傷**や自殺の切迫したリスクがあり，自殺企図として対応するかどうかを評価する必要がある。心理臨床家の場合，救急医療現場で自殺企図者に対応するケースはさほど多くはないかもしれないが，緊急性の有無を評価するためのポイントについては大いに参考になるため，その手続き（日本臨床救急医学会，2009）を紹介する。まず，①自らの意志で行なわれた行為であることを確認（他人から強制された自損行為，犯罪被害，転倒による外傷は自殺企図ではない），②明確な自殺の意図を有していたことを確認（自殺の意図があってもなかなか明言されない場合がある。その場合でも慢性的に**希死念慮**がないか，自傷行為の繰り返しがないかなどを確認する），③致死的な手段を用いたかを確認（客観的にみて致死性の高い方法で自傷行為を行なった場合は，たとえ意識障害等により本人が言明できないとしても自殺企図の可能性が高い），④致死性の予測があったかを確認（客観的にみて致死性の低い方法であったとしても，本人がそれで死ぬことができると予測していた場合は自殺企図と判断する），⑤その行為と別に自殺行動が存在するかを確認（「落とし物を拾おうとして道路に飛び出した」という場合は自殺行動で

はない），⑥遺書などから客観的に確認（遺書や電子メールでの伝言，伝えた言葉などから自殺の意志が客観的に確認された場合には自殺企図と判断する）。

このように，自殺企図を行なっていた場合には，自殺企図に関する情報，自殺企図前後の情報，家族・支援者の情報について確認を行なうことが自殺企図者の対応の起点となる。また，情報源によって得られる情報の質は異なるため，情報提供者を確認しておくことも必要であり，最終的にさまざまな情報を統合して評価する必要があるとされている。

4　再企図の評価

これまで述べてきたように，臨床面接において，相談者に自殺の疑いがあった場合には，自殺を防ぐことを最優先に考えるべきであるが，それと同時に再企図を防止することも求められる。自殺の再企図の危険を高い確率で予測することは非常に困難であるが，手がかりになることはいくつかある。たとえば，これまで述べてきた自殺の危険因子は，再企図予測性の評価に利用することができるだろう。また，①自傷ないしは自殺企図の手段や身体損傷の程度の変化，②周囲の支援の不足やニーズとの不調和，③家族やその他の周囲の関係者等の理解不足と対応の誤り，④患者の援助希求行動の乏しさ，あるいは支援への拒絶は再企図のリスクを高めるとされている（日本精神神経学会，2013）。

4 節　自殺リスクのアセスメントに基づく対応

1　自殺防止のための基本的対応

自殺の危機にあるときの効果的な対応は，人それぞれに異なる類型，複数の危険因子，自己を傷害する危険のレベルに応じて行なわれるため，一概に述べることはできない。しかし，すでに述べてきた自殺者の心理状態や危険因子，保護因子をふまえたうえで，自殺リスクの兆候に気づくことが自殺予防の第一歩である。そのためには，面接をとおして相談者と良好な関係性を築くことが必須である。面接において自殺に関する話題を取り上げる際には，まずは相談者の状況や心情を受け止め，時に労いの言葉を挟みながら，傾聴に努める。こ

の際に，単に「死んではいけない」「死ぬ気があれば何でもできる」といった実態を無視した励ましをすること，自傷・自殺企図行為をとがめること，感情的になったり大げさにふるまうこと，相談者の生命の危険性を度外視して，ただ秘密は守ると約束することなどは避けるべきである。

　そして，相談者の訴えを共感的に受け止め，傾聴する中で，相談者の状況を整理し，自殺に関連する要因のアセスメントを行ない（現在の自殺念慮や危険因子，保護因子など），その結果に応じて対応する。このときに重要なことは，「何が駄目だったのか」という現在の状況に陥った理由を探すのではなく，「これからどのようなことができるか」といった未来志向で相談者と一緒に考えていくというスタンスを共有しておくことである。自殺の危険性が高い者は，先に述べたように自殺が現在の問題から抜け出す唯一の方法であるとしか考えられないことも少なくなく，治療者が一緒に問題を考えること自体が自殺のリスクを減じるアプローチとなる。そして，自殺以外の解決法があることを伝え，その方法を話し合うこと，自殺を予防する方向に作用する要因（効果的な対処法やキーパーソンへの支援の要請，社会資源など）について検討し強化するなどの具体的な支援が自殺予防には効果的である。また，自殺をしない約束を交わすことや次回の面接の約束をするといった心理臨床家の継続的な支援体制を整えることも重要である。ただし，自殺の危険性が高い場合には，専門医療機関へのリファー，身近な人や警察官への要請などを通じて安全を確保するなどの対応も必要であり，支援導入後の有効性について継続的にアセスメントをすることが求められる。

2　心理臨床家の言動や態度の影響

　自殺リスクを適切に評価するためには，上述したような知識やアセスメント方法，基本的な対応について理解するだけでなく，心理臨床家の言動や態度といった要因がアセスメントや介入の結果に影響することを認識したうえで対応する必要がある。たとえば，「自殺について語る人は，他人の注意を引きたいだけなので自分自身を傷つけることはない」と考えている心理臨床家は自殺のリスクを低く見積もる可能性がある。実際には，自殺する人は通常なんらかの兆候を発しているため，自殺念慮や自殺をする意志あるいは自殺の計画につい

て話す人と対面したときには，あらゆる予防措置をとる必要があるだろう。また，「子どもは死の結末をきちんと理解しておらず，自殺行為を実施するだけの認知的な能力がないために自殺はしない」というのは誤りである。稀ではあるものの子どもの自殺はあるため，あらゆる年齢の子どものあらゆる兆候は深刻に受け取られなければならない。このように自殺に関する心理臨床家の認識が自殺リスクの適切な評価を妨げる可能性があるため，自殺やその予防に関する正しい情報を得て，十分に理解しておく必要がある。

　さらに，正しい知識や情報があったとしても，それだけで十分とはいえない。たとえば，心理臨床家自身の人生経験や価値観から自殺に傾く人に対して批判的な思いを抱くことがあるかもしれない。また，相談者から「死にたい気持ち」を打ち明けられて，心理臨床家が動揺したり不安に感じることもあるかもしれないし，自殺のことを聞くことでかえって危険なのではないか，自殺を引き起こしたりしないかどうかと心配になるかもしれない。しかし，十分なコミュニケーションがあれば，むしろそれを話題にしないことが不自然であるし，実際には患者は安心し，理解されたと感じることが多い。また，困難な状況を改善する方法があることを伝えたり，死なないことの約束につなげることが可能となることで，相談者自身の利益につながることも多い。このように，自殺は心理臨床家にとってもデリケートな問題であるため，さまざまな葛藤を生じさせる可能性があるが，そのような自分の考えや気持ちを自覚したうえで，これを制御し，相談者の理解に努める必要がある。このことは自殺対応に限った話ではなく，自殺予防に関する知識を十分に活用するためには，日々の臨床活動をとおして，面接過程を俯瞰的にみる訓練が必要である。

5 節　おわりに

　本章では，特に心理臨床家を想定し，臨床面接における一般的な自殺リスクの評価やその対応について論じたが，特定の対象や環境で働く心理臨床家は，それぞれの組織や状況，背景に応じて自殺に対する対応を検討する必要がある。また，実際の自殺リスクの評価やその対応は心理臨床家だけで行なわれるわけ

ではなく，本人を取り巻く周囲の人や他職種（精神科医，救急医，ソーシャルワーカー，看護師など），他機関（警察，福祉など）と連携しながら行なわれる。自殺に関連した相談に日々従事することは容易なことではなく，いくら多くの事例にうまく対応できたとしても対応が困難な事例や，自殺を防ぎきれなかったという経験をする可能性があり，自殺にかかわる業務は心理的負荷も大きい。そのため，心理臨床家は，自殺予防のための方法・手段について研鑽を積むとともに，一人だけでできることの限界を知り，自殺に傾く人一人ひとりに対して，支援をともに提供しうるチームをいかに形成するかといった視点も重要である。

Column 13 アセスメントシートを活用した報告例

　繰り返し述べてきたように，自殺には多元的なアセスメントに基づいた他方面からの治療的アプローチが必要であるため，必然的に多職種がかかわるチームの形態をとることが少なくない。それぞれの職種が果たすべき役割を速やかに遂行することが第一であるが，職種や習熟度の違いによってアセスメントを行なう視点や内容が異なることで，情報共有や統一した対応がとれない場合もある。そのため，自殺リスクの評価のためのシートを活用することも有益である。図にあるように，自治体からの委託により自殺相談ダイヤル，精神科医療情報センター，夜間こころの電話相談を行ない，自殺企図の可能性が疑われた場合は，相談を受けながらリスクアセスメントシートを用いて自殺リスクの高さを判断し，必要な対応を決定している例もある（日本臨床救急医学会，2009）。この自殺リスクアセスメントシートは，①本人の様子，②背景事情，③本人の対応能力・周囲の支援力の3つから自殺リスクの高さを総合的に判断し，その結果に基づいた総合判断と対応方針の決定といったプロセスで構成されている。

平成　年　月　日（　）	対応時間　　時　分　～　時　分	No.（　　　　　　　　）

本人の様子

A群状態	1	男・女　　歳　職業等　　　　　現在地：自宅・その他（　　　　　　　　　　　　　）
	2	混乱（低・中・高）追い詰められ感や視野狭窄（低・中・高）焦燥感（低・中・高）抑うつ感（低・中・高） 奇妙さや不自然さ　疎通不良　まとまりのなさ　反応の鈍さ　その他の特異なこと（　　　　　）
	3	□飲酒（　　　）　　　□違法薬物　　　□過量服薬：薬物名と量（　　　　　　　　　　　）
B群自殺の意図	4	自殺に関する発言（出来るだけ本人の言葉で）
	5	□即，実行するつもりでいる　　□一部を既に実行した　（　　　　　　　　　　　）
	6	自殺の手段　　□考えていない　　□考えている（　　　　　　　　　）　　□致死的
	7	自殺の準備　　□準備していない　□準備している（　　　　　　　　　）　　□遺書有り
	8	他者を巻き込む可能性

背景事情

9	【自殺したい理由】
10	自殺による本人のメリット
11	経済状況　□充足　□困窮・借金・失業　（　　　　　　　　　　　　　　　　　　）
12	身近な人の死　□なし　□あり　　関係・時期　　　　　　　　　　　　□自死遺族
13	自殺企図・自傷歴　□なし　□あり（時期・手段　　　　　）　□致死的　　□一月以内　□企図頻回　□自傷エスカレート
14	精神疾患　□なし　□あり　統合失調症・うつ病・AL・薬物・摂食障害・発達障害・その他（　　　）
15	精神科通院歴　□なし　□あり　通院先（　　　　　　）　　最終受診日（　　　　　）　□通院中断
	精神科入院歴　□なし　□あり　入院先（　　　　　　）　　時期・期間（　　　　　）　□退院一月以内
16	身体疾患　□なし　□あり　病名　　　　　　　　　　　　　　　ADL（　　　）

本人の対応能力・周囲の支援力

17	自殺意志修正の可能性　□可能（　　　　　　　　　　　　　　）　　　　　□不可能
18	本人の課題対処能力・社会的スキル　□高い　□普通　□低い　□著しく低い（具体的に　　　　　）
19	家族・知人の支援　□同伴（　　　　　　）　□非同伴（　　　　　　）　□いない・非協力
20	本人の支援希求　□求めている（　　　　　　　　　）　□求めていない・得られない
21	【特別な事情など】

自殺のリスク　　　　低　中　高　実行済み	
□電話相談のみ	【その対応をとった理由】
□連絡・通報　　□家族に連絡する 　　　　　　　　□救急要請する 個人情報提供　□警察に通報する 承諾　□あり　　□その他（　　　　　　） 　　　□なし　　□連絡・通報できず	
□紹介・仲介　　□医療機関を紹介し受診を勧める 　　　　　　　　□医療機関へ仲介する 　　　　　　　　□関係機関を紹介し相談を勧める 　　　　　　　　□関係機関に仲介する 　　　　　　　　□119番（救急隊）への相談を勧める 　　　　　　　　□警察への相談を勧める	
□その他　　（　　　　　　　　　）	（気がかりなこと）
帰結	

図　自殺リスクアセスメントシート（日本臨床救急医学会，2009, p.24）

動機づけ面接

　変化の重要性をわかっていながら，なぜ人は不健康な習慣や問題行動を繰り返すのか。本人のやる気や性格の問題なのだろうか。相談者の多くは「わかっちゃいるけど，やめられない」という両価状態にあり，面接者が行動変容の必要性を説くほど，変わらなくてもよい理由を述べる傾向にある。本章で紹介する**動機づけ面接**は，協働的で共感的なかかわりによって効果的な行動変容を可能とする来談者中心かつ準指示的な面接手法である。

1節　動機づけ面接の概要

1　行動変容の難しさ

　行動変容の必要性を周囲や専門家から指摘されており，本人も変えたい気持ちがあるのに行動や習慣を変えることができないという相談内容は対人支援場面ではよく聞かれる。この心理的葛藤が強ければ強いほど，周囲には容易に理解されがたく，「やる気のない人」「自分に甘い」という評価が下されやすい。そのような相談者に対して，説得や助言を行なうと，相談者はどのような反応を示すであろうか。葛藤がそれほど大きくなければ，有益な助言となり，行動

変容にいたる可能性はある。しかし，臨床場面でこのようなかかわりを行なうと行動変容を促すどころか，今後，来談しない可能性すらある。

2　理論と技法

本章で紹介する**動機づけ面接**（motivational interviewing：MI）は，ミラーとロルニック（Miller & Rollnick, 1991）によって基本的な理論と臨床的な手続きが体系化された。当初，MI は問題飲酒に対する面接技法として報告され，90 年代以降は，物質依存のみならず，意欲や行動変容が重視される分野にも適用されはじめるようになった。

MI は理論から構築された面接法やカウンセリングとは異なり，支援効果が高かった面接者の技法を実証的に解析することから，理論的体系化が行なわれている。臨床実践からのフィードバックやエビデンスの積み重ねを継続しているため，開発当時から MI の概念や技法も少しずつ変化し，精緻化され続けている。このように基礎心理学の応用として開発されたものではないため，対象疾患や人格成長モデルはないが，それゆえに他の面接法やカウンセリングともなじみやすいのが大きな特徴である（原井，2012）。

3　他の技法や理論との相違点

MI では来談者中心かつ目的指向的な面接スタイルによって対象者の両価性（変わりたいけど，変わりたくない）を明らかにし，その矛盾を解消する方向に行動の変化を促していく。面接者の価値観やアドバイスを押しつける権威的な態度をできるだけ回避し，協働して問題について考えていく。その技法や理論から来談者中心療法に近いと考えられるが，MI では非指示的に話を傾聴するだけではなく，相談者が有している両価性を丁寧に引き出し，標的とする行動や変化に関する発言を面接者が意図的に強化（分化強化）する。そのプロセスをとおして相談者自らが気づき，行動変容への動機づけを高めるため，MI は指示的な要素も有している。

また，MI が登場した同年代にプロチャスカとディクレメンテ（Prochaska & DiClemente, 1983）が提唱した多理論統合モデル（trans theoretical model：TTM）も MI との共通点を多くもつ。しかし，MI と TTM では理論的な共

通点は認められるものの，ステージを想定していない点で異なるといえる。TTM では行動変容を 5 つのステージに分類している。そのため，TTM での支援では相談者がどのステージにあるかについて評価を行なう必要がある。各ステージには特徴的な相談者のニーズがあり，面接者はステージに応じた支援法を用いることが推奨される。適切なかかわりや個人的な気づきがあると，ステージが一段上がることが想定されている。しかし，MI はそのようなステージを考慮する必要はなく，どのステージにおいても両価性があればそれを引き出し，動機を強化することで，その解消を目指すことができると考えており，ステージによる段階的な変化を想定していない。

2 節　動機づけ面接（MI）を構成する要素

1　構成要素

　MI を構成する重要な要素として，「OARS」「MI スピリット」「チェンジトーク」があげられる（図 18-1；Rosengren, 2017）。どの要素が欠けても MI 的なかかわりとはいえず，これらの要素が一緒に機能することで，本来有している変化への動機を引き出し，強化することができると考えられている。MI スピリット（後述）やそれに基づいた態度を伴わない MI の技術は相談者の状態を悪化させる危険があることが指摘されており（Moyers & Miller, 2013），注意

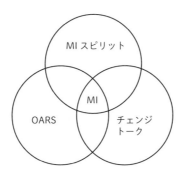

図 18-1　MI の構成要素（Rosengren, 2017 より作成）

を要する。

2 4つの基本スキル「OARS」

MIで面接者が使用する基本スキルとしてOARSがある。OARSとは,「open-ended question（開かれた質問）」「affirmation（是認）」「reflective listening（聞き返し）」「summarize（サマライズ）」のそれぞれの頭文字であり,覚えやすいようにOARS（オールズ）と呼ばれている（表18-1）。オールとは,船で推進力を得るための道具（櫂）のことであり,相談者と協働して目的地に向かうことをイメージしている。

OARSは,MI固有の特別なスキルではなく,心理臨床家の面接スキルとして広く用いられているものをまとめたものである。ただ,これら4つの基本スキルを効果的に用いることにより,相談者の両価性を明確化したり,気づきを促したりしながら問題解決につながる発言を引き出すことが可能となり,相談者の行動変容に向かう準備性を高めることができる。

これら4つの基本スキルは実際のMI場面でも使用頻度はとても高い。中でも,「reflective listening（聞き返し）」は,最も使用頻度が高く,相談者の動機づけを高めるうえで有効なスキルである。OARSの中で,一番,簡単なスキルにも

表18-1 4つの基本スキル「OARS」

スキル	内 容
O：開かれた質問	「はい」「いいえ」では回答できない質問。問題の意識や気がかり,変化への意思,希望などについて尋ね,行動変容へのアイデアや自信を引き出すようにする。
A：是認	行動変容につながるような発言があれば是認し,相談者の強みや努力,資源に注目し,興味を示すような態度でかかわる。また,矛盾した発言やネガティブな発言の中から是認できるポイントを見つけるようにする。
R：聞き返し	聞き返しには単純な聞き返しと複雑な聞き返しがある。単純な聞き返しは,相談者が語るキーワードを繰り返し,言い換えて応答することであり,複雑な聞き返しは,まだ言語化されていないが,続いて語られそうな内容や気持ちを推測し付け加えて返すことをいう。
S：サマライズ	発言の要点をまとめて返すことである。言葉遣いや話題の順序を工夫することで,受け取り方に違いが出ることがある。一般的にチェンジトークを要約の後半に用いると,相談者の気づきは促されやすい。

思えるが，実際のところ，高度なスキルが要求され，効果的に使用することができるようになるまでには，トレーニングや自己研鑽を要するといえる。

上述のように MI では面接者からの安易な助言や情報提供はできるだけ避けられるべきであるとしているが，相談者の利益を考慮したうえで，助言や情報提供を行なうこともある。その際，相談者からの抵抗を最小限にするためのスキルとして，上記の「OARS」に加え，「EPE」という方法がある。EPE は「elicit（引き出す）」「provide（提供する）」「elicit（引き出す）」の頭文字である。面接者が情報提供を行なう際には，面接者の一方的な見立てに基づいた情報を提供するのではなく，まず，相談者に「〜について知っていることを教えてください（E：引き出す）」と情報提供を求め，次に「〜について情報を提供してもよいですか（P：提供する）」と尋ねてから相手が必要としている情報を提供する。その後，その情報について「どのように思いますか（E：引き出す）」と尋ねる。この双方向のやりとりを行なうことにより，相談者の理解度や心理的準備性に配慮した情報を提供することができる。

3　MI スピリット

MI を実践するうえで大切なスピリットとして，「partnership（協働）」「acceptance（受容）」「compassion（思いやり）」「evocation（喚起）」の 4 つの要素があげられる。スピリットとは MI の実践をとおして，面接者側に常に求められる態度や心構えのようなものであり，それぞれの頭文字をとって「PACE（ペース）」と呼ばれている（表 18-2）。MI の特徴は，相談者と面接者が積極的に協働関係を構築することであり，面接者が一方的に正しい方向性を教示するものではないと考えられている。面接の中で，どのような方向性を

表 18-2　4 つのスピリット「PACE」

スピリット	内 容
P：協働	相談者と信頼関係を築き，一緒に課題を解決する
A：受容	相談者の自律性や能力を尊重し，肯定する
C：思いやり	相談者の幸福と利益を優先することに価値をおく
E：喚起	価値観，動機，チェンジトークを引き出す

選ぶかは相談者の中から引き出されるものとされ，相談者自身の自己決定権を第一に尊重している。

MI では相談者が有している問題行動，抵抗に対して，それのみを取り上げて指摘をすることはせず，病理的側面・問題点への直面化を行なわない。面接者が問題点を指摘するよりも，相談者自らが問題点を指摘するほうが抵抗を最小限にすることができ，行動変容にいたる可能性が高いことが知られているからである。

4　チェンジトーク

相談者が語る内容には**維持トーク（sustain talk）**と**チェンジトーク（change talk）**がある。維持トークとは，現状維持を指向する発言であり，チェンジトークとは行動変容に向かう発言である。また，チェンジトークには，行動の準備状態にある準備言語と，実際に行動に移行する状態である実行言語がある。準備状態のチェンジトークとしては「desire（願望）」「ability（能力）」「reason（理由）」「need（必要）」があげられている。また，行動に移行するチェンジトークとしては，「コミットメント（commitment）」「行動活性化（activation）」「段階を踏む（taking step）」があげられる。これらの頭文字をまとめて，MI では「DARN-CAT（ダーン・キャット）」と呼ばれている（表 18-3）。これらの発言を引き出していくことが動機づけ面接の大きな目標となる。

MI のスキルを行動分析学的に考察すると，MI は相談者の発言の中からいろいろな発言を引き出し，それに対する面接者の反応の仕方によって，特定の発言を強化する技法であるともいえる。面接者が何に関心を寄せるかによって，おのずと相談者が語る内容が変化するため，面接者の指導的傾向がかえって問題行動そのものを強めてしまうことがある。実証研究においても他者教示によるルールよりも被験者自身がつくった自己教示ルールのほうが行動変容において効果的であることがわかっており，面接者が変化の必要性を説得するよりも，相談者自身が変化の理由や可能性を語ることはとても重要である。

チェンジトークのみならず，維持トークも両価性を構成する大切な言語表現であるので，丁寧に聴く必要がある。MI のプロセスにおける「evoking（引き出す）」では，チェンジトークを選択的に強化することがあるが，まずは相

表 18-3 チェンジトーク「DARN-CAT」

	チェンジトーク	内　容
準備状態	D：願望	変化への具体的な希望や願望についての発言。 (例「～したい」「～だったらなあ」)
	A：能力	自らの能力や自信についての発言。過去の成功体験などもこれに当てはまる。 (例「～できる」「以前は～していた」「～ならできるかも」)
	R：理由	なぜ変わりたいかについての発言。 (例「～ならば，きっと～であるのに」)
	N：必要	変わる必要性を感じている発言。 (例「～のままでいたら今後，困る」「～する必要がある」)
実行状態	C：コミットメント	標的行動に関する具体的な約束や決断について語ること。 (例「～するつもりです」「～しようと思います」)
	A：活性化	変わるための準備や計画について語ること。 (例「今週中に～をしようと思います」)
	T：段階を踏む	行動変容につながるような具体的な小目標（スモールステップ）について語ること。 (例「まずは～から始めてみます」)

談者と面接者が「engaging（かかわる）」過程としての関係性の構築を目指す必要があるので，維持トークに対しても受容的に返していく。

3 節　動機づけ面接（MI）の進め方

　MI では動機づけが進展する過程には，4 つのプロセスがあると考えられている。そのプロセスとは，「engaging（かかわる）」「focusing（焦点化する）」「evoking（引き出す）」「planning（計画する）」の 4 つである。このプロセスは図 18-2 に示すように階段状であると考えられている。それぞれのプロセスを礎として次のステップに進んだり，戻ったりしながら，面接が展開していく。engaging（かかわる）はすべての MI プロセスの中で，大きな礎となり，最後までこの良好な協働関係は維持されなければならない。同様にプロセスが進行するに従い，focusing（フォーカスする）や evoking（引き出す）も多層的な礎となる。

第 18 章　動機づけ面接　233

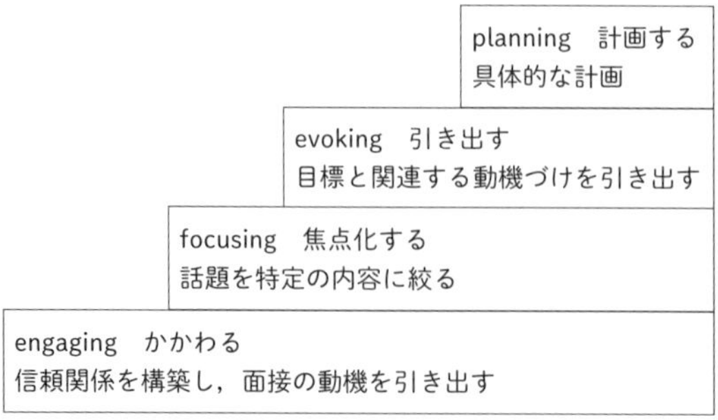

```
                              planning  計画する
                              具体的な計画
                    evoking  引き出す
                    目標と関連する動機づけを引き出す
            focusing  焦点化する
            話題を特定の内容に絞る
engaging  かかわる
信頼関係を構築し，面接の動機を引き出す
```

図 18-2　4 つのプロセス

1　「engaging（かかわる）」

　「engaging（かかわる）」は，MI 独自のものではなく，対人支援や治療的かかわりにおける，最初のプロセスである。しかし，MI では図 18-2 のように各プロセスの礎となると考えており，面接終結まで続く。このプロセスでは相談者の両価性を丁寧に扱いながら，信頼関係を構築することが最優先となる。インテーク面接での面接者の印象は，その後の面接内容をある程度，方向づけてしまいやすいことから，初回での面接者の言動や態度は非常に重要であると考えられる。MI スピリットを心がけ，権威的な関係ではなく，協働的な関係を志向することを相談者に言語的，非言語的にも伝えておく必要がある。

2　「focusing（焦点化する）」

　相談者から語られる言葉から，特定の内容に関心や興味を示し，一定の方向性を保ち続けるプロセスである。例をあげると，体重コントロールを考えている相談者の場合，「会社の定期検診の結果から，いつかはダイエットしたいと考えている」という話題が出てくると，面接者の関心や興味を体重コントロールに絞っていき，話題が焦点化されるようにする。

3　「evoking（引き出す）」

　「evoking（引き出す）」とは，相談者から行動変容に向かうための動機や価値観を喚起するプロセスである。準備状態のチェンジトーク（preparatory change talk）には 4 種類あると考えられており，上記の例の場合，「願望：晩

234　第 3 部　臨床面接法

御飯後の夜食をやめて本来の体型にもどりたい」「能力：以前はダイエットに成功して2年間，体重をコントロールすることができた」「理由：このままでは糖尿病に罹患する可能性がある」「必要：少なくとも10年は家族を養う必要がある」などが語られる可能性がある。これらのチェンジトークはあくまでも準備状態とされ，「今日から夜食をやめます」という決意が語られたとしても，行動変容にいたる可能性は低いといわれている。そのため，相談者自身が行動変容のためにもっている自らのアイデアや成功体験談，なぜそうしたいのかについての考え，気持ちを丁寧に扱いながら引き出し，次のプロセスとなる変化への具体的な計画案について話題を焦点化していく。

4 「planning（計画する）」

変化についての決心が明確となり，具体的な計画を形づくる過程である。面接者は相談者の決心や具体的な計画についての語りを強化し，引き出すことで，相談者自身が解決していくその道程を導く。ただ，具体的にどのような行動から開始するのかを計画しないと行動変容にいたる可能性が低いことから，より具体的で実際的な行動計画を立てることが望ましい。

4節　行動変容を妨げるもの

1　未解決のままの両価性

相談者の多くは両価的状態にあり，面接者が変わらなければいけない必要性を述べるほど，相談者は変わらなくてもよい理由を述べる傾向にある。これが両価的状態の特徴であり，個人の資質や理解力とはあまり関係がないことがわかっている。また，両価的状態自体は人が日常生活を送るうえでよく経験する自然な心理反応であり，それ

説得や議論などの一般的な解決法は，臨床場面では逆効果になることもある

第18章　動機づけ面接　235

自体が大きな問題とはいえない。

　行動変容は，本人のやる気や性格上の問題ではなく，未解決のままの状態にある両価性の解決が大切である。実際，両価性が解決されれば，行動変容は容易に生じやすい。説得や議論などの一般的な解決法は，臨床場面では逆説的反応や心理的リアクタンス（Brehm & Brehm, 1981）を生み出すだけではなく，本来は減弱させたい行動をかえって増やすことさえある。

2　間違い指摘反射

　行動が変容しない理由は，相談者のみならず，相談者と面接者との関係性，その関係性をつくり出す面接者の特性によるところも大きいことが知られている（Beutleret, Machado, & Neufeldt, 1994）。両価性が強い状態の相談者と面接を行なう場合，面接者が相談者の発言・態度に対して中立に接することができないことがあり，脅迫，説教，説得，批判などさまざまな手法を用いて，行動や習慣の変容を試みる。そのような場面では，面接者自身の条件性情動反応（conditioned emotional response）が惹起している可能性があり，上述のような手法で自分の知識や価値観に基づいて説得したり，問題や課題に直面させたりしたくなることがある。

　このような反応を MI では「間違い指摘反射（righting reflex）」とよぶ。このような面接者の言語反応は，相談者が無意識的に否認している現実に直面化させようとするので，自然と対決的な話し方となる。対決的な対話は，結果的に個人の資質や人格を攻撃することにつながり，相談者の抵抗を惹起させやすい。場合によっては，面接者が自分の情動反応を道徳や倫理と称して合理化したり，相談者の病理に置き換えたりしてしまうことすらあるので，注意が必要である。抵抗が大きくなると，行動変容にいたる可能性が低くなることはいくつもの先行研究が示唆しているとおりである（Amrhein, Miller, Yahne, & Michael, 2003）。

5 節 おわりに

MIでは相談者の中に問題や課題があるとは考えない。不健康な習慣や問題行動を変容させることができない理由を「やる気がない」「人格の問題」などとアセスメントせず，問題行動を維持させる要因とそのような行動に影響を与える要因があるとシンプルに仮定する。このような仮定は，相談者と面接者の良好な信頼関係を構築するためにはとても有用である。また，MIが指向する来談者中心的な対話スキルは，相談者の抵抗行動を少なくし，変化への言動を増やすことが知られ（Patterson & Forgatch, 1985），その理論的中核概念である共感は対象者の回復する能力を引き出す最も重要な因子である（Luborsky, McLellan, Woody, O'Brien, & Auerbach, 1985）。

MIで強調されているスキルやスピリットは，言語反応など技術面の習得のみならず，さまざまな面接法やカウンセリングにも広く求められる態度や心構えといえ，MIは対人支援の専門家にとって必須の面接法であるといえるであろう。

動機づけ面接の例

 ここでは、動機づけ面接の例として、禁煙したくてもできない喫煙歴 30 年の男性の面接を、応答スキルとともに紹介しよう。

発言内容	反応
面：今日来られたのは，どういった理由からですか。	開かれた質問
相：昔から健康のためを思うとたばこはよくないと思っているのですが，なかなかやめられなくて…。	チェンジトーク N：必要
面：なかなかやめられない。一方，たばこは健康上，よくないと思っているんですね。	聞き返し
相：それと，半年後，娘が里帰り出産で帰ってくるそうなので，娘や孫のことも考えてやめられるのならやめたいんです。私は本気でやめようと思えば，いつでもやめられます。昔，3 か月ほど禁煙できたときもありますし。嫁や娘には「どうせ無理。吸うなら家から離れたところで吸って」って言われていますが…。	チェンジトーク R：理由 A：能力
面：（たった 3 か月！と指摘したくなるが）なるほど実際に成功体験もあるんですね。今回は，ご自身の健康に加え，娘さんやお孫さんのことも考えて，禁煙を成功させたいと思っていらっしゃるんですね。	間違い指摘反射 是認 サマライズ
相：そうなんです。でも，吸っているような気もするんです。	
面：娘さんが帰ってきても，たばこを吸ってそうなイメージがある。一方で，いつでもやめれるという自信もある。	聞き返す
相：そうなんです。矛盾してて変ですよね。	
面：変だとは思いませんよ。30 年間，悪いと思って吸ってきたたばこをやめる決心をされるということは，今回の里帰り出産をとても大切に考えておられるように感じました。何かしてあげようと考えてらっしゃるのですか。	是認 開かれた質問 引き出す
相：実は，私は現役時代，仕事ばかりで父親らしいことができてないんです。孫を抱っこしたいという気持ちもありますが，娘や嫁のために何かしたいという気持ちのほうが大きいのかもしれません。	チェンジトーク D：願望

序 章

Hersen, M. & Van Hasselt, V. B. (Eds.) (1998). *Basic interviewing: A practical guide for counselors and clinicians*. Mahwah, N.J. : Lawrence Erlbaum Associates. （ハーセン，M.・ヴァン・ハッセル，V. B. 深澤道子（監訳）(2001). 臨床面接の進め方：初心者のための13章　日本評論社）

Nye, R. D. (1992). *Three psychologies : Perspectives from Freud, Skinner and Rogers*. Brooks/Cole, A Division of Wadsworth, Inc. （ナイ，R. D.　河合伊六（訳）(1995). 臨床心理学の源流：フロイト・スキナー・ロージャズ　二瓶社）

下山晴彦 (2008). 何のために研究をするのか：研究の目的と方法　下山晴彦・能智正博（編）　臨床心理学研究法1　心理学の実践的研究法を学ぶ（pp.5-16.）　新曜社

第1章

Hersen, M. & Van Hasselt, V. B. (Eds.) (1998). *Basic interviewing: A practical guide for counselors and clinicians*. Mahwah, N.J. : Lawrence Erlbaum Associates, Inc. （ハーセン，M.・ヴァン・ハッセル，V. B.　深澤道子（監訳）(2001). 臨床面接の進め方：初心者のための13章　日本評論社）

松浦 均・西口利文（編）(2008). 心理学基礎演習 Vol.3　観察法・調査的面接法の進め方　ナカニシヤ出版

Patton, M. Q. (1990). *Qualitative evaluation and research methods* (2nd ed.). Newbury Park, CA: Sage Publications.

鈴木淳子 (2005). 調査的面接の技法　第2版　ナカニシヤ出版

丹野義彦 (2001). 臨床心理アセスメント学の成立に向けて　下山晴彦・丹野義彦（編）　講座臨床心理学2　臨床心理学研究（pp.127-142.）　東京大学出版会

第2章

American Psychiatric Association (1980). *Diagnostic and Statistical Manual of Mental Disorders* (3rd ed.). Washington, D.C.: American Psychiatric Association.

American Psychiatric Association (1987). *Diagnostic and Statistical Manual of Mental Disorders* (3rd ed., Revised.). Washington, D.C.: American Psychiatric Association.

American Psychiatric Association (2013). *Diagnostic and Statistical Manual of Mental Disorders*, (5th ed). Arlington, VA: American Psychiatric Association.

First, M. B., Gibbon, M., Spitzer, R. L., Williams, J. B. W., & Benjamin, L. S. (1997) *Structured Clinical*

Interview for DSM-IV Axis II Personality Disorders (SCID-II). Washington, D.C.: American Psychiatric Press.

First, M. B., Spitzer, R. L., Gibbon, M., & Williams, J. B. W. (1996). *Structured Clinical Interview for DSM-IV Axis I Disorders, Clinician Version* (SCID-CV). Washington, D.C.: American Psychiatric Press, Inc. （ファースト, M. B. 他　高橋三郎（監修）　北村俊則・岡野禎治（訳）(2010). 精神科診断面接マニュアル SCID　第 2 版　日本評論社）

First, M. B., Williams, J. B. W., Karg, R. S., & Spitzer, R. L. (2015). *User's Guide for the Structured Clinical Interview for DSM-5 Disorders, Clinician Version* (SCID-5-CV). Arlington, VA: American Psychiatric Association.

First, M. B., Williams, J. B. W., Benjamin, L. S., & Spitzer, R. L. (2016). *Structured Clinical Interview for DSM-5® Personality Disorders* (SCID-5-PD). Arlington, VA: American Psychiatric Association. （ファースト, M. B. 他　高橋三郎（監訳）　大曽根彰（訳）(2017). SCID-5-PD：DSM-5 パーソナリティ障害のための構造化面接　医学書院）

北村俊則 (2013). だれでもできる精神科診断用構造化面接：SCID 入門　北村メンタルヘルス研究所

大坪天平 (2015). 精神科臨床評価マニュアル 2016 年版　臨床精神医学, *44*（増刊）, 16-21.

シーハン, D. V.・ルクリュビュ, Y.　大坪天平・宮岡 等・上島国利（訳）(2003). M.I.N.I. 精神疾患簡易構造化面接法 日本語版 5.0.0　星和書店

Sheehan, D. V., Lecrubier, Y., Sheehan, K. H., Amorim, P., Janavs, J., Weiller, E., Hergueta, T., Baker, R., & Dunbar, G. C. (1998). The Mini-international neuropsychiatric interview (M.I.N.I.): the development and validation of a structured diagnostic psychiatric interview for DSM-IV and ICD-10. *Journal of Clinical Psychiatry*, *59*, 22-33.

Spitzer, R. L., Williams, J. B. W., Gibbon, M., & First, M. B. (1990a). *Structured Clinical Interview for DSM-Ⅲ-R, Patient Edition/Non-patient Edition* (SCID-P/SCID-NP). Washington, D.C.: American Psychiatric Press, Inc.

Spitzer, R. L., Williams, J. B. W., Gibbon, M., & First, M. B. (1990b). *Structured Clinical Interview for DSM-Ⅲ-R, Axis Ⅱ Disorders* (SCID-Ⅱ). Washington, D.C.: American Psychiatric Press, Inc.

▶ Column 1

Chochinov, H. M., Wilson, K. G., Enns, M., & Lander, S. (1997). "Are you depressed?" Screening for depression in the terminally ill. *American Journal of Psychiatry*, *154*(5), 674-676.

川瀬英理・下津咲絵・今里栄枝・唐澤久美子・伊藤佳菜・齋藤アンネ優子・松岡 豊・堀川直史 (2005). がん患者の抑うつに対する簡易スクリーニング法の開発　精神医学. *47*, 531-536.

Whooley, M. A., Avins, A. L., Miranda, J., & Browner, W. S. (1997). Case-finding instruments for depression. Two questions are as good as many. *Journal of General Internal Medicine*, *12*(7), 439-445.

第 3 章

阿川佐和子 (2012). 聞く力：心をひらく 35 のヒント　文藝春秋

First, M. B., Spitzer, R. L., Gibbon, M. & Williams, J. B. W. (1996). *Structured Clinical Interview for DSM-IV Axis I Disorders, Clinician Version* (SCID-CV). Washington, D.C.: American Psychiatric Press, Inc. （ファースト, M. B. 他　高橋三郎（監修）　北村俊則・岡野禎治（訳）(2010). 精神科診断面接マニュアル SCID　第 2 版　日本評論社）

堀越 勝 (2015). ケアする人の対話スキル ABCD　日本看護協会出版会

Hugh-Jones, S., Rose, S., Koutsopoulou, G. Z., & Simms-Ellis, R. (2018). How is stress reduced by a workplace mindfulness intervention? A qualitative study conceptualising experiences of change. *Mindfulness, 9*, 474-487.

Kvale, S. (2007). *Doing interviews. Sage qualitative research kit 2*. London: Sage Publications.　（クヴァール，S.　能智正博・徳田治子（訳）(2016). SAGE 質的研究キット 2　質的研究のための「インター・ビュー」　新曜社）

シーハン，D. V.・ルクリュビュ，Y.　大坪天平・宮岡 等・上島国利（訳）(2003). M.I.N.I. 精神疾患簡易構造化面接法 日本語版 5.0.0　星和書店

芝田寿美男 (2017). 臨床行動分析のすすめ方：ふだんづかいの認知行動療法　岩崎学術出版社

鈴木淳子 (2002). 調査的面接の技法　ナカニシヤ出版

▶ Column 2

Levis, B., Benedetti, A., Riehm, K. E., Saadat, N., Levis, A. W., Azar, M.,… Thombs, B. D. (2018). Probability of major depression diagnostic classification using semi-structured versus fully structured diagnostic interviews. *The British Journal of Psychiatry, 212*(6), 377-385.　http://doi.org/10.1192/bjp.2018.54

第 4 章

平木典子 (2013). 図解 相手の気持ちをきちんと〈聞く〉技術　PHP 研究所

アイビイ，A. E.　福原真知子・椙山喜代子・國分久子・楡木満生（訳編）(1985). マイクロカウンセリング　川島書店

Sullivan, H. S. (1953). *Conceptions of modern psychiatry: The first William Alanson White memorial lectures*. New York: W. W. Norton.　（サリヴァン，H. S.　中井久夫・山口 隆（訳）(1976). 現代精神医学の概念　みすず書房）

鈴木淳子 (2005). 調査的面接の技法　第 2 版　ナカニシヤ出版

やまだようこ (2006). 質的心理学とナラティヴ研究の基礎概念：ナラティヴ・ターンと物語的自己　心理学評論，*49*, 436-463.

第 5 章

川端一光・荘島宏二郎 (2014). 心理学のための統計学入門：ココロのデータ分析　誠信書房

熊谷龍一・荘島宏二郎 (2015). 教育心理学のための統計学：テストでココロをはかる　誠信書房

松田いづみ・荘島宏二郎 (2015). 犯罪心理学のための統計学：犯人のココロをさぐる　誠信書房

Norman, G. R., & Streiner, D. L. (2003). *PDQ Statistics* (3rd ed.). Lewiston, N. Y.: B. C. Decker.　（ノーマン，G. R.・ストレイナー，D. L.　中野正孝・本多正幸・宮崎有紀子・野尻雅美（訳）(2005). 論文が読める！ 早わかり統計学：臨床研究データを理解するためのエッセンス　第 2 版　メディカル・サイエンス・インターナショナル）

シーハン，D. V.・ルクリュビュ，Y.　大坪天平・宮岡 等・上島国利（訳）(2003). M.I.N.I. 精神疾患簡易構造化面接法 日本語版 5.0.0　星和書店

第6章

American Psychiatric Association (2013). *Diagnostic and Statistical Manual of Mental Disorders,* (5th ed). Arlington, VA: American Psychiatric Association.

American Psychological Association (2010). *Publication manual of the American Psychological Association* (6th ed.). Washington D.C.: American Psychological Association.

Cohen, J. (1977). *Statistical power analysis for the behavioral sciences.* New York: Academic Press.

Jacobson, N. S., & Truax, P. (1991). Clinical significance: A statistical approach to defining meaningful change in psychotherapy research. *Journal of Consulting and Clinical Psychology, 59,* 12-19.

Kazdin, A. E. (2017). *Research design in clinical psychology* (5th ed.). Boston: Pearson.

Tolin, D. F., McKay, D., Forman, E. M., Klonsky, E. D., & Thombs, B. D. (2015). Empirically supported treatment: Recommendations for a new model. *Clinical Psychology: Science and Practice, 22,* 317-338.

▶ Column 4

石川信一・菊田和代・三田村 仰 (2013). 児童の不安障害に対する親子認知行動療法の効果　心理臨床学研究. *31,* 364-375.

Silverman, W. K., & Albano, A. M. (1996). *Anxiety Disorders Interview Schedule for DSM-IV: Child version.* New York: Oxford University Press.

第7章

Bryman, A. (1992). Quantitative and qualitative research: Further reflections on their integration. In J. Brannen (Ed.) *Mixing methods: Quantitative and qualitative research* (pp.57-80). Aldershot: Avebury.

Flick, U. (2007). *Designing qualitative research.* Thousand Oaks, CA: Sage Publications.（フリック，U. 鈴木聡志 (訳) (2016). SAGE 質的研究キット 1　質的研究のデザイン　新曜社）

Gibbs, G. (2017). *Analyzing qualitative data* (2nd ed.). Thousand Oaks, CA: Sage Publications.（ギブズ，G. 砂上史子・一柳智紀・一柳 梢 (訳) (2017). SAGE 質的研究キット 6　質的データの分析　新曜社）

Huberman, A. M. & Miles, M. B. (1994). Data management and analysis methods. In N. K. Denzin & Y. S. Lincoln (Eds.) *Handbook of qualitative research* (pp.428-444). Thousand Oaks, CA: Sage Publications.

Strauss, A., & Corbin, J. (1998). *Basics of qualitative research: Techniques and procedures for developing grounded theory* (2nd ed.). Thousand Oaks, CA: Sage Publications.（ストラウス，A.・コービン，J.　操 華子・森岡 崇 (訳) (2004). 質的研究の基礎：グラウンデッド・セオリー開発の技法と手順　第 2 版　医学書院）

▶ Column 5

Strauss, A., & Corbin, J. (1998). *Basics of qualitative research: Techniques and procedures for developing grounded theory* (2nd ed.). Thousand Oaks, CA, US: Sage Publications.（ストラウス，A.・コービン，J.　操 華子・森岡 崇 (訳) (2004). 質的研究の基礎：グラウンデッド・セオリー開発の技法と手順　第 2 版　医学書院）

Takahashi, F., Sakai, M., & Shimada, H. (2004). Social skills of recidivists in an institution for offender rehabilitation. Paper Presented at World Congress of Behavior and Cognitive Therapies 2004, Kobe.

第 8 章

クラブトリー，B. F. (2016).（報告者：尾島俊之）混合研究法の研究設問とデザインを発展させるため，ストーリーを使うこと　日本混合研究法学会（監修）　抱井尚子・成田慶一（編）　混合研究法への誘い：質的・量的研究を統合する新しい実践研究アプローチ　遠見書房

Creswell, J. W. (2015). *A Concise introduction to mixed methods research*. Thousand Oaks, CA: Sage Publications.（クレスウェル，J. W.　抱井尚子（訳）(2017). 早わかり混合研究法　ナカニシヤ出版）

Fetters, D. M., & Freshwater, D. (2015). The 1 + 1 = 3 integration challenge. *Journal of Mixed Methods Research, 9*, 115-117.

Guetterman, T. C., Fetters, M. D., & Creswell, J. W. (2015). Integrating quantitative and qualitative results in health science mixed methods research through joint displays. *Annals of family medicine, 13*, 554-561.

Levitt, H. M., Bamberg, M., Creswell, J. W., Frost, D. M., Josselson, R., & Suárez-Orozco, C. (2018). Journal article reporting standards for qualitative primary, qualitative meta-analytic, and mixed methods research in psychology: The APA publications and communications board task force report. *American Psychologist, 73*, 26-46.

サトウタツヤ (2009). TEM ではじめる質的研究：時間とプロセスを扱う研究をめざして　誠信書房

Teddlie, C., & Tashakkori, A. (2009). *Foundations of mixed methods research: Integrating quantitative and qualitative approaches in the social behavioral sciences*. Thousand Oaks, CA: Sage Publications.（土屋 敦・八田太一・藤田みさお（監訳）(2017). 混合研究法の基礎：社会・行動科学の量的・質的アプローチの統合　西村書店）

▶ Column 6

廣瀬眞理子 (2018).　ひきこもり電話相談における家族ニーズの多元的分析：混合研究法アプローチをもちいて　コミュニティ心理学研究，*22*, 1-17.

サトウタツヤ・安田裕子・木戸彩恵・高田沙織・ヴァルシナー，J.　(2006). 複線径路・等至性モデル：人生径路の多様性を描く質的心理学の新しい方法論を目指して　質的心理学研究，*5*, 255-275.

第 9 章

加藤哲文・大石幸二（編）(2004).　特別支援教育を支える行動コンサルテーション：連携と協働を実現するためのシステムと技法　学苑社

小林正幸 (1999). 面接　中島義明・安藤清志・子安増生・坂野雄二・繁桝算男・立花政夫・箱田裕司（編）心理学辞典（p.834.）　有斐閣

鑪幹八郎・名島潤慈（編）(2000). 新版 心理臨床家の手引　誠信書房

Törneke, N. (2010). *Learning RFT: An introduction to Relational Frame Theory and its clinical application*. Reno, Nevada: Context Press.（トールケネ，N.　武藤 崇・熊野宏昭（監訳）(2013). 関係フレーム理論（RFT）をまなぶ：言語行動理論・ACT 入門　星和書店）

第 10 章

Ekman, P., & Friesen, W. V. (1975). *Unmasking the face*. New Jersey: Prentice-Hall.（エクマン，P.・フリーセン，W. V.　工藤 力（訳編）(1987). 表情分析入門：表情に隠された意味をさぐる　誠信書房）

福原眞知子・アイビイ，A. E.・アイビイ，M. B. (2004). マイクロカウンセリングの理論と実践　風間書房
アイビイ，A. E.　福原真知子・椋山喜代子・國分久子・楡木満生（訳編）(1985). マイクロカウンセリング　川島書店
楡木満生 (2004). 初回面接　楡木満生・松原達哉（編）臨床心理面接演習 (pp.13-35.)　培風館

第11章

成田善弘 (2014). 新版 精神療法家の仕事：面接と面接者　金剛出版
西田吉男 (2004). インテーク面接　氏原 寛・亀口憲治・成田善弘・東山紘久・山中康裕（編）心理臨床大事典［改訂版］(pp.194-195.)　培風館

第12章

American Psychiatric Association. (2013). *Diagnostic and Statistical Manual of Mental Disorders.* (5th ed.). Washington D.C.: American Psychiatric Association.（米国精神医学会　日本精神神経学会（監修）(2014). DSM-5　精神疾患の診断・統計マニュアル　医学書院）

Kitamura, T., Shima, S., Sakio, E., & Kato, M. (1989). Psychiatric diagnosis in Japan. 2. Reliability of conventional diagnosis and discrepancies with Research Diagnostic Criteria diagnosis. *Psychopathology*, 22, 250-259.

厚生労働省 (2002). 国際生活機能分類：国際障害分類改訂版（日本語版）　http://www.mhlw.go.jp/houdou/2002/08/h0805-1.html（2018年11月20日閲覧）

第13章

American Psychological Association (2006). Evidence-based practice in psychology: APA presidential task force on evidence-based practice. *American Psychologist, 61*, 271-285.

Bruck, M., & Bond, F. W. (1998). *Beyond diagnosis: Case formulation approaches in CBT.* Chichester, UK: John Wiley & Sons.

Division of Clinical Psychology (2001). *The core purpose and philosophy of the profession.* Leicester, UK: British Psychological Society.

Hofmann, S. G., Asnaani, A., Imke, J. J., Sawyer, A. T., & Fang, A. (2012). The efficacy of cognitive behavioral therapy: A review of meta-analyses. *Cognitive Therapy and Research, 36*, 427-440.

今田 恵 (1962). 心理学史　岩波書店

石川信一・佐藤正二 (2015). 臨床児童心理学：実証に基づく子ども支援のあり方　ミネルヴァ書房

Kendjelic, E. M., & Eells, T. D. (2007). Generic psychotherapy case formulation training improves formulation quality. *Psychotherapy: Theory, Research, Practice, Training, 44*, 66-77.

Kohlenberg, R. J., & Tsai, M. (1991). *Functional analytic psychotherapy: Creating intense and curative therapeutic relationships.* New York: Plenum Publishing.（コーレンバーグ，R. J.・サイ，M　大河内浩人（監訳）(2007). 機能分析心理療法：徹底的行動主義の果て，精神分析と行動療法の架け橋　金剛出版）

Nezu, A. M., Nezu, C. M., & Lombardo, E. (2004). C*ognitive-behavioral case formulation and treatment design: A problem-solving approach.* New York: Springer Publishing.（伊藤絵美（監訳）(2008). 認

知行動療法における事例定式化と治療デザインの作成：問題解決アプローチ　星和書店）

Persons, J. B. (1992). A case formulation approach to cognitive-behavior therapy: Application to panic disorder. *Psychiatric Annals, 22*, 470-473.

Persons, J. B. (2008). *The case formulation approach to cognitive-behavior therapy*. New York: Guilford Press.

Spring, B. (2007). Evidence-based practice in clinical psychology: What it is, why it matters; what you need to know. *Journal of Clinical Psychology, 63*, 611-631.

第 14 章

Ardito, R. B., & Rabellino, D. (2011). Therapeutic alliance and outcome of psychotherapy: historical excursus, measurements, and prospects for research. *Frontiers in Psychology, 2*, 270.

Borys, D. S., & Pope, K. S. (1989). Dual relationships between therapist and client: A national study of psychologists, psychiatrists, and social workers. *Professional Psychology: Research and Practice, 20*, 283-293.

Erekson, D. M., Lambert, M. J., & Eggett, D. L. (2015). The relationship between session frequency and psychotherapy outcome in a naturalistic setting. *Journal of Consulting and Clinical Psychology, 83*, 1097-1107.

Horvath, A. O. (2000). The therapeutic relationship: from transference to alliance. *Journal of Clinical Psychology, 56*, 163-173.

一丸藤太郎・児玉憲一・塩山二郎 (2000)．心理的処遇　鑪 幹八郎・名島潤慈（編）　新版 心理臨床家の手引 (pp.68-151.)　誠信書房

金沢吉展 (1998)．カウンセラー：専門家としての条件　誠信書房

金沢吉展 (2006)．臨床心理学の倫理をまなぶ　東京大学出版会

成田善弘 (1997)．役割からの逸脱と再統合　氏原 寛・成田善弘（編）　転移／逆転移：臨床の現場から (pp.233-251.)　人文書院

成田善弘 (1999)．精神療法　氏原 寛・成田善弘（編）　臨床心理学 1　カウンセリングと精神療法：心理治療 (pp.20-46.)　培風館

小此木啓吾 (1981)．精神療法の構造と過程 その 1～その 2　小此木啓吾・岩崎徹也・橋本雅雄・皆川邦直（編）　精神分析セミナー 1　精神療法の基礎 (pp.1-83.)　岩崎学術出版

小野けい子 (2013)．心理療法の器 (1)　大場 登・小野けい子（編）　三訂版臨床心理面接特論：心理療法の世界 (pp.40-58.)　放送大学教育振興会

Rogers, C. R., (1942). *Counseling and psychology: Newer concepts in practice*. Read Books.　（ロジャース，C. R.　末武康弘・保坂 亨・諸富祥彦（訳）(2005)．ロジャース主要著作集 1　カウンセリングと心理療法：実践のための新しい概念　岩崎学術出版社）

丹野義彦・石垣琢磨・毛利伊吹・佐々木 淳・杉山明子 (2015)．臨床心理学　有斐閣

Turner, P. R., Valtierra, M., Talken, T. R., Miller, V. I., & DeAnda, J. R. (1996). Effect of session length on treatment outcome for college students in brief therapy. *Journal of Counseling Psychology, 43*, 228-232.

第 15 章

平井由布子・髙崎恵美・今井幸充 (2017)．認知症のグループワーク　精神療法，*43*(5), 670-674.

引用文献　　245

五十嵐良雄 (2010). うつ病リワーク研究会の会員施設でのリワークプログラムの実施状況と医療機関におけるリワークプログラムの要素　職リハネットワーク，*67*, 15-17.

河本泰信 (2017). 依存症のグループワーク：アルコール依存を中心に　精神療法，*43*(5), 680-684.

北西憲二 (2017). 日常臨床に生かすグループ─集団精神療法入門　特集にあたって　精神療法，*43*(5), 625.

Kivlighan, D. M., Jr., London, K., & Miles, J. R. (2012). Are two heads better than one?: The Relationship between number of group leaders and group members, and group climate and group member benefit from therapy. *Group Dynamics: Theory, Research, and Practice, 16*, 1-13.

本岡寛子・三戸秀樹・長見まき子・藤原和美 (2010). 復職支援プログラム参加者への集団認知行動療法の適用　関西福祉科学大学 EAP 研究所紀要，*4*, 21-30.

信田さよ子 (2017). DV 被害者のグループカウンセリング　精神療法，*43*(5), 685-688.

鈴木純一 (2017). 集団精神療法入門 (1)　精神病圏内を対象に：集団精神療法を始める人のためのいくつかのアイデア　精神療法，*43*(5), 626-630.

氏原寛・亀口憲治・成田善弘・東山紘久・山中康弘 (編) (1992). 心理臨床大事典　培風館

Wagner, C. C., & Ingersoll, K. S. (2013). *Motivational interviewing in groups.* New York/London: Guilford Press.（ワグナー，C. C.・インガーソル，K. S.　藤岡敦子・野坂祐子（監訳）(2017). グループにおける動機づけ面接　誠信書房）

Yalom, A. D. (1995). *The theory and practice of group psychotherapy.* New York: Basic Books.

▶ Column 11

Mynors-Wallis, L. (2005). *Problem-solving treatment for anxiety and depression: a practical guide.* Oxford: Oxford University Press.（マイナーズ＝ウォリス，L.　明智龍男・平井啓・本岡寛子（監訳）(2009). 不安と抑うつに対する問題解決療法　金剛出版）

第 16 章

Hayes S. C., & Wilson, K. G. (1995). The role of cognition in complex human behavior: a contextualistic perspective. *Journal of Behavior Therapy and Experimental Psychiatry, 26*(3), 241-248.

Jongsma, A. E. Jr., Peterson, L. M., & McInnis, W. P. (2003). *The adolescent psychotherapy treatment planner* (3rd Ed.). (Practice Planners). New Jersey: Wiley.（ヨングスマ，A. E. Jr. 他　田中康雄（監修）西川美樹（訳）(2010). 臨床現場で使える思春期心理療法の治療計画　心理治療計画実践ガイド　明石書店）

, A. E. Jr., Peterson, L. M., McInnis, W. P., & Berghuis, D. J. (2002). *The child psychotherapy progress notes planner.* (3rd Ed.). (Practice Planners). New Jersey: Wiley.（ヨングスマ，A. E. Jr. 他　田中康雄（監修）坂本律（訳）(2015). 臨床現場で使える思春期心理療法の経過記録計画　心理治療計画実践ガイド　明石書店）

Jongsma, A. E. Jr., Peterson, L. M., McInnis, W. P., & Berghuis, D. J. (2014). *The child psychotherapy progress notes planner : Includes DSM-5 Updates* (Practice Planners). New Jersey: Wiley.

Jongsma, A. E. Jr., Peterson, L. M., McInnis, W. P., & Bruce, T. J. (2014). *The child psychotherapy treatment planner: Includes DSM-5 Updates* (Practice Planners). New Jersey: Wiley.

黒田美保 (2015). 支援につながる包括的アセスメント　黒田美保（編）これからの発達障害のアセスメント：支援の一歩となるために（pp.2-10.）　金子書房

松見淳子 (2011). 機能的アセスメントの技法　下山晴彦（編）認知行動療法を学ぶ（pp.76-89.）　金剛出版

髙橋 稔 (2007). 小学生の自立登校行動の支援　大河内浩人・武藤 崇（編）心理療法プリマーズ　行動分析（pp.179-189.）　ミネルヴァ書房

第 17 章

Bertolote, J. M., Fleischmann, A., De Leo, D., & Wasserman, D. (2014). Psychiatric diagnosis and suicide: revisiting the evidence.. *Crisis*, 25, 147-155.

Bongar, B., & Sullivan, G. R. (2013). *The suicidal patient: Clinical and legal standards of care* (3rd ed.). Washinton, D.C.: APA Books.

警察庁 (2018)．平成 29 年中における自殺の状況　警察庁生活安全局生活安全企画課　https://www.npa.go.jp/safetylife/seianki/jisatsu/H29/H29_jisatsunojoukyou_01.pdf（2018 年 11 月 20 日閲覧）

厚生労働省 (2017)．自殺総合対策大綱～誰も自殺に追い込まれることのない社会の実現を目指して～　厚生労働省自殺対策推進室　https://www.mhlw.go.jp/file/06-Seisakujouhou-12200000-Shakaiengokyokushougaihokenfukushibu/0000172329.pdf（2018 年 11 月 20 日閲覧）

日本臨床救急医学会 (2009)．自殺未遂者への対応：救急外来（ER）・救急科・救命救急センターのスタッフのための手引き　https://www.mhlw.go.jp/file/06-Seisakujouhou-12200000-Shakaiengokyokushougaihokenfukushibu/07_02.pdf（2018 年 11 月 20 日閲覧）

日本精神神経学会 (2013)．日常生活臨床における自殺予防の手引き　精神神経学会雑誌, *115*(3) 付録

高橋祥友 (2006)．WHO による自殺予防の手引き　平成 14 年度厚生労働科学研究費補助金（こころの健康科学研究事業）自殺と防止対策の実態に関する研究 研究協力報告書　https://www.mhlw.go.jp/file/06-Seisakujouhou-12200000-Shakaiengokyokushougaihokenfukushibu/tebiki.pdf（2018 年 11 月 20 日閲覧）

World Health Organization (2014). *Preventing suicide: A global imperative.* （世界保健機関　独立行政法人国立精神・神経医療研究センター精神保健研究所自殺予防総合対策センター（訳）(2014)．自殺を予防する：世界の優先課題）　http://apps.who.int/iris/bitstream/handle/10665/131056/9789241564779_jpn.pdf;jsessionid=FF0ABBAD41B6838E2332DF8A7F7EEE06?sequence=5（2018 年 11 月 20 日閲覧）

全国自死遺族総合支援センター (2013)．「自死・自殺」の表現に関するガイドライン　http://www.izoku-center.or.jp/guideline201310.pdf（2018 年 11 月 20 日閲覧）

▶ Column 13

日本臨床救急医学会 (2009)．自殺未遂者への対応：救急外来（ER）・救急科・救命救急センターのスタッフのための手引き　https://www.mhlw.go.jp/file/06-Seisakujouhou-12200000-Shakaiengokyokushougaihokenfukushibu/07_02.pdf（2018 年 11 月 20 日閲覧）

第 18 章

Amrhein, P. C., Miller, W. R, Yahne, C. P., & Michael, F. L. (2003). Client commitment language during motivational interviewing predicts drug use outcomes. *Journal of Consulting and Clinical Psychology*, *71*(5), 862-878.

Beutler, L. E., Machado, P. P. P., & Neufeldt, S. A. (1994). Therapist variables. In A. E. Bergin & S. L. Garfield (Eds.), *Handbook of psychotherapy and behavior change* (pp. 229-269.). Oxford: John Wiley & Sons.

Brehm, S. S., & Brehm, J. W. (1981). *Psychological reactance: A theory of freedom and control.* New York: Academic Press.

原井宏明 (2012). 方法としての動機づけ面接：面接によって人と関わるすべての人のために　岩崎学術出版社

Luborsky, L., McLellan, A. T., Woody, G. E., O'Brien, C. P., & Auerbach, A. (1985). Therapist success and its determinants. *Archives of General Psychiatry, 42*(6), 602–611.

Miller, W. R., & Rollnick, S. (1991). *Motivational interviewing: Preparing people to change addictive behavior.* New York: Guilford Press.

Moyers, T. B., & Miller, W. R. (2013). Is low therapist empathy toxic? *Psychology of addictive behaviors, 27*(3), 878-884.

Patterson, G. R., & Forgatch, M. S. (1985). Therapist behavior as a determinant for client noncompliance: a paradox for the behavior modifier. *Journal of Consulting and Clinical Psychology, 53*(6), 846-51.

Prochaska, J. O., & DiClemente, C. C. (1983). Stages and processes of self-change of smoking: toward an integrative model of change. *Journal of Consulting and Clinical Psychology, 51*(3), 390-395.

Rosengren, D. B. (2017). *Building motivational interviewing skills: A practitioner workbook* (2nd ed.). New York : The Guilford Press.

索 引

Index

【A~Z，ギリシャ文字】

CBPR 参加型研究（CBPR participatory studies） 105

DSM（Diagnostic and Statistical Manual of Mental Disorders） 23
DSM-5 24, 73

ICD（International Classification of Diseases） 23
ICF（International Classification of Functioning, Disability and Health） 149
Intent-to-Treat（ITT）分析 74

last-observation-carried-forward（LOCF）法 75

M.I.N.I.（The Mini-International Neuropsychiatric Interview） 26, 64

Reliable Change Index 78

SCID（Structured Clinical Interview for DSM） 24, 142

κ（カッパ）係数 28

【あ】

アカウンタビリティ（説明責任） 14
アジェンダ設定 52
アセスメント 7, 10
アフターコーディング 58

いいかえ（paraphrase） 129
維持トーク（sustain talk） 232
一次的支援（一次予防） 111
インテーク面接（受理面接） 11, 34, 52, 132
インフォームド・コンセント 72, 187

エビデンス 11

応用型コンプレックスデザイン 105

【か】

介入デザイン（intervention design） 105
かかわり技法（attending skills） 126
かかわり行動（attending behavior） 54, 124
仮説検証型研究 3, 13
仮説生成型研究 3, 13
観察技法（client observation） 127
感情の反映（reflection of feeling） 130
関与しながらの観察 53

希死念慮 144, 221
基本型デザイン 104
90度法 18

グラウンデッド・セオリー 36, 69
グループ面接 190

傾聴スキル　12
ケースフォーミュレーション　21, 164
結果追跡型ジョイントディスプレイ　105
言語　2

効果サイズ（effect size：ES）　76
構造化面接法（structured interview）　5, 22
行動モデル　169
コーディング　88
コーディングシステム　71
国際疾病分類（International Classification of
　Diseases：ICD）　23
国際生活機能分類（International Classification
　of Functioning, Disability and Health：
　ICF）　149
混合研究法（mixed methods research：MMR）
　69, 95
コンサルテーション　119

【さ】
三次的支援（三次予防）　112

次元的コーディング（axial coding）　90
自己開示　20
自殺　214
自殺対策　215
自殺リスク　215
自傷　221
実験計画法　1
実験の面接法　63
実証に基づく実践（evidence based practice：
　EBP）　164, 165
質的データ　2
質的データ解析　69, 82
質問技法（questioning）　127
シナリオ　14
社会構成主義　3
尺度開発型ジョイントディスプレイ　105
斜面法　18
従属変数　1
収斂デザイン（convergent design）　104

守秘義務　137
ジョイントディスプレイ（joint display）　105
正面法　17
診断のための構造化面接法（diagnostic
　structured interview）　23
信頼区間（confidence interval：CI）　77

精神科診断面接（Structured Clinical Interview
　for DSM：SCID）　5, 116, 142
精神疾患の診断・統計マニュアル（Diagnostic
　and Statistical Manual of Mental
　Disorders：DSM）　23
説明的順次デザイン（explanatory sequential
　design）　104
選択的コーディング（selective coding）　90

操作的診断法　152

【た】
対象者間サンプリング　85
対照比較型ジョイントディスプレイ　105
多重関係　187
探索的順次デザイン（exploratory sequential
　design）　104

チェンジトーク（change talk）　232
チャンス面接　18
調査面接（法）　3, 12

テーマ（主題）別統計型ジョイントディスプ
　レイ　105

動機づけ面接（motivational interviewing：
　MI）　227, 228
独立変数　1
閉じられた質問（closed-ended question）
　41, 127
トランスクリプション（変換）　86

【な】

二次的支援（二次予防）　111
認知モデル　171

【は】

パーソナリティ　11
はげまし（encourage）　128
場面間サンプリング　85
半構造化面接法（semi-structured interview）
　5, 32

比較分析　89
非言語的コミュニケーション　17
非構造化面接法（unstructured interview）　5,
　48
評価後確率（posttest probability）　154
評価前確率（pretest probability）　154
評定者間信頼性　71, 73
開かれた質問（open-ended question）　41,
　128

複数事例研究（multiple case study）　105
複線径路等至性アプローチ　36
プログラム評価（program evaluation）
　105

並列法　18

【ま】

マイクロカウンセリング（micro counseling）
　43, 54, 123
マインドフルネス　36

マインドフルネスストレス低減法
　（mindfulness-based stress reduction：
　MBSR）　37
間違い指摘反射（righting reflex）　236

面接構造　177

モジュール　25, 64

【や】

要約（summarization）　129
予診（医師による診察前の予備的な問診）
　34

【ら】

ラポール　17, 19, 29
ランダム化比較試験（randomized controlled
　trial：RCT）　72

リサーチ・クエスチョン　62, 67, 83
リファー（紹介）　146
量的データ　2
量的データ解析　69, 70
臨床的有意性　77
臨床面接（法）　4, 11, 12, 110
倫理審査　13

連続記録法（continuous recording）　60

ロジャース派　6
論理実証主義　3

索　引　　251

［シリーズ監修者］

三浦麻子（みうら・あさこ）

1995 年　大阪大学大学院人間科学研究科博士後期課程中途退学
現　在　関西学院大学文学部教授・大阪大学大学院基礎工学研究科特任教授（常勤），
　　　　博士（人間科学）

［主著・論文］

『グラフィカル多変量解析（増補版）』（共著）現代数学社　2002 年
『インターネット心理学のフロンティア』（共編著）誠信書房　2009 年
『人文・社会科学のためのテキストマイニング【改訂新版】』（共著）誠信書房　2014 年
「オンライン調査モニタの Satisfice に関する実験的研究」社会心理学研究，第 31 巻，1-12．2015 年
「東日本大震災時のネガティブ感情反応表出」心理学研究，第 86 巻，102-111．2015 年

［編　者］

米山直樹（よねやま・なおき）

2000 年　金沢大学大学院博士課程社会環境科学研究科修了
現　在　関西学院大学文学部教授，博士（文学）

［主著・論文］

『臨床行動分析の ABC』（共監訳）日本評論社　2009 年
『学校支援に活かす行動コンサルテーション実践ハンドブック』（共著）学苑社　2011 年
『学校臨床～子どもをめぐる課題への視座と対応～』（共著）金子書房　2012 年
「発達障害の人との関係づくり：「関係づくりは環境づくりから始まる」」臨床心理学，第 13 巻，812-816. 2013 年
「自閉スペクトラム症児の運筆訓練時における親の指導行動に対するビデオ・フィードバック」（共著）　行
　　動分析学研究，第 30 巻，13-23．2015 年

佐藤　寛（さとう・ひろし）

2006 年　筑波大学大学院博士課程人間総合科学研究科修了
現　在　関西学院大学文学部准教授，博士（心理学）

［主著・論文］

『学校でできる認知行動療法』（共著）日本評論社　2013 年
『不登校の認知行動療法：セラピストマニュアル』（監訳）岩崎学術出版社　2014 年
『臨床児童心理学』（共著）ミネルヴァ書房　2015 年
「日本における心理士によるうつ病に対する認知行動療法の系統的レビュー」行動療法研究，第 38 巻，
　　157-167．2012 年
「うつ病リスクの高い大学生を対象とした集団認知行動療法」認知療法研究，第 7 巻，84-93．2014 年

［執筆担当］

米山直樹	（編者）	序章，第1章
下津咲絵	京都女子大学発達教育学部准教授	第2章，Column 1
金井嘉宏	東北学院大学教養学部准教授	第3章，Column 2
細越寛樹	関西大学社会学部准教授	第4章，Column 3
佐藤 寛	（編者）	第5章
石川信一	同志社大学心理学部教授	第6章，Column 4
高橋 史	信州大学学術研究院教育学系准教授	第7章，Column 5
廣瀬眞理子	関西学院大学応用心理科学研究センター	第8章，Column 6
大月 友	早稲田大学人間科学学術院准教授	第9章
佐々木恵	北陸先端科学技術大学院大学保健管理センター准教授	第10章
田中恒彦	新潟大学教育学部准教授	第11章，Column 7
稲垣貴彦	医療法人明和会琵琶湖病院思春期青年期治療部長・滋賀医科大学精神医学講座客員助教	第12章，Column 8
岡島 義	東京家政大学人文学部准教授	第13章，Column 9
首藤祐介	広島国際大学心理学部講師	第14章，Column 10
本岡寛子	近畿大学総合社会学部准教授	第15章，Column 11
髙橋 稔	目白大学人間学部准教授	第16章，Column 12
伊藤大輔	兵庫教育大学大学院学校教育研究科准教授	第17章，Column 13
川端康雄	大阪医科大学神経精神医学教室臨床心理士	第18章，Column 14

イラスト：田渕 恵（中京大学）

［サポートサイト］

本シリーズに連動したサポートサイトを用意しており，各巻に関連する資料を提供している。

http://psysci.kwansei.ac.jp/introduction/booklist/psyscibasic/

※北大路書房のホームページ（http://www.kitaohji.com）からも，サポートサイトへリンクしています。

心理学ベーシック第5巻　なるほど！ 心理学面接法

2018 年 12 月 10 日	初版第 1 刷印刷	定価はカバーに表示
2018 年 12 月 20 日	初版第 1 刷発行	してあります。

監 修 者　三　浦　麻　子
編 著 者　米　山　直　樹
　　　　　佐　藤　　寛

発 行 所　(株)北 大 路 書 房
　　　　　〒 603-8303
　　　　　京都市北区紫野十二坊町 12-8
　　　　　電話 (075) 431-0361 (代)
　　　　　FAX (075) 431-9393
　　　　　振替 01050-4-2083

イラスト 田渕 恵
編集・デザイン・装丁 上瀬奈緒子 (綴水社)
印刷・製本 亜細亜印刷 (株)

©2018　ISBN978-4-7628-3051-8　Printed in Japan
検印省略　落丁・乱丁本はお取り替えいたします

・ JCOPY 〈(社)出版者著作権管理機構 委託出版物〉
本書の無断複写は著作権法上での例外を除き禁じられています。
複写される場合は，そのつど事前に，(社)出版者著作権管理機構
(電話 03-5244-5088, FAX 03-5244-5089, e-mail: info@jcopy.or.jp)
の許諾を得てください。

シリーズ紹介

心のはたらきを科学的に見つめるまなざしを養い，
「自らの手で研究すること」に力点をおいたシリーズ全5巻。

シリーズ監修　三浦麻子

第1巻　なるほど！心理学研究法　　三浦麻子　著

第2巻　なるほど！心理学実験法　　佐藤暢哉・小川洋和　著

第3巻　なるほど！心理学調査法　　大竹恵子　編著

第4巻　なるほど！心理学観察法　　佐藤寛　編著

第5巻　なるほど！心理学面接法　　米山直樹・佐藤寛　編著